初中自能语文丛书

主编　庄文中

自　能　写　作

丁怀正　著

商务印书馆
2007年·北京

图书在版编目(CIP)数据

自能写作/丁怀正著.—北京:商务印书馆,2007
(初中自能语文丛书)
ISBN 7-100-05150-9

Ⅰ.自… Ⅱ.丁… Ⅲ.作文课—初中—教学参考资料 Ⅳ.G634.343

中国版本图书馆 CIP 数据核字(2006)第 082346 号

所有权利保留。
未经许可,不得以任何方式使用。

初中自能语文丛书
ZÌ NÉNG XIĚ ZUÒ
自 能 写 作
丁怀正 著

商 务 印 书 馆 出 版
(北京王府井大街36号 邮政编码100710)
商 务 印 书 馆 发 行
北京市白帆印务有限公司印刷
ISBN 7-100-05150-9/G·740

2007年5月第1版　　开本 880×1230　1/32
2007年5月北京第1次印刷　印张 11½
印数 5 000 册

定价:21.00元

初中自能语文丛书

出版说明

1961年，语文教育家叶圣陶先生提出，语文课之"最终目的为：自能读书，不待老师讲；自能作文，不待老师改"。四十多年后的今天，世界教育大势，从学会生存型向学会发展型推进，学习者不仅要会学、会用、会交际合作，而且要会发展、会创造、会提高文化素质，把自己培养成为发展创造型人才。回头来看叶先生的"自能"教育构想，愈发显得中肯而有预见性。"自能读书""自能作文"，不仅说明了语文教学的任务，更为语文教育工作者指明了语文教学的努力方向。

"自能读书"，就是让学生具备独立的阅读能力，养成阅读习惯；"自能作文"，也就是让学生具有独立的作文能力，养成写作习惯。无论是"自能读书"，还是"自能作文"，都融会了叶圣陶先生的"教是为了达到不需要教"的教育思想。"自能"强调独立，但并非要求学生脱离课堂和老师的教学独立学习，它提倡的是在老师指导下，有步骤、有系统、有目的地学习，在学习的过程中让学生学会自主学习，自主探究。

目前初中语文课本大都是综合型的，其长处是各种教学内容互相配合，能够发挥综合效应；短处是各种教学内容的知识能力系统不完善，随意性较大。

为此，我们根据叶圣陶先生"凡为教，目的在达到不需要教"的教育思想以及"自能读书""自能作文"的教学构想，遵照《全日制义务教育语文课程标准》，把教学内容适当分解，各个自成系统，组织编写了"初中自能语文丛书"。丛书共六种，合则扬课本教学内容综合效应之长处，分

自能写作

则补课本教学内容系统不明之短处。丛书是一套自学型、发展型的自能语文丛书，编著原则是：

● 遵照课程标准规定，确保基础，又有所拓宽、提高，重在培养语文素质。

● 各册精选知识能力和语料，构成训练系统。重在训练，传授自学方法，培养能力，发展智力，积累语料，培养适应现代社会生活的语文发展能力。

● 学术性渗透于实用性、操作性，便于学生自学。

● 学生可以作为自学用书，教师可以用作学生选修的读本，或者家长用作子女辅导用书。

丛书分为六册：

自能阅读	程汉杰
自能写作	丁怀正
自能学习汉字	王贺玲　余澄清
自能运用词语	何贤景
自能运用语言	孙荻芬
自能文学欣赏	庄文中

我们衷心希望丛书能够成为老师和同学们延伸课堂、自主教学和自主学习的好帮手，希望大家通过语文听说读写的自主训练，实现语文学习上的全面"自能"，最终达到叶圣陶先生所说的"展卷而自能通解，执笔而自能合度"这一最高境界。

商务印书馆编辑部
2006年12月

目 录

前言——明确初中作文的目标要求 —————— 001

第一章 ‖ 走好第一步——练好文外功夫 —————— 011
  第一节 生活是写作的源泉——谈观察与思考……011
  第二节 阅读是写作的基础——谈泛读与积累……025
  第三节 书写是写作的文面——谈行款与格式……032

第二章 ‖ 过好第一关——构思训练 —————— 037
  第一节 学会立意——确立中心意思……042
  第二节 学会选材——选择熟悉的材料……053
  第三节 学会剪裁——根据中心的需要剪裁……059
  第四节 学会组材——层次清楚地组织材料……061

第三章 ‖ 迈向新台阶——学会联想和想象 —————— 071
  第一节 学会联想……071
  第二节 学会想象……078

第四章 ‖ 初中作文的主攻方向——写好
    记叙文 —————————————— 093
  第一节 学会审题——审清题目要求……093
  第二节 学会写人——人物描写要生动形象………105

　　　　　第三节　学会写事——事情叙述要具体清楚……119
　　　　　第四节　学会表达——表达方式要运用适当……126

第五章　学写简单的说明文 —— 137
　　　　　第一节　抓住说明事物的特征……………………138
　　　　　第二节　理清说明的顺序……………………………142
　　　　　第三节　掌握几种常用的说明方法………………148
　　　　　第四节　注意说明文语言的准确……………………151

第六章　学写简单的议论文 —— 156
　　　　　第一节　"三要素"要齐备……………………………157
　　　　　第二节　结构要完整…………………………………166
　　　　　第三节　语言要简明…………………………………171

第七章　会写一般的应用文 —— 178
　　　　　第一节　倡议书　申请书……………………………178
　　　　　第二节　贺信　感谢信………………………………182
　　　　　第三节　规则　计划　总结…………………………185
　　　　　第四节　公约　合同　诉状…………………………192

第八章　其他形式的作文 —— 205
　　　　　第一节　仿写……………………………………………205
　　　　　第二节　缩写……………………………………………213
　　　　　第三节　扩写……………………………………………216
　　　　　第四节　改写……………………………………………223
　　　　　第五节　续写……………………………………………228
　　　　　第六节　网络作文………………………………………231

第九章　更上一层楼——学会修改作文 —— 252

第一节　修改作文的准备················252
第二节　修改作文的步骤················253
第三节　修改作文的方法················257

第十章　继续攀高峰——中考应试作文训练 —264

第一节　命题作文训练··················264
第二节　半命题作文训练················270
第三节　自拟题作文训练················276
第四节　话题作文训练··················283
第五节　全国各省市历年中考优秀作文简评··295

附：自学能力强化训练思路点拨和参考答案 —334

前　言
——明确初中作文的目标要求

作文教学是初中语文教学的重要组成部分，也是初中语文教学的重点和难点。初中学生语文水平的高低，初中教师语文教学效果如何，作文是衡量的重要尺度。由于作文具有综合性和整体性，所以初中语文教学中的任何一个方面都是作文的一项因素。

作文是各种能力的综合体现，诸如思维能力、认识水平、生活积累、表达技巧等，缺一不可。而提高学生的写作能力，又是阅读分析与写作实践、课堂教学与社会信息、教师指导与学生努力等各种矛盾的交叉渗透、相辅相成的综合效应。所以，不论是内地的中考，还是台湾的联考，抑或香港的升学考试，作文都占有相当大的比重，一般都在三分之一以上。以中考为例，"文革"前，内地的语文中考多是一篇作文加上一段古文的翻译，且以作文为主要记分成绩。近十几年来，各地中考作文大多是占有试卷五分之二以上的比重。

正是因为作文成绩在各类考试中所占的比例较大，所以无论是学生、老师，还是家长，都十分重视作文训练。但人们感到迷惑不解的是：有些学生请过不少家教，上过不少写作辅导班，可是平时的练习作文和考试作文的成绩总不见明显提高，竞赛作文也从来得不到任何奖项，学生的写作兴趣每况愈下。原因何在呢？根据我的分析，不明确什么是作文,因而也就不明确初中生应该怎样作文,是问题的症结之一;不明确平时的练习作文、大型竞赛作文和升学考试作文要求的不同,因而也就不知如何区别地对待这几种作文形式,是问题的症结之二;指导学生作文应从何处入手,更是众说纷纭,使学生无所适从,是问题的症结之三。

明确两个问题

第一个问题:什么是好作文?

先要明确,什么是作文?作文,顾名思义,就是学生作为练习所写的文章。它是习作,而不是创作,习作和创作的涵盖面是不同的。习作指记叙、议论、说明、应用等实用文体的写作练习;文学创作则指戏剧、诗歌、小说、散文等文艺作品的创造。习作既然有别于创作,那么凡有关创作的技巧就不一定都适用于习作,创作基础也不一定就是习作的必备条件。

比如,无论创作,还是习作,都要有写作材料。缺少材料则难以为文,巧妇难为无米之炊嘛!写作材料来源于生活,来源于对生活的体验和分析,在这一点上,创作和习作是共同的。作家要尽可能地多方面地深入生活,全方位地认真地观察、分析生活,深入地体味人世间的酸甜苦辣,才能创作出丰富深沉、溢彩流光的文学艺术作品。习作也是需要观察这个文外功夫的。但我们还应了解,观察生活并非一日之功,它贯穿于人生的始终,是不能一蹴而就的。

作家的文学创作是综合了他自身的修养、学识、个性和风格的。一部优秀的文学作品,表现出的是不可替代、不可重复的艺术底蕴。所以,文学创作经常出"格",它是没有"法"的,必须出"新"、出"奇"、出"巧",

前言——明确初中作文的目标要求

才会有读者。鲁迅说:"不相信'小说做法'之类的话。"这真是至理名言啊! 在这一点上,习作不同于创作,它是有"作法"、有规律可循的。

如果作文概念不明,就会把作文和文学创作混为一谈,从而导致作文的随意性,它常常表现为:有些同学虽然练笔不少,但练文艺性的作文多,练实用性文体的作文少,其写作效果并不理想。有些老师在指导学生如何作文时,又往往容易犯"恨铁不成钢"的急性病,忽视了循序渐进的原则和初中作文的基本要求,把文学创作中的一些概念如"情节的高潮""传神的描绘""白描的手法"等盲目地引入作文课堂,企图凭空拔高,单纯追求作文的"新""奇""巧",这就好像让一个走路尚不大稳当的孩子学跑学跳一样困难。它容易造成学生认识上的混乱,以至于茫然不知所措,甚至视作文为畏途。

所以,只有真正明确了什么是作文,才能写好作文,把作文训练引入正轨。

第二个问题:初中生应该怎样作文?

早在几十年前,教育家叶圣陶先生就说过:"无论应用的或练习的写作,以写得像样为目标,记事物记清楚了,说道理说明白了,没有语法上的毛病了,没有论理上的毛病了,这就是像样。"

初中生写作文,主要的还是要着眼于写得规规矩矩、清清楚楚,从写作的基本要求入手,进行多种文体的规范化训练,从审题、选材、剪裁、组织材料、语言等诸方面多下工夫。无规矩不成方圆,不要好高骛远,以至尚未立好规矩就过分追求立意新颖、故事奇特、结构巧妙。须知,"熟"才能生"巧",它要靠同学们在不断的读和写中"自悟",这需要一个较长时间的练习过程。对多数学生来说,在没有"熟"之前就去求"巧",反会弄巧成拙,影响了作文水平的正常发挥。个别爱好文学的同学若能在作文中做到了"新""奇""巧",当然也很好。但必须清楚,这绝不是初中作文的目标要求。

由此可见,初中学生写作文,还是要脚踏实地,循序渐进,练好基本功为好。具体地说就是:书写要工整,标点要正确,句子要通顺(流畅更好),段落层次要清楚,中心要明确(突出更好),内容要具体(充实更好),文体要符合要求等。

分清三种作文

一、平时练习作文训练

平时的练习作文内容包括以下几个方面:一为阐述课文的,如,学会详细复述、简要复述和创造性复述课文大意,以及评述课文的思想内容或作品中的人物等。一为表现生活的,如,根据自己的生活经验,适当运用叙述、描写、说明、议论、抒情等表达方式,写出记叙文和简单的说明文、议论文。一为处理日常工作和事务的,如,简单的应用文。要想练好这几种作文,应从以下三方面进行努力。

首先是阅读量要大,阅读的作品质量要高,阅读的速度要快。常言道:"取法乎上,仅得其中;取法乎中,仅得其下。"所以,要求学生能读的文章要大大高于学生能写的文章。阅读是写作的基础,阅读能力是写作能力的根。因为阅读是吸收,吸收什么?吸收思想、情感、观点、知识、章法、语言……这些,都是写作的必要条件。不扎扎实实地培养阅读能力,不切切实实地扩大阅读量,写作能力就难以提高。有人在指导写作上下了很大工夫,但效果并不佳,其根子就在忽略了读。肚里本来没货,还只顾挤奶,而不管添草加料,怎么能行呢?

其次是写作实践量要大,写前准备要充分,写作形式要多样。除了每学期有数的几篇大作文外,初中生每天练练写日记,可行;班里定期办"语文小报",由开始摘抄、模仿到最后的自行创作,并进行评优展览,也可行;每逢重大节日,搞一搞有奖征文活动,更受欢迎。写作准备除广泛阅读外,还应包括认真地观察生活和深入地思考问题。练习作文的写作形式应是多种多样的,提倡大作文观,有利于提高作文的积极性。除前面所讲的形式以外,课堂作文也可有游戏之作,甚至不受文体、选材的限制。除练好四种实用文体外,也可有模仿课文的小说、诗歌、课本剧、寓言、传记等的写作,不但有助于联想力和想象力的开发,也有助于写作兴趣的提高。

再次是写作要求的起点要低。其实,初中生练习作文,最重要的还在一个"真"字,真的材料,真的情感,真的体会。只有这样,文章才能写出个性特色,写得具体真切,写得感情真挚,甚至连语言也会通畅生动起来,因为你是在说你真正想说的话,而且是有滋有味地说给大家听,能不生动吗?作文的附加要求过高,学生一时难以达到,就容易产生畏难情绪,反而不利于作文水平的提高。

二、竞赛作文准备

竞赛作文的成绩评定标准是什么?一言以蔽之:重在出新。道理很简单,参加作文竞赛的学生都是各校各班层层选拔出来的佼佼者。所以,作文竞赛既不是水平考试,也不是一般的选拔考试,更不是矬子里面拔将军,而是尖子里面拔顶尖。作文竞赛对其优秀者的作文要求个性鲜明,立意新颖,结构安排巧妙,构思不同一般,故事奇特有趣,可读性强,一般不大计较个别的错别字和病句,甚至不大计较是否完全切题。

根据竞赛作文的这些要求,辅导老师在赛前应重点引导学生开拓思路,学会联想和想象,不但要有逆向思维,还要有发散思维,鼓励参赛学生学会"新""奇""巧"的思维方式和立意、结构上的独特设计,力争做

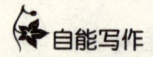 自能写作

到"人无我有,人有我新",达到出奇制胜的效果。

三、考试作文辅导

这里所说的考试作文,是指除竞赛作文以外的所有考试作文,诸如:中考作文、高考作文、招工招干考试作文等。考试作文是通过请评卷老师给考试作文的评分来评判考生的作文水平,而中考作文分数的判定标准则是根据初中语文课程标准的要求来制定的。考试作文又受到写作时间、写作内容、写作体裁、选材范围等各种条件的制约,所以既没有如练习作文那样有宽裕的时间进行写作和修改,也不能如竞赛作文那样任笔下随心所欲地驰骋开去。

写好考试作文的首要问题是学会审题。审清题目的要求(包括文体要求、内容要求和表达要求)是写好考试作文的前提条件。其次做好构思训练,即:选择自己熟悉的材料,列好写作提纲,想好紧扣中心的开头和结尾,注意篇幅长短要符合要求等。再次还要做好文面行款的训练,即:字迹工整,不写错别字,不出现病句,留出修改时间等。至于立意是否新颖,结构是否巧妙,选材是否奇特,则不必作过多要求。孟子说过:"梓匠轮舆能与人规矩,不能使人巧。"(《孟子·尽心上》)这句话的意思是:木工以及专做车轮或者车厢的人能够把制作的规矩准则传授给别人,却不能使别人一定具有高明的技巧,那是要自己去寻求的。作文中的"巧"也是这个道理,也只有在无数的作文练习中才能悟出,而不是老师在考前的短时间可以教出来的。如果中考前过多地强调"新""奇""巧",对一些平时作文较差的学生来说,无异于拔苗助长,结果会适得其反,弄巧反拙;对那些平时作文较好的学生来说,也容易使他们忘掉作文的规矩而"损兵折将",是不大划算的。所以,考前的作文训练还是应在平时训练的基础上,再多从立规矩方面下工夫为好。

前言——明确初中作文的目标要求

选好作文切入点

对于指导学生作文从何处入手的问题,众说纷纭,使人无所适从。

有的人认为,学生害怕作文的关键是没有内容可写,主张"从挖掘内容入手"。这种理论使教师的注意力重点放在指导学生接触自然、接触社会、广泛猎取写作材料上面,而忽略了语言表达基本功的训练。我认为,在作文教学中,注意引导学生丰富生活、观察事物和大量阅读积累材料,是大有好处的。但是,生活、观察、阅读并不是作文,而是作文的准备,即文外功夫,当然更谈不上是指导学生作文的入手之处。

有的人认为,学生作文水平低主要是不懂写作技巧,主张"从训练技巧入手",致使一些教师"唯技巧论",让学生死搬所谓写作技巧。一提写作结构,就是伏笔、照应、承转启合等;一提写作顺序,就是开头几法、结尾几法、倒叙几法等。在讲到如何开头时,又分出所谓的"悬念式""回忆式""开门见山式"等方法;讲到如何结尾时,又分出所谓的"展望式""号召式""水到渠成式"等方法;讲到如何过渡时,又分出所谓的"巧句转换法""自然承接法""设置小标题法"等技巧。这种种的技巧不一定实用不说,就是光让初中生理解这些名词概念就够费劲的了。结果呢?造成学生的作文华而不实,成人味十足,结构呆板、程式化。在作文教学中重视方法指导,揭示规律性的东西是应该的,但不应从写作技巧入手,而应在训练学生遣词造句、连句成段、连段成篇的过程中,渗透写法指导,让学生在写作中揣摩、运用,才能真正变成学生自己的东西。

有的人认为,口头表达是书面表达的前提,主张"从训练口语入手",结果有些初中的作文课几乎整节课或大半节课用于所谓的口头作文。我认为,训练口语表达是重要的,但口语说得再好也不是作文,也不能代替笔头写作,当然更不是指导作文的入手之处。我们只要看一看有些人谈起话来滔滔不绝,吵起架来唇枪舌剑;一旦让他拿起笔来,就感到重若千钧,无所适从的样子,也就容易理解口语表达不能代替书面表达的道理了。

还有的人认为,学生作文成绩不好是因为他没有按题目的要求来进行写作,主张"从审题入手"。诚然,搞好作文的审题训练,确实是提高语文考试中的命题作文的成绩的重要一环。但是,平时的作文训练更多的则是非命题作文,因为实际生活中的作文大多是先有材料,先有立意,然后才作文和定题。如果把过多的精力放在审题方面,不仅有空对空之嫌,而且容易使学生对作文产生厌倦心理,从长期效果来看,反而不利于写作成绩的提高。

那么,指导初中学生作文到底应从哪里切入呢?我认为,还是应从构思文章的具体内容入手为好。现在的初中生活并不是贫乏无味,而是丰富多彩的;现在的初中学生已经阅历不少,也有强烈的求知欲和辨别是非的要求;学生写作文感到难,是难在不善于从生活积累中提炼出所需要的内容。有些学生写作文,没有把劲用在刀刃上,即没有扎扎实实地进行作文基本功训练,而把主要精力放在所谓写作技巧和名词术语上面,造成学生作文时不会用恰当的形式和条理化的语言把想说的话表现出来,作文水平当然也就难以提高。口语和写作是既有联系又有区别的,口语和写作的目标要求和训练方法都是不一样的,口语训练绝不能代替写作训练。审清题目的要求,确实是写好命题作文的前提条件;但在平时训练和实际生活中,还有相当一批非命题作文。这些非命题作文并不存在审题问题。所以,坚持从构思具体内容入手指导学生作文,采取多种形式,强化构思训练,使学生掌握构思文章具体内容的方法,养成自觉构思的习惯,对学生提高作文兴趣和作文水平是大有裨益

前言——明确初中作文的目标要求

的。

正是为了适应语文教育的发展和初中生的需要，我们编写出了这本自能写作的辅导用书。它充分考虑到了初中生的心理、生理特点和接受能力，遵循写作自身的基本规律，一步一个脚印地带领学生走入学好写作的知识殿堂，最终达到自能作文的要求。因此，这本书具有很强的科学性、目的性、示范性、知识性和训练上的可操作性，能深入浅出地引导学生学会写作、学好写作、学精写作、学通写作。因此，它适于广大师生参考、阅读和训练使用。

总之，我们只要明确了什么是作文、什么是好作文和应该怎样作文，分清了平时的练习作文、大型的竞赛作文和升学的考试作文的区别，找到了指导学生作文从何处入手的正确切入点，就能加强作文训练的自觉性和计划性，就能收到事半功倍的效果。尽管作文题目可能千变万化，但万变不离其宗。只要同学们充分发挥自身的特长，经过反复实践、不断积累，认识和掌握了各种文体的作文要求，就可以做到"以无厚入有间，恢恢乎其于游刃必有余地矣"。

第一章 走好第一步
——练好文外功夫

第一节 生活是写作的源泉——谈观察与思考

生活是丰富多彩、无比美好的。我们应该热爱生活,健康地成长;我们应该反映生活,尽情地表达思想感情。为此,我们要观察生活,思考生活,积累生活素材。

观察是一门学问,也是写作的前提和基础。没有良好的观察习惯,不掌握一定的观察方法,不具备较强的观察能力,就不可能全面、准确地认识客观事物,当然也就不可能写出好文章。

观察的主要手段是眼观,也包括耳听、鼻嗅、舌辨、身触。而最主要的是要用心去体验、去领会各个感官获取的片断信息,从而较全面地、正确地认识客观事物。只有这样,文章才能写得具体、亲切。

我们每个人在社会生活中,都要不可避免地接触另一些人,听到一些话语,看到一些现象。能不能在对这些纷纭世态的观察中有所感悟,有所发现,这是一种能力,尤其是爱好写作者不可缺少的能力。

那么,怎样培养自己具有敏锐的观察力呢?请看一位同学两次观察一个营业员的例子。

这位同学每天上学都要经过一个书亭,一天中午,看到一位忙得不可开交的营业员,就把他写进了作文:

"他,二十几岁,白白的脸庞,宽宽的额头,洁白的牙齿,一双炯炯有神的大眼睛……"

作文交上去以后,老师要他重新观察,一要抓住特征,二要紧扣内容表现文章的中心。他作了这样的修改:

"他,二十几岁的模样,满面春风,笑容可掬地接待着每一位顾客,头上几缕长发紧紧地贴在前额上,湿漉漉的。鼻尖上有一颗颗晶莹的汗珠。室外寒风刺骨,室内春风荡漾,吹拂在每一个人的身上,温暖着每一个人的心。他一只手接钱,另一只手递书,抽空还常用胳膊上的套袖在额上匆忙地擦一下。从他的那股热情劲里,我仿佛看到了他那颗为人民服务的炽热红心。"

这位同学的第二次观察力为什么比第一次敏锐呢?

一般说来,观察首先要有目的,要做生活的"有心人"。只有目的明确,才会集中注意力去进行感知、了解事物。其次,观察时,一定要注意取舍。围绕自己确定的中心来取舍材料,充分撷取那些最能反映时代风貌、最能反映社会脉搏、最能反映主旨的材料。再次,观察人或物时,要展开丰富的联想,融入自己的感受。

第一章 走好第一步——练好文外功夫

做生活的有心人

观察,是发展智力、培养思维能力的基础。初中学生的思维能力,正处在从具体到抽象、从不完善到完善、从低级到高级迅速发展的重要时期。所以,对同学们来说,丰富多彩的观察活动正是启发思维主动性的源泉。通过广泛观察生活以积累知识、增长见闻、发展形象思维并引导形象思维向抽象思维转化,是培养阅读能力和写作能力的基础。叶圣陶先生指出:"在实际生活里养成精密观察跟仔细认识的习惯,是一种准备工夫。不为写文章,这样的习惯也得养成。如果养成了,对于写文章太有用处了。你想,咱们常常写一些记叙文章,讲到某些东西,叙述某些事情,不是全部靠观察和认识吗?"可见,要想获得作文题材,写出东西来,没有观察是绝对不行的。

对于一个初中生来说,培养、提高观察能力,不可急于求成,要努力做到打好基础、养成习惯、细看多思、循序渐进。在打基础的初中阶段花大力气培养并训练观察能力、描写能力是十分重要的。

就观察的内容来说,丰富多彩的大千世界都是我们观察的对象。

观察人。一般来说应从外貌(音容笑貌、长相神态、衣着打扮等)、语言(说什么话、怎么说等)、行动(做什么事、怎么做)、心理(怎么想、怎么表现出来)几个方面观察。观察应和访问相结合,可以采访本人,也可以通过采访他人来了解某人。

观察事。即对某一事情发生的原因、经过、结果,事情发生的时间、地点以及有关人员作观察、了解,重点是对事情经过的了解。你可能是当事人,也可能是旁观者,但都要尽可能地掌握事件的全过程。

观察物。这里说的物是指客观存在的一些实体事物,如动物、植物、生活用品，等等。对物的观察内容因物而异。如对某种花的观察则侧重形、色、味等，而对某种动物的观察则侧重其形态、发声、气味、用途、生殖等。

观察景。景物的内容很多。春夏秋冬、清晨傍晚、天空大地、山川河流、风雷雨雪、花草树木……以及这些内容的交错组合（如夏天的早晨、山村的早晨、海上日出……）构成了景物的丰富内容。观察景物要抓住此时此地此景的特点，要注意有个合理的顺序（或由上到下，或由近及远等），要注意景物的变化。

观察处所。即观察某个地方，可以是一处园林，也可以是一座建筑物、一处居室等。观察时要写出某处（地方）都有些什么，各个相关部位的位置关系，还要注意其总体、局部、远近高低、四时变化等。总之，要抓住特征。

对于观察内容的分类，不限于上面所说的这五个方面，但对于一个初中生来说，能从这五个方面进行观察，确实是便于掌握、便于操作的。观察生活的前提是热爱生活，对生活充满兴趣。著名作家刘绍棠在谈到中学生积累生活素材时说过："中学生积累素材，在很大程度上依赖于对生活的兴趣。如果缺乏兴趣，周围出现的人和事就容易视而不见、听而不闻；有了兴趣，周围的人和事就会吸引自己去仔细观察。从而也就会从平凡的日常生活中捕捉到不平凡的东西。"因此，我们一定要做生活的有心人。

下面我们一起来看一看几篇初中生写的好作文，无论是写静物、动物，还是景物，都是做了生活的有心人，经过细致观察和了解后才写得如此生动、形象。特别是《观日落》一文，无论构思，还是语言，都模仿了朱自清《荷塘月色》一文的写作风格，但又模仿得恰到好处，可见小作者观察和阅读的深厚功底。

第一章　走好第一步——练好文外功夫

　　　　　　小　台　灯

　　我家有一盏漂亮的小台灯,远看就像一个大蘑菇。电镀的支柱下面是一个粉色的梯形的底座,上面是一个底边呈波浪形的圆灯罩。

　　在粉色的底座上,还有一样小小的装饰品——一个精致的小花篮。在橘黄色的篮子里,有一朵红牡丹,在绿叶的陪衬下,显得格外娇艳。它给小小的台灯增添了不少光彩。

　　灯罩上有三幅画。第一幅画着一只仙鹤。只见它全身大部分是雪白的,头顶中央有一点朱红色。它的嘴很长,上面有一条黑道,使这只仙鹤变得很美丽。最有意思的是,图中的仙鹤正在休息,它摆了个"金鸡独立"的架势,一条腿着地,另一条腿蜷起,亭亭玉立。不过长脖子没有"休息",仍旧在四处张望,仿佛窥探四周的动静。这只仙鹤可真是又美丽,又有趣呀!第二幅画有两只仙鹤,它们在苍松下扭动着身躯,梳理洁净的羽毛。最后一幅画上也有两只仙鹤,正在一棵大树旁引吭高歌!那顽皮的样子真是可爱极了。

　　多少个夜晚,小台灯闪闪发亮,伴随着妈妈批改作业;陪伴着我复习功课,预习第二天的学习内容。小台灯成了我家忠实的服务员,默默地贡献着它的青春和年华。小台灯是我们一家人辛勤学习、工作的见证者,它分享着我们一家人的幸福和欢乐。

　　啊!美丽的小台灯,我爱你!

　　　　　　小　棕　熊

　　我并不特别喜欢熊,因为大熊很凶,树袋熊却又太懒惰,但对家里的那只布制小棕熊玩具却有些例外。它是在我的两岁生日的时候,妈妈送给我的。我一见到它就爱不释手,尤其是它那幼稚笨拙的样子,使

我一见到它常就忍不住笑出声来。

小棕熊个子不大,浑身上下几乎都是棕色的。一个圆圆的脑袋上长着一双很大的炯炯有神的眼睛,黑鼻头旁边有一圈雪白的绒毛,而且它还顽皮地吐出红红的小舌头,多可爱呀!小熊的头上长着两只圆圆的耳朵,小熊的四脚都是圆的,小脚丫上也有一圈白色的绒毛,稚气,漂亮!

记得我两岁的时候,小棕熊跟我差不多大小,每当爸爸妈妈不在家时,由小棕熊陪伴我度过这段时光。小棕熊默默地坐在沙发上看我画画儿和玩耍,有时我索性抱着小棕熊在床上摔跤、打滚,甚至连睡觉都在一起。总之,我把小棕熊当成我的亲兄弟,当成我最知心的小朋友。

现在我长大了,小棕熊却没有长,可我仍然把它当作我的知心朋友。妈妈把它当作自己的小孩子,把我小时候的衣服给它穿上。小棕熊的形象酷似卡通人物,无论怎样摆放小棕熊,都是一个童话。它站着,犹如一个富有生机的少年;它懒懒地躺着,如同和其他小伙伴静静地美美地睡了。它歪着身子,犹如和别人说悄悄话。每当我心里有什么苦闷,都可以向它诉说,向它发泄,它却毫不介意。

我爱我的小棕熊,它为我消除烦恼,给我带来了无穷无尽的欢乐。

观 日 落

人们都说在大海边观日出很美,却不知在城市里看日落也别有一番情趣。如果说日出是气势磅礴,那么日落则是十分恬静的。

一个深秋的日子,下午四点多,放学后我走出校园,抬头望望天空,天空中漂浮着几朵柔云,真是秋高气爽。金色的太阳已开始西坠,但放射出的光芒却没有一点减弱,它就像一个黄金铸成的圆球,从中喷射出千万束金色耀眼的光芒,让人不敢正视它。

我快步走向车站。太阳却像个不急于回家的老人,不紧不忙地向西

第一章 走好第一步——练好文外功夫

走去。过了一会儿,太阳的脸庞变得有些红了,金色的阳光中也加进了红色。看,太阳周围的天空被染成橘红色,较远的天空被染成了金黄色;太阳又挥动它的画笔,把座座拔地而起的高楼也染成了美丽的橘红色,把片片房屋的瓦顶涂成了金灿灿的,给路边形形色色的树木披上了浅红的衣裳。再瞧那些行人、车辆被镀上了一层金光。整个北京城都沐浴在夕阳的余晖里。

又过了一会儿,太阳已完全变成了红色,光芒大大地减少,但它却红得那么可爱,圆圆的,红润润的,像是朱红色,可又比朱红色更加鲜艳夺目;像是深红色,可又比深红色柔和秀美。那颜色美得无法形容,让人总也看不够。这时,太阳已坠到和树梢一般高,远远望去,一轮红日就像挂在枝头。更远处是苍茫的天穹,多么美丽的一幅画呀。我静立在晚风中,简直被这幅画陶醉了。

五点多钟时,我回到了家,这时天已暗下来,夕阳下山了,我忙趴在窗台上,想再看看这美景。看,那西边天空出现了一片五色的彩带。只见那连绵的西山成为一片朦胧的黑色山峦,在山峦背后是一片火红,然后是浅红,再是橘黄、金黄,最后是一片蓝天。随着时间的消逝,夕阳终于收走了它最后的一抹余晖,回家去了。它留下一个宁静而美丽的夜,准备明天再送来又一个生机勃勃的晨。

观察要细致,循序渐进

我们要善于观察,养成良好的观察习惯,对周围景物和事物多看看、多想想,并且把所得所感随时记录下来,看了写,写了看,久而久之,观察能力就会逐步加强,写作水平也会随之逐步提高的。

观察,自然是从身边的事物或周围的生活开始。应由简单逐步到复杂。可以先个体，后群体，再场景。同学们可以把观察到的人、物、景、场面，先用"素描"的方法朴实无华地写出来，就像绘画一样，抓住特征，或抓住主体，用明快流畅的线条，把对象勾勒出来。要求做到写谁像谁，写什么像什么，让人看过之后，能在眼前浮现出具体的形象。要写得真实，就必须观察得认真、仔细；要写得像，就必须抓住特征和特点，这自然就能培养出认识、分析、辨别的能力，培养出剪裁的能力。这样，在培养观察能力的过程中，会激发起观察的兴趣。有了兴趣，就有了自觉性、主动性，就会养成观察的习惯，就会不断增加生活的积累。

观察个别事物比较容易。在同学们能够深入地观察个别事物的基础上，还要进一步培养观察复杂事物、观察现实生活的能力。观察复杂事物，首先要观察其中的各种人、各种事物的个体，但重点应是观察人和各事物个体之间的相互关系，有的还要观察其发生、发展的过程。如观察自己的班集体，不但要观察班上的每个同学，观察各成员之间的复杂关系，还要观察班集体的形成过程。这中间就会就有许多具体的事，这些事又各有其发生、发展的过程。如观察一条街，可以观察路面的现状及两旁房屋、商店的样式和配置，还可以观察它在一定时期里的变化。既可作横向的观察，又可作纵向的观察。

观察，首先要确定观察的角度，即确立观察点。观察的角度不同，对人、对事的认识就往往不同。即使是对某一立体物作全面观察，也总有一个起始点。对某一过程的观察，当然一般是从发生观察起，但仍然有一个确定观察角度即观察点的问题。这对了解事情发生、发展的过程很重要。若作全面观察，即全方位的观察，也还是有个从哪里观察起，以哪里为重点的问题。比如：要观察一个人，就要首先确定是观察他的正面还是侧面，是观察他的容貌、体态，还是观察他的言行举止、待人接物，还是观察他的学习和一般日常生活等。这些都确定了，观察起来才会有

第一章 走好第一步——练好文外功夫

序可循、步骤清楚。

总之，观察细致才能写得具体。要热爱生活，带着强烈的感情实实在在地观察，要有真情实感。要选好观察对象，观察自己最喜爱、最感兴趣的人和事物。观察时，要确定好观察位置，或定点观察，或动点观察，或散点观察；要选好观察角度，或平视，或仰视，或俯视，或环视。要采取恰当的观察方法，或正面直接观察，或侧面间接观察，或按时间顺序观察，或按空间顺序观察。观察要细致，要利用多种感官观察，抓住细节，反复揣摩特点。要一边观察，一边锤炼词语、选择句式和修辞方法，最后写出观察结果。

下面是一位农村初中生经过细致观察后写出来的好作文。

老羊和小羊

早晨刚起床，就听二爷爷说，老羊正在生小羊。在好奇心的驱使下，我急急地赶到羊圈边。

小羊刚从妈妈肚子里来到人世间，眼睛还没睁开，全身蒙着一层薄膜，满是黏液，卧在地上直打颤。

老羊低下头，在小羊身上舔着，从头上舔到背上，又从背上舔到腿上。小羊嘴上的黏膜被舔破了，它微微地咂咂嘴巴，头上的毛也被舔得渐渐干了，露出了一圈圈晶莹的白毛，可爱极了。小羊挣扎着站起来，颤抖着，微微地叫了两声，想要吃奶。老羊挪动身子也站起来，小羊立即钻到老羊胯下，吃起奶来。不一会儿，喝足了，吃饱了，依旧倚在老羊的腿上蹭来蹭去……

这时，我猛然想起老师在讲析邹韬奋《我的母亲》一文时曾经使用过的词语：舐犊情深。直到现在，我才真正理解了它的深刻含义。

老羊和小羊，其形象跃然纸上，栩栩如生，真切可见；其情洋溢在字

里行间。

小作者为什么能写得如此真切传神呢？关键在于观察细致。不是吗？写老羊，一连五个"舔"字，展示了老羊爱抚小羊的动作过程，真正体现了老羊"舐犊情深"的意境；写小羊依偎在母亲身旁，又抓住了小羊"挣扎""颤抖""钻到""倚在""蹭来蹭去"几个动作描写，更生动形象地表现了动物界的母子亲昵之情。如此真切传神的描写，都是小作者细致观察的结果。

这篇文章没有下过乡的城市人是绝对写不出来的，因为他从来没有见过老羊生小羊的全部过程。即使是农村的学生，没有进行过实地的观察，也是写不出来的；即使有了实地观察而观察不细致，也是写不真切的。

观察要注意动脑，并展开联想

观察事物要细看多想。不少同学往往忽略这个"想"字，这是观察不全面、不深刻，抓不住事物特征的主要原因。"多想"，即"勤于思考"，要在观察中思考，在观察与比较中思考，在观察与联想中思考。

回顾我们过去的习作，凡是写得好的和比较好的，大都是因为我们在动笔之前对所写的事物观察得仔细，想得认真，有了较深的感受。为了提高练笔的质量，我们应时时注意观察周围的事物，一边观察一边思考：这事物为什么是这种情形而不是另一种情形？它的特点在哪里？并找出它跟其他事物之间的联系。这样做，不仅初步养成了观察和思考的习惯，使我们的思维经常保持活跃的状态，也培养了我们认识生活的能力。

观察自然是用眼，但同时也要用脑，我们要用脑思考观察到的各种现象,了解现象的内在意义,也就是透过现象了解事物的本质。思考就是对观察到的现象进行分析、概括,认识生活现象中所包含的不平凡的因素,探索事物的本质意义。思考,就是结合具体事物,认识它的特点、实质、意义,了解事物之间的关联,使我们的认识一步一步由浅入深、由感性认识到理性认识。思考问题的兴趣浓厚了,思想境界提高了,就能对一些客观事物作出判断,确定正误、辨明是非,增强表达见解的能力。

观察和思考是不能分开的。只有善于运用思考,观察才会敏锐,才会深入,才能从平凡的生活现象中看到其中新的、不平凡的意义。所以,在学会观察的同时,还要运用思考,培养思考能力,把观察与思考统一起来,养成观察与思考的习惯。观察时需要思考,把观察到的材料用文字记述下来时,自然更需要思考,因为这种记述本身就表现了一种思考过程。记述清楚,说明思考过程清楚;也只有思考清楚,才能记述清楚。若对材料有所取舍,并作恰当安排,以便突出重点,完善结构,明确地表达中心意思,这中间就有比较、分析与综合的思维活动。由此可见思考在文章写作中起着极为重要的作用。

下面请看一位初中生写的观察日记。

雪

爱冬天的人,必然喜欢雪。它像童心一样纯洁,像美玉一样洁白无瑕,像顽童一样调皮可爱。

清晨,雪花在空中飞舞,亲吻着久别的大地。好似冬的使者,好似天空赐给人们的小精灵,不知不觉来到了人间。我张开双手,让雪花飘落在我的手上,然而它却顷刻间融化,消失得无影无踪。我不禁惋惜地看着手中湿漉漉的痕迹。雪飘飘洒洒,落在了我的衣领里,冰凉的雪水仿佛流进了我的心田，使我为之一振，也精神了许多。

朔风凛冽，雪飘如絮。它毫无保留地把自己奉献给了世间的万事万物。瞬间，大地不再只是单调的灰黑色，树木不再孤零零地摆动着枯枝，高大的楼房似乎也增添了几分神采。雪为它们换上了新装。树枝上落了厚厚的一层雪，好似海底纯白美丽的珊瑚。北风掠过，雪末纷飞，好似月宫桂树下的缤纷落花，又好似嫦娥仙女洒下的碎玉。屋顶落上了厚厚的一层雪，屋檐冰凌垂挂，好似童话故事中雪的宫殿，一下子变得如此神奇。大地铺上了厚厚的一层雪，向远方望去，洁白的"地毯"一直铺向天际，仿佛是为了迎接贵宾特意准备的。踩上去，软软的，舒服极了，还不断发出咯吱咯吱的声响，仿佛是这冬天里特有的音乐。望着眼前这银装素裹的世界，不禁想起了毛主席诗词中的著名词句："北国风光，千里冰封，万里雪飘……"

我爱雪，爱这六角形瑰丽的奇花。它那冰清玉洁的风采是那样优美动人，它那飘逸的神采是那样富有神韵。

忽然，一群活泼可爱的孩子从楼门中欢叫着跑出来。雪地中留下了一串串清晰的小脚印，天空中回荡着阵阵银铃般的笑声。他们在雪地里欢呼雀跃，追逐嬉戏。他们兴致勃勃地堆雪人，打雪仗。一只只小手被冻得通红，可每个人的脸上都挂着笑容。

雪的生命如昙花一样短暂。可它却给我们带来了永恒的东西。有多少人用雪的无瑕形容过无数美好的事物，有多少人用雪的纯洁歌颂过英雄高尚的品质，又有多少人用雪的无私奉献赞美过多少可歌可泣的先烈！雪虽然转瞬而逝，但它为我们带来的欢乐和幸福是任何东西也替代不了的。在我的心目中，雪这个小精灵是如此的神圣而美丽！

她在写日记前，先写了如下的观察提纲。

1. 看：雪花的色美（洁白纯净）。

第一章 走好第一步——练好文外功夫

雪花的形美（花瓣形、一朵朵、一团团）。

雪花的姿态美（纷纷扬扬、潇潇洒洒）。

雪花的景色美（粉妆玉砌的世界）。

2. 听：雪花落地轻柔的沙沙声。

3. 闻：空气格外清新甜美，沁人心脾。

4. 触：雪花融化在脸上清凉、惬意。

由此我们就可知道，这篇观察日记之所以写得这样好，是与小作者的细致观察分不开的，更是与她肯于动脑、善于动脑并进行了联想分不开的。

下面看一个反面的例子。虽然注意了观察和体验，但缺少认真的思考，还是写不好作文。

 我又一次网上漫游

对于一个爱好电脑的我来说，网络的吸引要胜过一切。但由于家中的电脑没有调制解调器，所以只好"长征"来到叔叔的公司过把网瘾。

记得上次来已是两个月前了，叔叔只教我一些基本的东西，因有事先走了，于是我便在电脑一阵阵的警告声中退下阵来。想想真是后悔自己的知识太少。如今可就不同了，在六十天里我足足翻了两本半的网络书籍，即使算不上胸有成竹，心里也有了一半儿的底了。

来到叔叔的公司，已经是晚上七点多了。叔叔把我带进办公室后，随即递给我一本杂志，指着其中的一段说："你自己试着把这段话发出去。"我一看，三句话的事，不成问题，就满口应承。叔叔出去办事了，坐在空荡荡的办公室里，我心中还真有些发毛。不管那么多了，男子汉开始干吧！

我照着叔叔上次教我的方法上了网。毕竟我的英语是不过关的，望着一串串的英文,我的头都大了。虽然不知道是什么意思,但照着书中的步骤去机械执行也还应付得过去。我把杂志上的那段话输入电脑,大意是:"我是一名来自中国的电脑爱好者,这是第一次上网,请您帮我确认一下,我已经能够使用 Internet 了。谢谢!"照着书,我发出了三份邮件,接下来便是等待。我倒了杯可乐,坐在电脑前,不禁感慨万千:现代的科学技术发展真是太快了,没有知识是绝对不行的,加紧学吧。我把不知道的英文查了又查,都记在了小本上。

大约过了三个钟头,我收到了一封回信。我尽量克制住自己的兴奋,打开它后读了起来。这封信是澳大利亚的一个汽车修理工写给我的,大意是:"恭喜你!我亲爱的朋友,你已能很好地使用 Internet 了,祝你幸福。你的朋友 Jack。"信虽不长,我却读了十几遍,心里异常激动。经历了种种困难,终于成功了。我高兴得一仰脖,把整杯可乐都灌进了肚子里。望着屏幕,我的兴奋久久不能平静。

高兴之余,我的另两封回信也都收到了。一封是俄罗斯的,另一封我不知道是从哪儿发出的,内容都大体相同。望着眼前的电脑,我好像梦见了整个世界,我越发地感到知识的重要性。将来是知识、科技与信息的时代,这次网络之行给我的学习带来了无比大的动力。感谢电脑!感谢 Internet!

本文的描写具体细致,结尾的议论不仅与描写内容有关,而且起到了深化中心的作用。但是,由于小作者对"网上漫游"一词的理解还不够透彻,所以出现了所谓第一次"网上漫游"的描写失误。从文中的描写来看,第一次不仅没能"网上漫游",连上网都没做到,就"在电脑一阵阵的警告声中退下阵来"。第二次他虽然上了网,但并没有在网上漫游,只不过是发出了三份邮件,又收到了三份邮件而已。由此看来,本文描写的所谓"网上漫游"不仅不是"又一次",而且使用的"网上漫游"这个专业词语也不准确。这就偏离了题意,表现了小作者片面追求出新而导致的写前缺少认真思考,思路不够清晰。

第二节　阅读是写作的基础——谈泛读与积累

许多作家在谈到自己的创作体会和经验时,都会谈到广泛、深入地阅读古今中外的名著使他们受益匪浅,帮助他们走上了成功之路。创作和习作虽然是不同的,但又是相通的。不少中考、高考的"作文状元",谈起他们的作文"秘诀"时,多数人也都会讲到"得益于课外阅读"。一位连续三年在上海中学生作文竞赛中获得一等奖,后来考入复旦大学新闻系的同学介绍经验时就这样说:"我的体会就是一句话:多读。从课内到课外,从文学到科技,多多益善。"

叶圣陶先生也说过:"多思索,多观察,必将有所见;多读作品,多训练语感,必将渐能驾驭文字。二者会合起来,写出的东西纵不是名作,也决不会一无足观了。"

的确,广泛、深入的课外阅读,是同学们学习语言,提高阅读能力和写作能力的最佳途径之一。

我们用于写作的材料并不都来源于自己的亲眼所见,有不少材料是间接获取的,也就是通过广泛的阅读,从书本、文字资料当中去采集的。书本知识是前人积累的生活和经验的结晶,文字资料是人类精神生产的产品。浩如烟海的各类书籍和文字资料,是一个取之不尽用之不竭的文化宝库,我们可以从那里收集材料、获取观点。

无数的事实告诉我们:书,读得多了,知识的积累丰富了,写起文章来笔下的句子和词也就会跟着丰富起来;顺畅的时候,文字就如行云流水般自然地流出来!

有些同学读课文或其他文章时，开始读得很认真，渐渐的就"走神"了：有的走马观花似的，有的甚至一篇文章没读完就停止了。因此，收不到良好的阅读效果。宋朝的大哲学家朱熹曾倡导过：读书应有三到，即眼到、口到、心到。一句话，读文章应做到专心致志，把"读"与"想"结合起来。这样，我们才能从呆板的读书方式中解脱出来，进入心领神会的美妙境界。

怎样去读好文章呢？我们所学的知识都是通过阅读和思考的结合，加上老师的指点而储存在头脑中的。但是，要想从一篇文章中得到更多更妙的知识，还得靠自己在阅读中的联想。我们不妨使用下面的三步法。

第一步，读前推想。拿到了一篇文章时，不要急于读，首先看看题目。如果是一般课外书，则先仔细地阅读"内容提要"。看完后沉思一会儿，想想文章中的主人公有什么样的性格特点和生活遭遇，文章情节会是怎样发展。然后再读全文，最好是"心读"为主。这样的读前推想，不仅是为自己的读书创设一种思维推断的气氛，同时还能使文章情节安排与自己的推测预料作对比，最重要的是加深了自己的读后感。

第二步，读中设想。任何一篇文章，总有关键词句，或者精彩的描写，或者生动的比喻、拟人等修辞方法。读到这些语句时，稍停一下，将其与自己的生活经验联系起来，这就是把文章中的文字叙述转化为自己想象中的画面。读到"山"，就想象山的形状色彩；读到"海"，就想象海水的变化和色彩。这时，即使自己已身临其境过的山、海，也未必有想象中的千姿百态。这样，你会真切地品尝到语言中无穷无尽的奥妙和乐趣。

第三步，读后续想。一篇文章读完了，不要一丢了之，应根据文章的故事情节、写作思路继续展开联想，这就是续想。续想是根据不同的环

第一章 走好第一步——练好文外功夫

境变化,给文章的故事安排一个新的结局。也可以沿着文章故事的情节思路继续想象下去,甚至可以模仿故事情节另编一个新故事。经过这样的读后续想,不但能使自己有新的认识,而且锻炼了自己作文的构思能力。

作为学生,阅读书籍报刊应视同"家常便饭"。但读什么?怎么读?却大有学问。如果为了开阔眼界,增长知识,积累材料,提高作文水平的目的,那就首先要学会选择阅读:或读名家名著,这方面可根据语文课本中所涉及的作家,寻其名作扩大阅读面;或读报刊时闻,这方面要注意少读那些篇幅冗长的案例和言情小说,重点选择千字以内的短小精悍的记叙文(包括散文、小说)、议论文(包括杂文、随笔)来阅读,熟悉现代文的内容结构,找到自己学习写作的样板。同时还要广泛涉猎一些有名的古诗文。阅读中要勤于动笔,自我培养做读书笔记的习惯。不妨准备几个笔记本和一些卡片,做笔记要分门别类(如知识类、人物类、格言类、信息类等),便于查找。俗话说"好记性不如烂笔头",笔记可以帮助心记,对此,许多伟人、学者、作家早已作出了榜样,而在我们知识面逐渐扩大,写作能力不断提高之后,也便会有更深切的体会。

下面从一个初中生的写作体会来看一看读书的作用吧!

我最喜欢的格言
——"读书破万卷,下笔如有神"

提起唐朝的杜甫,我想大家一定是都知道。而"读书破万卷,下笔如有神"这句名言便出自他的笔下。我很喜欢爬格子,小时就写过很多,但每次都是以失败而告终。有一次,我无意翻开一本书,见上面赫然写着"读书破万卷,下笔如有神"这句名言。于是我便试着读了一些书籍,虽然每本都是翻翻就放在一边,但那恐怕也就是我文学的启蒙吧。当我读的书越来越多后,下笔的自我感觉就不一样了,而且有时作文、札记还会受到老师的表扬。现在的我虽然下笔不能称为有神,但毕竟已经大有起色。

我真的很感谢这句名言,它也是我最喜欢的名言……

下面再请看几篇初中生的习作例文。这些文章的内容虽然都不一样,但有一个共同的特点,那就是:小作者都从阅读中汲取了营养,才能写出这样的好文章。

家乡的小雨

这些天的晚上,我常常早早醒来,三更过后就在床上辗转反侧盼望天明。忽然想起家乡的小雨在这晨风里,是否另有一番情趣呢?伢妹均匀的鼾声正酣,我便蹑手蹑脚地来到窗前,推开窗户眺望。

窗外的雨,淅淅沥沥,一丝丝、一缕缕地飘洒,就像此刻我乱如麻的思绪。随着改革开放的深入发展,农村经济也就越搞越活了。祖祖辈辈与泥土打交道的农民便期待儿女能有出息,不再像自己一样当"乡巴佬"。我的爸妈更巴不得家里能出个女状元,将来当个经理什么的。我暗自庆幸自己有这样良好的机遇,越发勤奋地学习。就在我陶醉于甜美的梦境时,爸妈却把我从校园拉到了田园,说是没钱供我上学了。这真似晴天霹雳,我被震迷惑了:家境不是一年比一年好了吗?怎么一下子竟连我念书的钱都没有了呢?我陷入了沉思。

雨,还是那样执著地飘洒着,它仿佛在向人们诉说着什么……

也许是我平日迷入书堆做梦的缘故吧,往时我不在意的那些琐事,现在联想起来,便见怪不怪了。记得曾有那么几件事,我当时还不以为然呢!

有一个星期天,我在家复习功课,就打发了好几拨不速之客:一起

第一章 走好第一步——练好文外功夫

是村公所有人敲门进来索要招待文明村验收团的摊派款;一起是村民组副组长来催交重修庙宇的集资;一起是村头李大叔的大表侄办订亲酒,李大叔亲自来凑份子;一起是村税收员来通知户主准备住宅基地管理费;另一起是治保主任来"动员"我家交治安风险押金和房屋财产保险金。后来还有两起敲门,因我当时烦闷而没有理睬,就不知是否也是来收款的。那晚我向父母汇报白天的奇遇时,父亲只是长叹了一声便又默默无声地抽他的闷烟,而母亲却"牛头不对马嘴"地说:"玉妹,你以后就索性呆在学校,少回点家!"我当时对父亲的沉默和母亲的答非所问丈二和尚摸不着头脑。

在这次之后,还陆续听到父亲的长吁短叹:"今天卖木材又是白条,倒霉!""今年卖谷子又是白条,糟透了!"当时除了那个"又"字感到刺耳以外,我对"白条"并不理解,也没往心里去,仿佛这与我无关似的,就连时常听到父母为了去吃"酒"而发生的争吵也没去理会,只是对父亲说的"人情不是账,笆锅碗盏也得当"和母亲说的"长此以往啊,哪攀比得起?……"听得烦了而已。

回想到这里,我的心不由得沉重起来。这些年来,家乡虽然富了,但是农民相应的负担也增加了。"白条"、"捐款"、人情债,等等,呈包围状向还未扎稳富根的农民袭来,使刚刚富起来的农民实在招架不住了。这样,让女儿停学也算一招了。像我家这样把我从大学梦中惊醒的,又何止我一个?又哪仅是我一家?面对失学的行列不断扩大,难道山沟沟的农家女就这样罢休吗?我不禁扪心自问。

我思忖着,向前凝神眺望。雨淅淅沥沥,一丝丝、一缕缕地向窗内的我飘洒着,好像要使我超出凡俗的自我似的。这时,一阵紧挨一阵的蛙声伴随远处不时传来布谷鸟的声声"春到了""春到了"……竟使我有一种全新的感受,好似山林的缕缕清香,又如卡拉OK厅那渺茫的歌声似的,随着村中古榕树枝繁叶茂的倩影在晨风中姗姗而舞,仿佛梵婀玲上演奏的进行曲,使我进入了另一种境界。

"玉姐,你看,"伢妹不知什么时候已经站到我的身后,我顺着伢妹指的方向,从窗口向远方望去,只见东方早已露出了鱼肚白。我欢呼起来,领着伢妹蹦跳着又向学校奔去。

雨,淅淅沥沥,一丝丝、一缕缕地飘洒。不过,它已经进入了我的心田。

这是广西龙胜县一位初中生的一篇优秀作文。这篇作文虽然思想深度还略有欠缺,但它立意较好,选材详略得当,线索清楚,特别是能够从读过的名著中汲取语言的营养,这一点尤其值得我们学习。

《家乡的小雨》写出了一些与"改革开放"这个时代主旋律很不协调的间奏音,真实地反映和揭露了在一派大好形势下掩盖着的,存在于一部分农村地区的两大现实问题——"白条"现象和"乱摊派"现象——给农民带来的沉重负担和严重后果。作者在这里提出了一个令人深思的问题:"难道山沟沟的农家女就这样罢休吗?"

文章写至此并没有完,"我思忖着",并听到"春到了"的布谷鸟声,"东方早已露出了鱼肚白",结尾的雨丝也"已经进入了我的心田"。这些蕴涵深意的描写看来是意味着那些损害农民利益的现象总是会被发现并及时纠正的。

本文以"雨"为线索,既写景叙事,又抒发感情,使情、景、事达到了和谐的统一。开头和结尾两次写到"窗外的雨",不仅前后照应,紧扣题目,而且起到了借景抒情的作用。

本文的语言学习了朱自清的《春》《背影》《荷塘月色》等范文的一些写法,但又能不露斧凿痕迹,显示了作者的文字功底。

本文也有不足,结尾的思想变化略快了些,缺少根基,给人以突兀之感,这就在一定程度上影响了本文思想深度的进一步挖掘。

下面再看一篇北京初中学生的作文。

我从未这样懊悔过

杨朔的散文《荔枝蜜》,拨动了我思绪的琴弦,仿佛平静的水面激起的微波,溅起的水花……使我回忆起一件令我懊悔的事情。

那是个鲜花吐艳的金秋。我兴高采烈地来到阜成门立交桥观赏花坛。刚到那里,就被艳丽的花坛深深地吸引了。一盆盆月季,散发着令人心醉的芳香。有的洁白如玉,有的红似火焰,有的美似晚霞,有的花瓣上闪着晶莹的露珠。一只只金色的小蜜蜂在花丛中扇动着透明闪亮的翅膀飞舞着。眼前的一切令我沉醉了。

这时,我心中忽然涌出一种奇怪的念头——把蜜蜂捉来玩玩。于是,就悄悄来到一只正在采蜜的蜜蜂旁边,把手伸了过去,可又不知怎么抓。于是我想了一个办法——用手弹。我对准它使劲一弹,可小蜜蜂被弹到花丛中再也找不着了。我只好另想办法,对,用手捏住蜜蜂的翅膀。这个办法很灵,我一下抓到了六只蜜蜂,把它们装进了塑料袋里,别提多高兴了。一路上我把这个口袋摇来摇去,就像举着一面胜利的旗帜,庆贺我的胜利。

回到家,我仔细端详着小口袋,看见有一只蜜蜂在看着我,好像在求饶,我想:算了吧,放了你。于是我把手伸了进去。顿时像触到了万伏高压似的立刻把手抽了出来。我看着这袋蜜蜂气不打一处来,把装蜜蜂的塑料口袋里装满了水,看着它们挣扎的样子还是不解气,拿着"水袋"使劲摇,直到蜜蜂全被淹死,我才消了气。

今天学完了《荔枝蜜》,我深深地被蜜蜂勤劳无私的精神感动了,它生命那样的短暂,一年四季忙个不停,为人类酿造出大量香甜的蜜。同时我也为自己伤害了六只蜜蜂的生命,深深地懊悔。我悔恨自己的无知,悔恨自己的残忍。我在内心,深深地向蜜蜂表示歉意。我发誓永不伤害蜜蜂,要做这益虫的保护者。

这篇作文是小作者读了《荔枝蜜》后,联想到自己对蜜蜂的错误态度和做法,写出了自己的懊悔心情。文中还学习了俄国作家契诃夫的作品《变色龙》的语言,"就像举着一面胜利的旗帜,庆贺我的胜利",用在这里也是恰到好处的。

第三节 书写是写作的文面——谈行款与格式

文面是否规范运作,直接影响到一篇文章的优劣和成败。所以,写作行款和格式都要做到规范化。

文面规范化有怎样的要求呢?

一要认真写字。字要写得正确、工整、清楚,一字一格,大小适中,不写笔画不清的连笔字、游来游去的蝌蚪字、歪歪斜斜的怪样字、高高低低、偏左偏右的超格字,以及各种各样的错别字。整篇文章要写得上下匀称,排列整齐,力求做到横看成行,竖看成列,显示出既正确、整洁又清晰、美观的卷面。

二要恰当标点。郭沫若先生说过:"标点好像一个人的五官,不能因为它不是字就显得无足轻重,标点错了,意义也就错了。"它是一篇文章的有机组成部分。书写要符合约定俗成的通则,做到形状规则、大小适中、位置适当。如:句号、问号、叹号、顿号、逗号、分号、冒号等只占一格,写在方格内的左下方,可置于行末,而不能置于行首。引号、书名号和括号,前半后半各占一格。引号前半在方格的右上方,后半在方格的左上方。括号和书名号的前半靠方格的右边,后半靠方格的左边。这三种标点的前端不能置于行末,后半不能置于行首。破折号和省略号占两格,位置居中,可置于行末,也可置于行首,但不能拆开用。着重号要打在强调的字的正下方,不占格。

三要讲求标题、段落、引文和人物对话的书写格式。标题,要单独成行,位置居中;长标题可以分行写,位置也要居中;副标题可另起一行写,要与正标题位置相称。文章一般都得分段来写,切忌写上密密麻麻的一大块。每段开头不能顶格写,必须空两格。段落的划分不宜零碎,要合情合理、疏密相间,能给人以整体感。引文较短的不要独立,放在文中加引号并注明出处即可;较长的引文在加冒号后可独立成段。人物对话如答对较多或内容重要认为需要强调时,也可以考虑独立成段。

四要学会正确使用修改符号。写作是因字生词、遣词造句、积句段成篇、表达思想感情的复杂劳动,难以一蹴而就。但是,随便的涂涂改改,任意的圈圈画画,都有损于文面的净美。我们要学会正确使用增补号、删除号、调位号、换用号、接续号、分段号、后移号和保留号等修改符号,掌握修改文章的基本功,尽量保持文面的规范。

☆自学能力强化训练

一、观察训练

1. 观察了解一个人,如"同桌""邻居"等,就观察所得,写一篇文章,题目自拟。

2. 观察了解一件事,如大扫除、植树等,就这件事的过程写一篇文章,题目自拟。

3. 观察一件工艺品,写一篇文章,题目自拟。

4. 就景物观察结果写一篇文章,如"看日出""观大海"等。

5. 就某个处所进行观察,然后自拟题目写出观察结果和感想。

二、观察积累训练

以"秋叶"为题作文,可参照如下提纲进行观察与思考。

时间:深秋时节。

地点:校园或公园。

观察和思考要点:

1. 在深秋,哪些树的叶子还很稠密?哪些树的叶子已经稀疏?哪些树的叶子呈黄色?哪些树的叶子呈红色?

2. 晴天和雨天,这些树叶有无变化?在刮风的天气和无风的天气,树叶各是怎样落到地面的?

3. 还未落的叶子留在了树的什么位置?就一只枝丫来看,是末梢的叶子先落,还是靠近主干的叶子先落?

4. 你喜欢深秋季节的黄叶和红叶吗?为什么?

三、观察写作练习

为加强观察能力的培养和训练,可在以下系列练笔题中任意选择其中一题进行练习。

1. 写景

第一组:朝霞、烈日、明月、繁星。

第二组:春花、夏雨、秋叶、冬雪。

2. 写物

第一组:观察你喜欢的一种小动物,用一二百字生动准确地写出它讨人喜欢的动作。

第二组:观察你喜欢的一种植物,用二三百字形象具体地写出它的生长特征。

3. 写人

第一组:观察、了解一两个特定环境中的人,写出他(她)遇到的事件的起因、经过和结果。

第二组:观察、了解一两个特定环境中的人,写出他(她)的肖像、语言、动作、心理,表现他(她)的一种思想性格。

四、综合训练

1. 有一个没有到过你家的亲戚最近要来你家,他想先到学校来看你。写一段文章,告诉他下了火车之后怎样找到你的学校。注意把学校所在的街道和学校门口的情形写清楚,使他根据你的说明很容易地找到地方。

2. 写一篇文章向学校的墙报投稿,介绍当地的动物园(或者公园)近来有些什么新的景色,劝同学们在星期日去游览。

3. 弟弟(或者邻居家的孩子)淘气,学习不用功。写一个你所认识的刻苦努力,品质和学习都好的同学,劝你弟弟向他学习。

4. 写你某一天的生活和学习的情况,向外国的少年报刊投稿,让外国的少年们知道我们中国初中学生的学习生活。

5. 你喜欢读小说吗?有人很不赞成读小说,理由是:读小说只是知道些故事,对思想和学习没有什么帮助;读小说容易入迷,以致影响学习,甚至妨碍健康。你同意吗?如果你同意,写篇文章支持他;如果你不同意,写篇文章反驳他。

五、阅读推荐书目

1. 鲁迅:短篇小说集《呐喊》《彷徨》,回忆录《朝花夕拾》
2. 老舍:长篇小说《骆驼祥子》
3. 巴金:长篇小说三部曲《家》《春》《秋》
4. 冰心:《冰心选集》
5. 王愿坚:短篇小说集《普通劳动者》

6. 魏巍:散文集《谁是最可爱的人》
7. 罗广斌等:回忆录《在烈火中永生》,长篇小说《红岩》
8. 曹雪芹:长篇小说《红楼梦》
9. 吴敬梓:长篇小说《儒林外史》
10. 施耐庵:长篇小说《水浒传》
11. 吴承恩:长篇小说《西游记》
12. 高尔基:自传体三部曲《童年》《在人间》《我的大学》
13. 奥斯特洛夫斯基:长篇小说《钢铁是怎样炼成的》
14. 契诃夫:《契诃夫中短篇小说选》
15. 莫泊桑:《莫泊桑中短篇小说选》
16. 马克·吐温:《马克·吐温中短篇小说选》
17. 安徒生:《安徒生童话和故事选》
18. 笛福:《鲁滨逊漂流记》
19. 罗曼·罗兰:《名人传》

第二章 过好第一关
——构思训练

构思是写作的起步和入门,是作文前不可缺少的准备。

什么叫构思?构思就是在动笔作文之前把我们头脑中对客观事物的印象、感受和认识回忆起来,加以组织和安排,打好腹稿和列出提纲的思维过程。"巧妇难为无米之炊",构思首先要解决的是"米"的问题,也就是说,首先通过立意和选材来解决作文时"写什么"的问题;然后再通过剪裁和组织材料来解决"怎样写"的问题。由此可见,所谓构思,就是根据写作意图,把平时积累的材料和自己的认识,经过精心的思考,加以选择和剪裁,组成一个有机的整体,使它形成一篇文章雏形的过程。

一个人会不会作文,懂不懂作文的门道,同样也能从他文章的构思上看出来。文章写得好、写得快,这同作者巧于构思、敏于构思是分不开的。文章肤浅、松散、章法乱,病句多,从写作来看,首先是由于写作者不重视和不善于构思。在作文课上,我们常常可以看到有些同学由于不懂得构思的重要性,没有掌握构思的能力,或不假构思,信笔写去,或急于求成,贸然动笔,结果是想一句,写一句,甚至整段的写了又抹去,十步九回头,不断走弯路。这样写成的文章就像挤出的牙膏,一股不挨一股,文章的"不通",大半是由此而来的。

下面请看2003年北京市中考的一篇四等文,其主要问题就是构思不清。

喝　　彩

我在上初二的时候,快下课了外面就下起了大雪,有一个同学看见的时候大声地说外面下雪了,我们大家往外一看说下雪了,我们下课有的玩了,当时大家非常喝彩。

到了下课了,我们同学一个个的都跑了出教室到外面去玩打雪仗,我们大家玩的都非常喝彩的时候上课铃声响了,我们跑进了班各自回到了各自的座,一会老师来了说大家下课玩的痛快吗,同学们大声地说痛快,有的同学说老师下课您也和我们一起玩打雪仗,老师说我才不玩呢,老师又说我们现在开始上课了,谁都不许再说打雪仗的事了。老师在上面讲,有的同学在往外看,我也在往外看,我们的心里都非常喝彩。不一会儿放学的铃声响了,老师说谁都不许在学校玩,全回家,到了校门口,我对几个同学说:"下午我们早一点来到学校打雪仗好不好?"同学们都说好。下午我们都到了学校,我们一起走进了校园,第一眼就

第二章 过好第一关——构思训练

看到了路面的雪,我们都非常地高兴。我们把车放下了,就去操场打雪仗去了。回来的时候我们每个人头发上都有雪,这一场大雪让我们玩的非常喝彩。有一天我到家的时候我的妈妈对我说:"你明天放假吗?"我说:"不放假,干吗?"妈妈说:"明天你姐姐和你姑都来。"我说是吗,当时我很喝彩。第二天中午放学了,我回到家里,还没有进大门的时候我就非常的高兴,到了院里面我就每个人都叫了一声,当时我不知道我姑家的哥哥、姐姐也来,我一看到他们就非常的喝彩,我说你们吃饭了吗,他们说没吃呢,我说咱们吃去吧!我们就去吃饭了。

在这场大雪里和我们哥哥、姐姐,还有我姑来的时候我非常的喝彩,而且不但我喝彩,还有我的家人们也非常的喝彩,下雪的时候还有我的同学们都非常的喝彩。最喝彩的是和我的同学在一起,也和我的家人在一起,同时也非常高兴。

本文虽然从头至尾不断地出现"喝彩"二字,貌似紧扣题目,可是仔细推敲,就发现作者所写的事情都并不值得喝彩,这是为什么呢?原来是作者根本就没有理解"喝彩"是什么意思。他把文中应该使用"高兴"这个词的地方都换成了"喝彩"这个词。这就使得本文不但出现了无数个病句,而且让阅卷老师读了以后,感到不知所云。

另外,本文结构混乱,没有详略安排,表达方式也非常简单,通篇平铺直叙,语言运用能力极差。所以,本文只能被评为四等。

俄国的文学批评家车尔尼雪夫斯基说过:"要是没有把应当写的东西经过明白而周到的思考,就不该动手写。"这应当是我们作文时必须恪守的信条。

构思如此重要,但并不神秘,它有自己的规律。这些规律对于中学生来说也是能够通过学习和训练掌握的。

我们来看一篇好的中考作文。

我和书的故事

自从我识字起就与书结下了不解之缘。这其中有许许多多我和书的故事。

我最喜欢去的地方是书店,最爱做的事情莫过于买书、读书了。每次去书店我都要在那一排排高大的书架前徜徉半天,不论是世界名著还是人物传记我都喜欢,而且每次从书店回来都是满载而归。望着那翻了又翻的书价,爸爸妈妈只能长叹一声,自我安慰道:"就算是对孩子的智力投资吧!"有一次,我独自来到书店闲逛,一本书使我双目豁然一亮。它就是《中国古代智囊人物之一——孙膑》,这本书记叙的是我最崇拜的伟大的军事家孙膑坎坷的一生。我对它真是爱不释手。可一翻书价,不禁令我倒吸了一口冷气——要24元钱!我的第一个念头是回家向爸妈要钱。可转念一想:两天前因给我买书家里已被"洗劫一空",爸妈会答应吗?算了,不买吧,不能再让爸妈为我买书费心了。于是我狠狠心,放下了书,疾步向书店门口走去。可那书却像长在我心里一样,不住地召唤我,真使我离书"三步一回头"呀!这时一个办法在我的脑海里闪过:为什么不自己攒钱买呢?对呀!我想到这里,飞快地跑回家数自己的零用钱。"唉,只有15元,还差近10元!"我心中自叹道,"没关系,再攒点,就够了!"于是我冲着这个目标"苦熬"了两个星期——在这两周内我没吃一点儿零食。终于在半个月后再次来到书店。我在书架上搜索半天也没看见《孙膑》的影子。"会不会是卖完了?"我自语道,心里顿时凉了半截。正当我失望到极点时,一堆摞在角落里的书点燃了我希望的火花。原来《孙膑》只剩下五本,售货员便把它放在了这个小角落里。我迅速地挑选了一本,满怀欣喜地走向收款台。回家后,我便津津有味地扎进书里去,享受我半个月来奋斗的结晶。

第二章 过好第一关——构思训练

通过阅读大量的课外书,不仅丰富了我的课余生活,使我增长了课外知识,而且它对我深刻理解语文课文思想内涵也起了很大作用。

有一次,语文老师布置了一项作业:预习《"文明"与"野蛮"》一课。这篇课文是法国文学家雨果写的。恰巧我刚读过他写的《巴黎圣母院》。第二天上课,老师在介绍作者情况时问同学们谁读过他的作品时,我自豪地举起手。接着,大致叙述了一遍故事的梗概和我对作品中人物的理解。同学们都向我投来了羡慕的目光。由于我在读《巴黎圣母院》时,看了译者对雨果的简介,因此在学习课文时很容易理解作者的写作意图,这篇课文也学得不错。自那以后,我更加热爱读书了,也由衷地感激书给我的帮助。

现在书已成为我一位亲密的朋友。我们之间还有许多这样的故事。我也越来越深刻地感到书给我的知识,对我的帮助。我越来越喜爱我的朋友——书了!

这篇应试作文是北京市的一位初中毕业生在考场上一气呵成的。从文章的审题立意、选材剪裁、布局谋篇到遣词造句成文,只有一个多小时,不可能更好地字斟句酌,反复推敲。所以,难免会出现一些疏漏和不足之处。但是为了保持作文原貌,反映考生的实际水平,我们只对文中的个别字句作了一点改动。

我们发现,这位考生于写作前,在试卷的空白处用铅笔先列好了本文的写作提纲。现抄录如下。

一、点题:我和书结下了不解之缘。

二、我与书的故事。

1. 我与书的第一件事:攒钱买书。(详写)

2. 过渡段:阅读书籍丰富了我的课外知识,也对我的学习有很大帮助。

3. 我与书的第二件事：阅读《巴黎圣母院》对我的帮助。（略写）

三、照应开头，再次点题：议论抒情，升华中心。

对照提纲看文，我们就会发现：这篇文章确实在构思方面有它独到的长处。由于在写作前，小作者已有了一个整体的构思提纲；所以在写作中就能够一气呵成，并很容易地做到了内容切题具体，语言简明通顺，详略安排得当，中心明确突出。再则，由于有了写作提纲，就保证了文章的一次性完成，因此本文卷面干净，涂改处很少，也给阅卷老师留下了好的印象。由此可见，平时作文就养成写提纲的好习惯，是很有必要的。

这篇作文没有跌宕起伏的故事情节，也没有生动传神的细节描绘（那是对文学作品的要求），但是它却得到了高分，其成功的原因何在呢？就是由于这位小作者在考前规规矩矩练了作文的基本功，考场上老老实实地按要求作文。因此这篇作文立意虽不新颖，但正确深刻；结构虽谈不上巧妙，但是完整严谨；事件虽不奇特，但确实是亲身经历，写出了真情实感；议论和抒情文字虽然不多，但与文中叙述的人和事结合较紧，确实起到了画龙点睛的作用。可以说，这篇作文符合对初中作文的目标要求，当然应得高分。

第一节　学会立意——确立中心意思

立意，就是在作文构思的时候，首先要想一想这篇文章的中心意思是什么。

平时的练习作文大多是自拟题作文，它跟考试时写的命题作文一样，也要讲究立意。别看练习作文写的大多是一时间的所见、所闻、所感，它不过是生活中的某个侧面甚至是很不重要的侧面，写好也同样能

第二章 过好第一关——构思训练

发人深思,使人玩味无穷,正像大海中的一朵浪花,虽然不那么蔚为壮观,却也令人感到晶莹可爱。我们这里所说的立意,就是确立中心意思。对立意的要求应符合初中生的认知能力,明确即可,不要随意拔高。如果刻意追求观念创新、形象创新、结构创新、手法创新、角度创新等,无异于赶鸭子上架,结果会适得其反。

练习作文的立意过程,也跟命题作文大体近似。不过,练习作文的立意更为自由灵活,不像命题作文那样受限制。点滴的感受、一时的意绪、突然的联想等,只要来自生活,不是臆造,都可以作立意的基础。作者下笔的时候可以摆脱某些文章做法的影响,只照自己的意图一步步地写来,说的都是心里的话,所以内容常常带有个性色彩,在叙事性的练笔中这一点尤其显得突出。例如下面的习作例文《我一个人在家的时候》。

练习作文因其篇幅比较短小,材料又大多是日常生活中的小事,在立意上也就有种种不同的具体方式。一种是把立意放在特殊的细节上。例如下面的习作例文《一张贺卡》。再一种是把立意放在作者因所见事物而产生的联想和感受上。例如下面的习作例文《我经历的一次意外事件》。又一种是把立意放在对材料作出分析、综合后所得的结论上,这是议论性练笔所经常采用的方式。例如下面的习作例文《小事不小》。

作者的立意是不是非要在作文中用一句话明确表示出来不可呢?不一定。这要看作文的具体内容。有时候是非有不可的,例如下面的习作例文《喝彩》;有时候则不必要,例如《我有这样一个好爸爸》(见本书第四章第四节的例文),作者的立意已经十分明显地包含在叙事中,如果再加上最后一段话,就是画蛇添足了。

下面让我们看几篇比较好的习作例文吧。

一张贺卡

又快到新年了,也就是又到了同学之间互送贺卡的时间了。在我的写字台的玻璃板下面压着一张精美的贺年卡,这张贺卡"买"来一年多了,我却一直没有送人,这是为什么呢?

那是一年前的事了。快到新年了,我买了许多贺卡送给同学,也收到了许多同学送给我的贺卡,心里美滋滋的。

那天下午,我又去买贺卡。市场贺卡种类真多!正在我眼花缭乱的时候,忽然听见有人叫卖:"卖贺年卡了,又漂亮又便宜,快来买啊!"我闻声寻去,发现这响亮的叫卖声,竟出自一位老爷爷之口。我走过去一看,这位老爷爷有五六十岁,头上戴着顶呢子帽,身上穿着一件军大衣,鼻梁上架着一副茶色眼镜,这身打扮和老爷爷慈祥的面孔给人一种亲切的感觉。我再向他摊上一看,嗬,真棒!价格也便宜。我马上开始挑选,看看这张,翻翻那张,哪一张都舍不得放弃。最后,我左挑右挑选中了几张最满意的。交钱正要离去,我突然发现摊上还有一张更漂亮的贺卡,这张贺卡真可以说是星星中的月亮。贺卡上画着一只可爱的小灰兔,大耳朵竖得直直的,还有一只小花猫,胡子翘得高高的。它们在开满鲜花的草地上玩耍嬉戏。打开一闻,一股橘子的清香扑鼻而来。我心里想:"要是能把这张贺卡送给我最要好的朋友谢鹏该多好啊。"一问价,两块五。可我一摸口袋,只剩下五毛了。回家取钱,怕来不及了,身上钱又不够,这可怎么办?

这时,我看到老爷爷的生意还挺火,摊上的人围了好几圈。干脆,这张拿走得了。但什么事都是说起来容易,做起来难。我借着人群的掩护几次伸出了手,几次捏住贺卡的手又都缩了回来。心里真害怕,怕被别人抓住。可那张贺卡对我的吸引力太大了,我再一次不由自主地伸出手去,把贺卡拽出来夹在衣服里。看看没人发现,我撒开腿就往家跑。路上,我觉得每一个人都在盯着我,好像在说:"这孩子偷人家的东西了!"好不容易回到了家,我大口大口地喘着粗气,把屋门锁了个严严实实。

我把贺卡放在桌子上,才觉得脸热辣辣的。一照镜子,我发现脸比苹果还红。我心里开始自责:这样做对吗?老爷爷在大风中卖贺卡容易吗?……我心里再也受不了这种追问,又跑回到了市场。可是老爷爷的摊位已经空了……

于是,我将贺卡压在玻璃板下面,没有送给任何人。每次看到它,都使我反省自己的过错。我希望有一天能见到老爷爷,把贺卡亲手还给他。

上文好就好在写真事,讲真话,抒发的是真实的感情。本文章的立意虽然没有明确点出,但已在心理描写和细节描写中体现出来了。

  我经历的一次意外事件

我在5岁的时候,经历过一次意外事件,受到了许多人的帮助,它使我感受到了人间的真情所在。现在回想起来,依然亲切感人。

那天,妈妈带我去乘地铁,大概因为是一个星期天吧,地铁里人很多。候车的人厚厚的像一堵墙。啊,车来了!人们便蜂拥而上,堵住车门,我攥紧妈妈的手,生怕被挤开。在经历过一场"战斗"后,我和妈妈终于挤上了车。

我只感到四周是厚厚的人墙,把我围在底下,闷热难忍。真难熬啊,不知过了多长时间,我们终于要下车了。妈妈拉着我向车门挪去。车渐渐靠站了,唉哟,好多的人哪!车门一开,我和妈妈就像掉进了黑压压的人的旋涡。有的人急于上来,使劲往前挤,正挡在我和妈妈之间。我急了,不顾一切地往前闯。可妈妈刚一下车,车门呼的关上了。顿时,我一惊,心猛地悬起来。这可怎么办呀?我长这么大,还没单独坐过一次车呢。恍惚中,我只听到妈妈焦急地大喊:"别慌,别慌,下一站下,在那儿等妈妈!"

车开了,窗外的妈妈离我越来越远。刚上的人流把我卷到一个小角落里。唉,心底的忧虑还未消失。孤单单的我那么无助。

这时候,我听见周围有的人在安慰我:"小姑娘,你别慌,你妈妈不是说在下一站等你吗?"这是一位老奶奶慈祥的话。"别害怕,这没什么,你以后也得一个人坐车呢!"这是一位叔叔充满鼓励的话。"小朋友,你是在这站下吗?我也是。我送你下车好吗?"这是一位阿姨柔声细语的话,她已站在了我面前,一只手搭在了我的肩膀上。

周围的人都在关怀我,我忽然觉得,我的面前是一团火,一团团闪耀着真诚、热情光芒的火。使我感到一股暖流,烘热了我的全身,温暖了我的心……

车靠站了,阿姨像妈妈那样攥紧我的手。领着我挤到车门口,用身体护着我,安全地下了车。她还一再嘱咐我,一定要等妈妈来,千万别跟不认识的人走。

我站在站台上,等候着妈妈。下一列车终于开来了,妈妈出现在我的视野里。我真想马上扑向妈妈,把列车上的事都告诉给她:那么多人帮助过我,哪怕只对我说过一句安慰话的,我也十分感激。这是一件平凡的小事,但我总觉得这里面有几分伟大。如果我们的社会、我们的国家,都是由每个人心里燃烧的火种——关怀、互爱凝聚而成,那么,我会很肯定地说:"这个社会多么美好、多么温暖!"

这篇习作写的事情很平常,但它把立意放在作者因亲身经历而产生的联想和感受上,就有了新意。

第二章 过好第一关——构思训练

我一个人在家的时候

小时候的我,最大的特点之一,就是胆小。看到一条小虫,往往也会吓得大嚷大叫。我没有勇气去试一试自己的胆量,哪怕只是碰一下小虫。而独自在家对于胆小的我来说,简直太可怕了。我也从未独自在家过。

终于,在6岁时的一个冬天,父母好像有什么急事,把我锁在屋里,匆匆出了门。就这样,我第一次独自在家。

冬天的7点,天早已黑了。我蜷缩着身子,坐在床上,听着窗外呼呼的北风声。虽然屋里有温暖的火炉,但是不知为什么,我只觉得寒意阵阵,直想打颤。我不禁焦急不安,只希望爸爸妈妈快些回来。

我跳下床,轻轻地掀起窗帘的一角,外边除了昏暗的路灯以外,没有其他光亮。风声和静寂交融在一起,如果是别人,说不定还会品味出什么美感;可是这幅情景,却使我心惊胆战、惊慌失措。看一眼桌上的闹钟,才刚刚8点。我第一次觉得时间真是漫长而难熬。

忽然,坐立不安的我瞟了一眼窗外,只看见一团有些发绿的光芒,隐隐约约,忽明忽暗。顿时,我的心猛地一紧,脑海里涌现出许多可怕的妖魔鬼怪。使劲摇摇头,想把脑子中那些可怕的东西都甩出十万八千里,可就是甩不掉。我真想知道那光芒是什么,但是那隔着我与夜幕的窗帘,我却没有勇气去掀开它的一角,去看一下那光芒的答案,因为我害怕看到想象中的东西。仿佛如果我把手伸向床前,就伸向了那黑夜一样。"掀?不掀?"在我心里闹得天翻地覆。当强烈的好奇心压过恐惧时,最后,我终于掀开了窗前的一角。刹那间,答案有了。

那只不过是平常的月光而已,也不是绿色的。那个绿色,不过是窗帘的颜色。

猛然醒悟的我,不禁暗自好笑。自己害怕得竟然没有看到自家窗帘的颜色。一颗悬着的心落了下来。刚才的恐惧无影无踪了。

6岁的我不知道,在我去掀窗帘的时候,除了好奇心外,还有一样我不知道的东西在支持着我,那就是勇气,我所缺少的勇气。

那个夜晚后,我依旧胆小。可同时,我又有了战胜胆小的勇气。

如今的我,已不是那个很胆小的6岁女孩。也不再害怕独自在家。但我还是向往着,能够回到那个第一次独自在家的夜晚,去寻找一下战胜一切的勇气。

这篇文章,事很平常,却写出了新意。小作者在下笔的时候摆脱了某些文章做法的影响,只照自己的意图一步步地写来,说的都是心里的话,所以文章内容带有个性色彩,把一个6岁小女孩的心理和形象写得活灵活现。

喝　彩

一场球赛的胜利、一次考试的成功、一次自我的飞跃……都值得人们为之喝彩。有的人为惊天动地的大事喝彩,而我要为点滴小事喝彩,为普天之下的父母们喝彩!

我是在满街激昂迂回的《我心永恒》乐曲声中与爸爸步入影院的。短短的三个小时,泪水好几次润湿了眼眶,杰克和罗丝的柔情缱绻让我深深陶醉。

在回家途中,爸爸不以为然地说:"你们年轻人就爱被这些东西搞得晕头转向。"看着他平静的脸,我不禁疑惑:难道爸爸不相信这轰轰烈烈的爱情?难道爸妈年轻时的"浪漫"会在婚后变成平淡如水的"生活"?

一次,妈妈有事很晚还没回来,习惯在晚上浏览报纸的爸爸此时却

第二章 过好第一关——构思训练

在房中踱来踱去,他不时地看看那部电话机。说来也怪,平常"日理万机"的它,今天却像个哑巴一样一声不吭地趴在桌上。爸爸忍不住了,拿起电话机扳扳这儿、弄弄那儿。"爸,电话线坏了吗?我来试试。"说着我信手拨了个天气预报。"今晚有雨……"不等我听完,爸爸一手抢过话筒,边挂电话,边着急地说:"你妈要是这会儿来电话怎么办?"哟!爸爸在为妈妈牵肠挂肚呢!

那晚,我发现爸爸原来不善于表达情感。

几个月前,爸爸要出差去香港。晚上,我被轰隆隆的雷声惊醒,隐约听见妈妈的房里飘来声音:"……什么都别买,只要你快些平安回来……"妈妈的一席话,让我在这个暴雨如注的夜晚泪光盈盈。

那一晚,我又发觉了什么……

日子如挂历,一张张飘去,仿佛丝毫不留痕迹。爸妈的生活永远像仲夏时的叶子一样平静,而在这如星流去的日子里,我却明白了:我们年轻人太多的是对爱的无限美好的憧憬,这种爱过于轻浮,过于浅薄。爸妈在走过一段人生之路后,他们的爱已经转化延伸为一种关怀、一种责任、一种惦记,也形成了一种无可言喻的默契。他们的爱已点点滴滴渗透在这默契之中了。

普天之下的父母们正如我的父母一样,他们在携手走过一段绵长的生活之路后,不改初衷,为孩子们撑起了完整温暖的家,这样的爱,何等朴素,何等无私!这样的爱,难道不值得我为之喝彩吗?

我热爱生活,深爱着父母。我要为父母喝彩,为爱喝彩!

什么是爱情?不同的人有不同的理解。但可以肯定的是,它应该是最个人的,也是最纯洁的、最高尚的情感。前些年曾经公映过一部电影,叫《年轻时我们不懂得爱情》。是啊,年轻人谁不对爱情充满了美好的憧憬?可是又有多少人是真正懂得了爱情的真谛?

请看一看这篇独树一帜的习作吧！这位同学在一个多小时的时间内，写出了这篇一千多字的美文，令所有有机会看到这篇文章的老师为之叫绝，为他有这样的好父母而感到慰藉，更为他这样小小的年纪就能够有这样深刻的思想而称奇，并深深地为这位同学在文中抒发的真情所打动，无不在心中默默地为这位同学祝福，祝福他走好今后的人生之路。

这篇文章的语言没有一点刻意的修饰，完全是用了白描的手法描写了父母之间十几年爱情的积淀所形成的互相爱护、互相惦念、互相默契的令人感动的细节。所以，最后小作者发出了由衷的感慨："他们在携手走过一段绵长的生活之路后，不改初衷，为孩子们撑起了完整温暖的家，这样的爱，何等朴素，何等无私！这样的爱，难道不值得我为之喝彩吗？"这个感慨是很自然的，也是很真实的，更是令人无比感动的，而且是紧扣题意、突出中心的。

小事不小

前不久，班里出了件小事：一块玻璃被球打破。说这事小，却也不尽然，因为在它的背后，隐藏着许多令人深思的问题。

首先，在教室内踢球是早已明文禁止的，老师也多次提出警告，可少数同学还是对此置若罔闻，只顾自己快活，想干什么就干什么，全不把纪律与约束放在眼里。明知故犯，这不能不说是某些同学缺乏严格的纪律观念的表现。

其次，窗玻璃本是公共财物，按照《中学生守则》的要求，我们应当爱护公物。今天，我们能坐在明亮的教室里安然地吸吮知识的甘露，无疑是幸福的，也是得之不易的。可那些打破玻璃的同学，不仅没能保护好公物，甚至将人民辛辛苦苦创造出来的学习环境肆意破坏，我真想质

第二章 过好第一关——构思训练

问他们:"你们的行为对得起谁?"

更加令人气愤的是,在碎玻璃落地的同时,几个男生竟异口同声地喊起来:"要是老师问起来,就说是用拳头打破的!"追究说话人的心思,无非是怕老师知道真相后收回足球,以致他们"过剩"的精力无处消耗。从玩乐出发,他们竟然丢掉了做人的原则。诚实,本是每个人都应具有的品质,可他们,作为21世纪的中学生,竟然想用谎话来换取个人利益不受损害,这种因小失大的做法实在令人痛心。

此事已过去几天了,老师仍未察觉。每当风从缺口处窜进来时,我总不由地想:"什么时候,他们才能认识到这件小事中的大处来,及时弥补上这小小的漏洞呢……"

小中见大常见于记叙文,同学们读过的鲁迅先生的《一件小事》就是一例,上面读过的习作例文《喝彩》也是一例。其实,小中见大,也常用于议论,这就是一事一议。初中生写议论文,主要就是要学会写好一事一议的简单的议论文。

有些同学认为作文总要写一些大的或者稀奇的事情,往往忽略日常生活中的小事。其实日常生活中的许多小事,只要我们稍加注意,就会发现一些问题。本文作者写的就是玻璃被球打破了这件事,恐怕在中学是比较常见的现象之一。作者注意到这件"小事",发现了其中的问题,并从这件事的发展过程中,论及"做人的原则"问题,可以说是文章含义较深了。

一事一议,重点不在写事,而在议论。议论就要发表自己对这件事的看法。本文作者对这件事的看法,表达得比较清楚。先就事件本身来说是违犯了学校的纪律,再就事件的结果来说是破坏公共财物,最后就肇事同学态度来说是"丢掉了做人的原则"。作者从三方面逐层深入地分析这件事,最后归纳到"小事不小"的主旨上来,反映了作者构思的思路是清晰的。

下面再看反面的例子。

我爱我的老师

我最爱的,就是我的老师。

那是一个冬季的一天,狂风怒吼,寒气逼人。同学们正在读书。我全身发热,嘴里、鼻里呼出股股热气,只觉得一阵阵风吹过,又觉得浑身发冷,上牙直打下牙,"咯咯"作响,不知不觉就做了一个梦:我上身穿一件背心,下身穿一条短裤,站在外面,一阵寒风吹过,我觉得支持不住了,又一阵风吹过,我终于躺在地上,猛然间看见从远处飘来一朵彩云,上面站着的正是母亲,她手里拿着一件毛绒大衣,我一下扑到了母亲的怀抱里,感到无比温暖。忽然被一只冰冷的手,给激醒了,仔细一看,一位穿着棕色条绒大衣的老师站在我身旁,原来是刘老师,她问:"你是不是不舒服?"我点点头。她用手摸摸我的衣服,说:"穿这么单薄,怪不得。"她脱下那件大衣要给我,我用手推了过去,说:"没事,您穿吧!"老师一边给我穿上衣服,一边说:"别冻着,要不然,落下功课。"转身刚走到门口,又说:"别出去,外面冷。"

我走到窗子旁,一看,刘老师站在队伍前,是那样坦然。

老师,您就像园丁给我们温暖、关怀、爱护,这就是我最爱的刘老师。

这篇文章语言和结构都存在较大的缺陷,最大的问题还是立意不当。题目是《我爱我的老师》,可通观全文,主要内容却写的是"我"的母亲,而且又是主要通过梦境来表现的。刚刚写到老师,文章就煞了尾,而且缺少具体的描写。看来这位作文基础并不大好的小作者,为了写好这篇作文,煞费了苦心,精心设计了一个并不存在的所谓"梦境",是想说

第二章 过好第一关——构思训练

明老师像母亲一样关怀着我,但由于作者在构思过程中,过分追求立意新颖,又缺少文字表现能力,造成的结果就是:不但立意不新,而且不准,甚至不合题意,所以本文内容被评为四等。

第二节 学会选材——选择熟悉的材料

同学们学会了观察积累,又在立意上下了工夫,明确了这篇作文的中心意思应该是什么。下一步工作就是围绕这个中心意思来进行构思,大致确定一下这篇作文怎样写,也就是考虑一下选材的问题。这也是每篇作文在动笔之前必须要做的事情。

像做衣服必须根据每个人的需要选取不同的衣料一样,写文章也要围绕作者所确定的中心意思来选素材。文章的中心内容要依靠生动丰富的材料来表现,所以选材是为表达中心意思服务的。

那么,初中生作文选择什么材料好呢?特级教师申士昌先生在多篇作文教学文论中阐述了这样一个观点:"写自己熟悉的人和事,才能写得真。"反之,写自己不熟悉的人和事,由于缺乏真情实感,又囿于年龄和生活经验,要想写出有真意的文章是很困难的。如果有哪位学生仅仅为了写一篇作文,就不顾背上已有的沉重课业负担的现实,花上不少时间和精力带着问题去观察和分析,指望以"临时抱佛脚"来解决材料来源问题,甚至希求取得立竿见影的效果,这个愿望恐怕也是难以实现的。

所以,我们还是应该首先考虑选取自己体验较深的小事来作为写作的材料,选取这样的事才能写得具体、细致,深刻地表现中心意思。作家杨朔在《荔枝蜜》一文中所写品尝甜香的蜂蜜,访问蜜蜂的生活等都是作者亲身经历的;作家魏巍在《谁是最可爱的人》一文中所写的三件

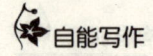

事也是作者亲见亲闻的,都有着较深的体验。文中写到的一场松骨峰战斗是朝鲜战争中上千百场战斗的代表,足以反映战士们的革命英雄主义精神。马玉祥又是千万名战士的代表,从他的身上完全可以看到我们的战士的国际主义精神。当然,"小"也不是随意便写个"小"都可以,不是写生活中那些毫无意义的琐事,而应是具有一定代表性、概括性,能反映到深刻的中心意思的事情,才能起到"滴水见太阳""一斑窥全豹"的作用。

下面请看一位基础薄弱校的初中生写的课堂练习作文。

我 的 新 同 学

在我步入中学大门的时候,结交了一位新的同学。那就是她——周云霞。

记得刚开学不久的时候,我们正在上自习课,忽然,刘彦明不舒服起来。坐在我后面的周云霞同学劝他去医务室看看病,谁知他刚一出门,就吐了,弄得满地都是脏东西。周云霞看见,连忙从三角柜里取出笤帚和簸箕跑到教室门外,先到院子里撮了些土,然后回到教室门外,把土倒在地上的脏东西上,用笤帚撮进簸箕里,倒进了脏土车。在进教室的时候,同学们都用敬佩的眼光望着周云霞,因为她这种为帮助同学而不怕脏的精神太值得我们学习了。

还有一次,一位同学因一道数学题不会做而找周云霞。周云霞接过题仔细地阅读起来。不一会儿,题读完了。于是,她一边画图,一边给这位同学讲解数学题。看到同学终于把这道题弄明白,周云霞脸上露出了欣慰的笑容。

周云霞是班里的生活委员,她管锁门和拿钥匙,所以她每天都得等做值日的同学走了以后才能回家。

第二章 过好第一关——构思训练

上次第一组同学做值日,她也主动地帮第一组同学扫起地来。有个同学说:"周云霞,你又不是值日生,干吗也做值日呀?"周云霞笑笑说:"咱们一块儿扫,能节约时间。再说,我坐在座位上也没事干,不是说集体的力量大吗?"从此以后,同学们对她更加敬佩了。

这就是周云霞,一个为了帮助同学而不怕脏、不怕累的新同学。

老师给这篇作文的评语是这样的:

选材很好,通过三件事情从三个不同的侧面表现了周云霞的优秀品质。你和周云霞都应该表扬!

三件事情都写得很具体,分别使用了动作描写和语言描写,运用得很恰当,很好!

语言也好,通顺、准确!

学生看到作文评语后,写了下面这篇体会。

当我拿到作文的时候

拿到这篇作文的时候,我非常高兴。万万没有想到的是,我得了全班的最高分。

上学以来,我对写作文最害怕,自然就无所谓兴趣。平时和同学们聊天儿可以唾沫飞溅,要是一提到作文的话,那可就像斗败的公鸡,垂头丧气的。因此,写作文也就成为我最头痛的事。一到作文课,只能装模作样地沉思,或者翻看《作文选》,七拼八凑地抄上一些句子,或者搜肠刮肚地去虚构一些材料来交差了事。这样,就形成了恶性循环,我的作文水平也就无从提高。

进中学后,老师告诉我说:"你们写作文的时候,不要生搬硬套,也不要说谎话,虚构一大堆事情。只要畅所欲言,写出你们的真情实感,做到无所顾忌,就像写日记一样,坦露你们的思想感情,抒发自己的自然之情就行。要是你们能够做到这样的话,那你们写出来的文章可就是好作文了。"听了老师的话,我便有了一种想写作文的欲望,便试着把自己总是放在心底下的一些事情写出来,自由自在地,无所顾忌地,不必害怕老师的指责,也不必在意同学的嘲笑,于是以往的经历在沙沙声中跃然纸上,没有一丝的凝滞,如黄河之水天上来,滔滔不绝,大有一泻千里的气势。我的作文竟被评为范文,让我在班上朗读,那真是我始料不及的。

通过这次作文,我体会到,只要选择熟悉的材料,构思好文章,就能把作文写好。我决心以后写作文的时候,不再抄袭作文书的片段了。

下面再请看北京西城外语学校的一名初一学生写出的一篇比较好的习作。

中学生活的苦与乐

开学快两个月了,我似乎还没从那该死的"中小学衔接问题"中解脱出来,我一直在想:中学生活到底是"好极了"还是"糟透了"?

开学第二天,我就饱尝了"跑通勤"的苦头:都等了一个钟头了,15路汽车怎么还没来呀?没法子,只好用"11路"(步行)上学了。结果累得腰酸腿疼不说,还让值周生和颜悦色地来了句:"同学,对不起,你迟到了。"唉!在离家只有"半步"之遥的小学,哪出过这档子事!

上了中学,班主任可不再当唠唠叨叨的"婆婆"了——说是为了培养自理能力。我们刚高兴了没一个钟头,"厄运"就接踵而来:班里的大事小事都得自己管。我这个小科代表尽管喊破喉咙,作业也很难收齐。渐渐地,我又有了新的想法:现在可比迎接升学考试累多了,没了依靠,全凭自己。

当然,并不是只有那些"糟透了"的事情发生。"好极了"的事还是占

第二章 过好第一关——构思训练

大多数,比如说——

在学校阅览室里,一本本刊物就像美味的食品一样吸引着我。《故事会》《蓝盾》《读书》……哇!这么多,够我看好几年的。顺便扯一句,由于自己的"经费"紧张,从前我不得不实行"弃书保刊"的政策方针,现在可不至于那样了。

在同学之间,那见面叫不上名字的尴尬已经随着时间的流逝一去不复返了。现在我们不仅用中文对话,而且还尝试着用"洋文"对话。尽管我们的发音还不太准,有时还会发出这样那样的"原则性错误",不过那感觉真似冬天吃火锅——味道好极了。

再说说课程。像历史、地理这些课,讲得比小学时详细多了;英语课上,老师很少说汉语,几乎全用英文,让人耳目一新,感觉就是不一样;生物实验室里,我们亲眼看清了洋葱头和西红柿的细胞,真叫人兴奋……每位老师都循循善诱,使我对各门课程的感觉都不错。

辛劳中包容了欢乐,无奈中稍带着欣喜,苦涩中夹杂着快乐,尴尬中透出了甜美。这就是我们刚刚开始的中学生活。你们说,这是"糟透了"还是"好极了"?

这篇作文,语言虽然还不够成熟,思想深度也还略显不足;但就选材来看,这位同学选了自己进入中学后体会最深的几件事,写得比较顺畅,这是很可取的。特别应该指出的是:这位学生在小学时作文成绩大多是不及格,进入中学后,在老师"说真话,写真事,抒真情"的鼓励下,写出了这篇作文,并且得到了他自己从来没有得到过的"优秀"的好成绩,可以想见对他今后的作文会有多么大的良性影响。

最后再请看一名重点学校的初中生写的比较好的习作例文。

 我渴望笑容回到表哥脸上

小时候，我常常渴望妈妈给我买一条花裙子，渴望学习得到一百分，渴望有一位知心朋友……随着年龄的增长，我不再为自己寻求更多的"渴望"，而是渴望父母工作顺利，爷爷、奶奶身体健康。眼前我更渴望的是，笑容再回到表哥的脸上。

以往每逢节假日，我们几个兄弟姐妹就会聚到一起。表哥一来，整个屋子就会充满笑声。不知为什么，一些很平常的事，只要从表哥的嘴里说出来，就会变得如此幽默，引得大家捧腹大笑；而这时的表哥脸上也会绽放出灿烂的笑容。

但是，在两年前的一个假日，我们又来到姥姥家聚会时，情况发生了变化。表哥脸上的笑容没有了，取而代之的是满脸的愁容和忧郁。他进屋后没有理我们，而是径直走到坐在屋角的舅舅身边，用一种近于哀求的语调说："爸，跟我回家吧。"舅舅没有说话，而是面带无奈地点上一支烟，狠命地吸起来。"爸，求你回家吧，求你了。"表哥拉着舅舅的手，猛然跪倒在他面前，哭着恳求道，"爸，这个家不能没有你，回去吧。"舅舅仍然不说一句话，脸上显出木然的表情。表哥一下子瘫坐在地上，满脸都是泪水。在我的印象中，这是性格刚毅的表哥第一次在大家面前流出了痛苦的泪。

原来，舅舅和舅妈由于感情不和，舅舅已经提出了离婚，并且搬出了家门。这使原本爱说爱笑的表哥痛苦万分。他一方面要学好功课，一方面又要想尽办法挽回濒临破碎的家。他过早地体味到生活的苦涩。我真不明白，大人们为什么不能想办法克制一下自己，更多地为孩子想一想呢？

表哥的哀求和努力并没有起到任何作用，最终，舅舅与舅妈离婚了。直到表哥随舅妈登上飞机，飞往大洋彼岸的美国前的那一刻，我也没有能看到他脸上那灿烂的笑容，没有能听到他那爽朗的笑声。表哥走了，带着满心的创伤，带着父母离异的痛苦离开了祖国。我是多么渴望表哥能够重新振作起来，多么渴望笑容能够再回到表哥的脸上啊！

初中生的作文选材，也不一定都要选取正面的材料，有些困惑的问题，甚至有些社会的阴暗面，都可以直接反映出来。这篇习作表现的就是在改革开放的今天，有些家庭面临解体的新问题。小作者运用了人物的外貌描写、语言描写、行动描写、心理描写，形象地写出了父母离异对儿女的心灵造成的巨大创伤。至于这个社会问题怎样解决，小作者没有涉及，也不可能涉及，但它仍然是一篇"选材恰当，抒真情，说真话"的好文章。

第三节 学会剪裁——根据中心的需要剪裁

写人记事，没有材料就无话可说；有了材料，不会处理，也写不出好文章来。有了材料怎样处理呢？需要注意的方面很多，这里只谈怎样剪裁。

像做衣服，在选取衣料后，还必须根据每个人的身材进行剪裁一样，写文章也要在选材的基础上下一番剪裁的工夫。所谓文章的剪裁，就是对材料分清主次、轻重，作出适当的详略安排。这样就能使文章写得集中深刻、重点突出，不致杂乱无章、眉目不清。

那么，怎样进行剪裁呢？这个问题应该根据中心意思的需要来考虑。凡最能表达中心的材料是最重要的，要详细写；凡对表达中心有些关系但关系不大的，要简略写；凡与中心意思无关的，或写出来反而冲淡中心意思表达的材料，就应舍弃不写。

可是许多初中生不会处理已有的材料,往往不假思索地把材料堆积在一起,致使材料精粗并存;或者在安排材料时,不是就文章中心的需要选择一个恰当的角度,而是袭用某种现成的公式去写,这些都是剪裁所忌讳的。

魏巍曾在《我怎样写〈谁是最可爱的人〉》里面写道:"在朝鲜时,我曾写了一篇《自豪吧,祖国》的通讯,里边写了二十多个我认为最生动的例子。因为例子堆得太多,好像记账……以后写《谁是最可爱的人》,就只选了几个例子,在写完后又删掉了两个。事实告诉我,用最能代表一般的典型例子,来说明本质的东西,给人的印象是清楚明白的,也会是突出的。"魏巍同志所讲的"本质的东西",也就是文章的中心意思。他所说的"能代表一般的典型例子"就是围绕中心意思所选择的典型材料。

下面请看一篇剪裁处理比较好的初中生习作例文。

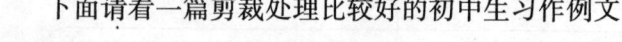

家庭给我的教益

家庭给我的有爱、有欢乐、有温暖,也许还会有烦恼和痛苦……但是,使我感触最深的还是家庭给我的教益。

记得在我三四岁的时候,有一次,我和爸爸在公园里玩。爸爸在前面走,我在后面跑。忽然,脚下一滑,我"啪"的一声摔倒在地上,顿时感到手掌、膝盖钻心的疼。我哭着喊爸爸,让爸爸扶起来。可爸爸站在离我几米远的地方,说:"自己爬起来!"我愣住了,刚刚伸出的手在空中停住了。"爬起来!"爸爸的声音更加严厉,我含着眼泪,一肚子委屈地站起来。这时,爸爸说:"孩子,摔疼了吗?"便拿出手绢为我擦伤口。他边擦边说:"你一天比一天长大了,要记住,在哪里摔倒,就要在哪里靠自己的力量站起来!"多少年过去了,爸爸的话始终是我的座右铭。

在爸爸妈妈潜移默化的教育下,我一天天地成长。转眼间,我上二

第二章 过好第一关——构思训练

年级了。有一次,一位同学不小心把妈妈送给我的塑料铅笔盒摔坏了,我非常生气,冲她嚷道:"你……你赔!""我不是故意的……""你赔!"我不由分说地嚷着。回到家里,我捧着那破碎的铅笔盒,伤心地边哭边把这件事告诉爸爸妈妈。然而,他们不但没有安慰我,反而让我去道歉。我怎么也弄不明白,哭得更厉害了。这时,妈妈走过来,摸着我的头说:"对待别人要宽容,人家又不是故意的。""可是……""没关系,坏了再买一个,可你不能对人家那样凶呀!"我一听,不哭了。我不禁想到了那次邻居搬家,抬家具时不小心碰碎了我家的窗户,爸妈不但没有和人家争吵,而且还主动帮助他们搬家具。还有一次,妈妈在上班的路上被一辆卖鱼的三轮车溅了一身脏水。那人刚要道歉,妈妈已把手一挥:"没关系"……忽然,一阵敲门声打断了我的思绪,打开门,那位小朋友正在外边。我对她说:"对不起,刚才是我不好……"她的眼睛里闪过一丝惊喜,我俩都笑了。从那以后,我学会了对待别人要宽容。

家庭给我的教育的点点滴滴,伴随我成长。我永远不会忘记家庭给我的教益。

这篇作文原来写到的事例很多,诸如父亲如何关心自己的学习,母亲如何照顾自己的生活,在最后定稿时都被剪裁掉了,只保留了父母严格要求自己的一详一略的两件事,以突出家庭给我的"教益"这一中心意思。

第四节 学会组材——层次清楚地组织材料

像做衣服,把衣料裁剪好以后,还需要进行一番拼接的工夫才能缝制出合身的衣服一样,写文章也要在选材、剪裁的基础上,在组织材料方面下一番工夫,才能写出好文章。所谓组织材料,就是我们在写文章前要把准备在这篇文章里写的材料理出个头绪，计划好先写什么，后写什么。这样的文章写出来，就会层次清楚、有条有理。

以小见大法是作文时在选材、剪裁和组织材料的过程中常用到的一种写作方法。同学们的习作常常要反映丰富的生活、崭新的思想。可是生活的长河又是五彩缤纷、日新月异的。如何描写如此壮观广阔的生活场景呢？限于我们的笔力，与其泛泛而写，不如去撷取生活长河中的一朵小小的浪花。通过对这朵浪花的精心描写，真切地反映出生活长河奔腾向前的风貌。

怎样才能做到以小见大呢？首先要注意选择具有代表性的人和事，其次要注意选取自己体验较深的事，再次要注意适当运用点睛之笔，才能写得具体、细致、真实，可以让小事的意义更为突出。

下面给大家介绍一篇北京市初中生的课堂作文。这篇作文不仅在选材、剪裁和组织材料的方面做得比较好，而且在写作中以小见大方法的运用，也是很值得学习的。

和爸爸下棋

在所有的文娱活动中，我最喜欢的要算下中国象棋了。然而在所有和我下过棋的人当中，我最喜欢和爸爸下棋了。爸爸的棋法高明，他一下就能想出七八步好棋。因为爸爸的棋下得这样好，所以尽管我总是输，但我还是很愿意和他多下几盘。就在暑假的最后一个星期里，我和爸爸下了十分精彩的一盘。

那天是星期日，晚饭后，我做完了当天的功课，就要求和爸爸"杀"一盘，爸爸很痛快地答应了我的要求。棋盘摆好了，我又端来了糖果和瓜子，因为是暑假的最后一盘棋，我布置得相当不错。

爸爸被请到桌前坐下，一场战斗就这样开始了。我执棋先走：当头

第二章 过好第一关——构思训练

"炮"、跳"马"、出"车",开头几步走得很顺利,我不觉露出一丝得意的微笑。爸爸当然不能示弱,他很快想出了应付的步子:"车"巡河、跳"马",紧接着又是一阵飞"象"、拱"卒"、打"炮",一步步紧逼过来。

因为我还不曾失子,所以很冷静,不慌不忙地盘算着下一步该走什么。我想起了一个爸爸以前用过的"绝招"。对,就跳"马"。我那"马"跳到了一个重要位置。爸爸可一点儿也不着急,他一眼就看出下步我要走什么。爸爸的"车""马"只移动了几步就把我挡住了。爸爸的大脑飞快地活动着,手也不停地动着棋子儿。我眼睛注意地盯着"前沿阵地"上的"马",心里盘算着如何进攻。由于赢棋心切,不想走错了一步,上了爸爸的圈套。不好!局势开始恶化了,爸爸发起了攻势。只见他一步接一步,一环扣一环,有条不紊地走,显得十分沉着、老练。我这下可紧张了,鼻尖、额头冒出了汗珠,眼睛直勾勾地注视着"战局"。我想:爸爸的棋好厉害!这下可坏事了,暑假最后一盘棋可千万别再输了啊。

我清醒了一下头脑,仔细衡量了一下双方的力量,沉思了一会儿。我看到了一步能解围的棋法,接着又想出一步一举多得的妙招,顿时就轻松多了,几步走得很成功。我心里乐开了花,一只手不住地敲着桌子,另一只手顺便摸起一块奶糖,扔进了嘴里。

爸爸毕竟是下棋的老手,他可一点儿也不在乎,悠闲自得地吃着瓜子,皱着眉头思考着。不好,爸爸一定是想出什么"坏着"了。你看,他的眉头松开了,要走棋了。爸爸走了一步我意想不到的棋:他放着眼前的"炮"不用,却把"车"调到"前线"去抓我的"马"。这是为什么?我不明白这步棋的奥妙何在,可我知道这是一步非常关键的棋。爸爸不会轻举妄动,他一定是设下什么圈套让我上当。我可得好好想想,慢点走子儿。

突然,我眼前一亮:哎呀,差点儿上当,我怎么才想到呢?爸爸的"车"是想把我的"马"看住,这样既可以牵制我的"马",又可以进攻。这时爸爸的"炮"就成了一个重要角色,在已经插入我地盘的"马"的配合下发起进攻,我就免不了要输棋了。爸爸的棋可真绝呀!幸亏我早一步看出来,不然暑假这最后一盘棋输了该有多倒霉!爸爸以前就是爱利用我不善于多思考,盲目地只顾进攻,怕丢子儿的弱点来取胜的。我呢,一步错了步步错,最后总是输。

这回我可克服弱点了,十分小心地跳"马",走"车",情况居然好了起来。我这下可放心了,重新布局,并加强了攻势。我的"车""马"很快活动开了,老是在爸爸的"老将"旁边转来转去。爸爸可有点儿吃紧了,他不吃瓜子了,用手轻轻敲打着棋子,抿着嘴,思考着。爸爸的棋不行了,组织不起进攻,防守也没希望了,该我来收拾残局啦。

"将!"我大叫一声,用"炮"打了爸爸的"象"。紧接着,"车""马"蜂拥而上,很快逼住了爸爸的"将"。暑假这最后一盘棋,总算以胜利告终了。一盘下来,我紧张得出了一身汗,可心里真是高兴极啦。

我收拾着棋子和棋盘,轻轻地哼着歌,得意洋洋地看了爸爸一眼说:"我终于胜利了,赢得真不容易呀!"爸爸显出一副不屑置辩的神态说:"你本来就应该超过我,年轻人超过老年人这是自然规律嘛!有什么可得意的?"其实我并没有超过爸爸,只不过好不容易地赢了一盘棋。

暑假最后一个星期日晚上的棋下完了,这盘棋下得太有意思了。下棋也使我懂得了只有不怕失败,敢于从失败中得出教训,才能有所进步、有所提高的道理。在学习上,不也正是这样的吗?

这篇作文在立意、选材、剪裁和组织材料诸方面都比较好,它虽然只写了暑假里最后一个星期日的晚上"我"与爸爸下象棋的很平常的事情,但这位同学把这盘棋按一场战斗来写,就使文章生色不少。你看:在开始下棋时,爸爸"步步逼紧",自己就"上了圈套";但由于自己的"沉思",想出了"妙招",总算扭转了战局;可是爸爸"毕竟是老手","坏招"

第二章 过好第一关——构思训练

很多,在自己又克服了"轻敌"的这个弱点以后,重新布局,并加强攻势,经过一场紧张的激战,这才终于反败为胜,赢了这盘棋。我们看到这里,也和小作者一样长长地舒了一口气。

这篇作文语言朴素,既不矫揉造作,又不故弄玄虚。在描写上也有它的长处,如:叙述到由于自己的努力扭转了战局时的得意心情,文章这样写道:"我心里乐开了花,一只手不住地敲着桌子,另一只手顺便摸起一块奶糖扔进了嘴里。"这段惟妙惟肖的描写是符合一个女孩子的心理和表现的,也只有身临其境的人才能有如此生动传神的描写啊!最后一节父女的对话既幽默,充满着深情;又有深刻的寓意,促使我们随着小作者一同积极地思考。是啊,仿佛我们也和作者在一同领悟着这样一个道理:青年人是要胜过老年人,但做到这一点可不容易呀,是要花一番工夫的。我们在学习现代化科学知识的征程中超过老年人是历史的必然,但也必须要有不怕失败,敢于奋斗的精神才行啊。这个联想是自然的,也是有意义的。

俗话说:"曲不离口,拳不离手。"要想不断提高作文构思能力,除了要注意以上所说的几个问题外,最重要的就是不断地进行练笔写作了。练笔有哪些好处呢?

第一,练笔能培养我们观察和思考的习惯。要经常练笔,就要有源源不断的材料。材料从哪里来? 来自我们的观察和思考。

第二,练笔能培养我们自觉构思的习惯。经常练笔,自觉写作,无论是先拟出题目或先确定题材,都能较快地把文章的轮廓在头脑中构思出来,下笔也感到比较轻松。这样,我们就既有了成功的经验,能根据内容的需要对材料进行裁剪,做到详略得当,并合理地安排层次,语言自然流畅;也有了失败的经验,有时在内容、组织结构和行文中也出现过这样那样的缺点,甚至是比较严重的失误。这两种经验都有利于培养我

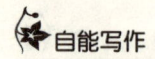

们自觉构思的习惯。

第三,练笔能使我们在学习各种表达方式的同时,积累更多的写作素材。如果长期坚持练笔,不仅能记录下我们的生活、思想和感情的经历,而且能为我们保存一大批写作材料,其中必然会包含着某些闪光的东西,正像沙地里的金的碎粒一样,将来有条件还可进行加工提炼,写出更为出色的文章。

每天练笔,对写作水平的提高大有好处,可以大胆地写出自己的个性。练笔的最好形式就是每天坚持写好日记。日记是要天天写的,这样每天就都有练笔的机会。每篇日记实际上也就是一篇有开头、有结尾、有中心的小作文。在写日记前,总有个构思的过程,像过电影一样,每天晚上都要回忆一下今天我做了哪些事?见到了哪些人?听到过哪些话?想过哪些问题?还要考虑哪些值得写?怎么写这些有意义的事?然后再开始动笔写。日记虽然篇幅不长,但每篇日记都有这样一个思考过程。有的时候,我们对当天的日记内容不够满意,以后就会有意识地注意观察。这对于我们不断提高熟悉生活、观察生活、分析生活的能力是很有意义的。

俗话说:"熟能生巧,巧能生辉。"作文是个硬功夫,也是个慢功夫。坚持每天写日记,实际上就是坚持每天写小作文。经常坚持下去,笔头就会更灵活,变得得心应手、运用自如;思想就会更活跃,就能从有些看起来很平常的现象觉察到其中很深刻的意义,提高概括生活、表现生活的能力。这时,写文章就会行文如流水,一泻千里,正像有些同学说的:"心里有话,不写出来就难受。"这样就好了。

那么,日记写哪些内容为好呢?前面讲过中学生写作文应主要写自己生活中的所见所闻所感所做。日记同样是这样。有的同学说:"学校生活太枯燥,整天就是读书,日记有什么可写的呀?"事实上是不是这样的呢？当然不是。学校组织了各种课外活动小组（如照相洗印组、朗诵组、计算机组……）和课外运动队（如篮球队、排球队、田径队……）等，你参加这些活动一定遇到过各种问题和矛盾，你是怎样解决这些问题和矛盾的呢？所有这些内容都是作文的好题材，当然也是日记的好题材。

日记也可以写一写我们平时生活的一些见闻和思想收获；记下当天听到的一两句耐人寻味的话，以及自己偶然的一闪而过的思想活动；描写我们所见到的某一个动人的场面，或某一种富于特色的神态；甚至还可以抄录报刊发表的格言、谚语、警句和寓意很深的小故事等。总之，日记的内容是十分丰富的。

下面再谈一下写日记要注意的几个问题。

写日记首先要做到坚持不懈，一天不间断地天天记。天天记可以培养自己的毅力，即自觉约束自己的能力。每天练笔，对写作水平的不断提高大有好处。

其次要注意学会构思。日记也要有中心，有重点，有条理，把每篇日记当作一次小作文来认真完成。

从格式上要注意篇幅不要太长，一般500字左右即可，特殊情况例外。开头先写上这篇日记写作的年、月、日、星期几，天气如何，然后就可以像写一篇小作文那样写日记了。

☆自学能力强化训练

一、立意训练

写家庭成员之间、师生之间、同学之间或其他人与人之间的关系。要求写出中心意思和段落大意。作文题目如下：

1. 班主任和我

2. 不是一家胜似一家

3. 我们这个小组

4. 我的好朋友们

二、选材剪裁训练

1. 假如作文题目是《记一堂_____的课》,请你从下列四个选项中选取恰当的两项,在其后面的括号内打"√"。

(1)填"有趣",叙述一节体育课的整个过程。( )

(2)填"有趣",写一节生物课解剖小麻雀的情景及所感到的惊喜。( )

(3)填"难忘",写一堂课上个别同学违反纪律的表现。( )

(4)填"难忘",写一堂充满爱国主义激情的课,写课上老师的声调和表情,同学们的心情和反映,播放录像片的情景和感受等。( )

2. 认真阅读下面的作文题,请分别谈一谈你准备选择哪些材料,写在其后的横线上。

(1)《生活给我的鞭策》_____

(2)《生活给我的启迪》_____

(3)《生活给我的力量》_____

(4)《我的同桌》_____

(5)《我和同桌》_____

(6)《我敬佩同桌》_____

三、构思训练

在构思《我成长中的一件事》这篇作文时,应注意哪些问题?

四、作文训练

写自己的生活片断,题目如下:

1. 童年趣事

第二章 过好第一关——构思训练

2. 记一两件新鲜事
3. 我第一次
4. 我又一次

五、作文构思综合训练

阅读下面的习作草稿,说说作者在构思上存在哪些问题?应作怎样的修改?

小 议 司 机

两辆公共汽车同向行驶,快到一个岔口的时候,都加大油门准备抢道。结果呢?两车相撞,顷刻间燃起熊熊大火,一个司机烧死,另一个受了重伤,乘客中受伤的也大有人在。

这类悲剧难道还少见吗?

个别青年司机,好胜心强,爱开快车,"赛车"习以为常,性子上来了,什么"安全行车",全都不管不顾,你开得快,我比你还要快,非拼个你输我赢不可。有些乘客也欣赏这种作风,车开得快,坐在上面多舒服呀!殊不知开快车随时都可能出现意外情况。俗话说:"不怕一万,只怕万一。"碰到"万一",不仅危及个人,人民的生命、财产也跟着受损,其过大矣!有责任心者不当如是。

有的司机性子又太慢,你急着上班也好,赶火车也好,他全不在意,往往是三步一停,你要请他稍稍加快一些,他又搬出"节油"的理由,依然是慢悠悠地开着。这样的司机对现在人们的生活节奏似乎毫无感觉,"时间观念"在他的脑子里也不存在。他们不会"闯大祸",却常常使人耽误事情。

大桥上,一辆飞快行驶的卡车猛地撞断栏杆,坠入滚滚东去的江水之中。是自杀行为吗?不,是司机酒后开车造成的恶果。我们还可以列出许多例子：酒后开车等于轧死人；酒后开车等于破坏建筑物……尽管交通法规上明明写着"不许酒后开车"，可这类事件依旧层出不穷，还不值得人们深思吗？

　　人们利用现代交通工具有一个基本的要求，就是在保证安全的前提下节约时间。安全和节约时间二者并不相互矛盾，能否把它们统一起来，关键在于司机要有责任心。愿司机们为了人民开好车，为了祖国的繁荣开好车。

第三章 迈向新台阶
——学会联想和想象

联想和想象是写作的双翼,在写作中具有帮助构思、升华中心、增强感染力等重要作用。初中生提高作文水平,重要的一环是培养联想和想象能力。联想力和想象力不是天生的,而是后天培养的。多读书,多练笔,这种能力就会逐渐加强。

第一节 学会联想

什么叫联想呢?让我们先看一篇短文:

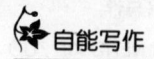

二十六个字母的奇想

A——挺拔的大山,向上只有一个休息的小站。
B——告诉人们请不要满足于八分的收成。
C——永远圆不了,是因为每一次都半途而废。
D——月有阴晴圆缺,人有悲欢离合。
E——一步一步地向上,才能看见遥远的地方。
F——这把智慧的钥匙,只送给钟情她的人。
G——运动员美的体型,来自于艰苦的锤打。
H——只有团结,你我才能并驾齐驱。
I——顶天立地,方显出有志者的本色。
J——水里有铁制的鱼钩,人中间何尝没有它。
K——交响乐队的指挥,凝视着整个的乐队。
L——一把不歇的锄头,开拓着荒芜的土地。
M——低谷与险峰,构成了多彩多姿的生活。
N——未雨先到的闪电,你成了预示风雨的使者。
O——周而复始,但不是简单的重复。
P——永远不倒,是旗帜的天性。
Q——阿Q走了,但阿Q精神尚存。
R——要想有所成功,首先得跳过这"山羊"。
S——弯弯曲曲,人生之路的象形文字。
T——力举千钧,宁折不弯。
U——不是一张安逸的床,而是一个危险的坑。
V——既是取得胜利的标志,又是逃兵投降的手。
W——有深有浅,当心汪洋中的暗礁与浅滩。

第三章 迈向新台阶——学会联想和想象

X——是四通八达的路标,还是禁止通行的封条?

Y——尽管是一株幼苗,但你知道向上的重要。

Z——放慢速度转弯,是为了以后的迅跑。

二十六个拼音字母,引起作者想起了二十六种与它外形相像的另一事物,这就是一种联想。

联想是根据事物之间的某种联系,由当前感知的事物联系到与之相关的另一事物的心理过程。作文内容是否充实,写作思路是否开阔,很大程度上取决于作者能不能展开联想。我们学生生活是丰富多彩的,丰富多彩的生活又是互相联系的。我们要体验生活,观察生活,在生活中培养联想能力。

我们通过观察和阅读得到的一些写作材料,往往是零乱的、细碎的片断。要把这些零乱的、细碎的片断,组织成一篇文章,就需要"联想"。联想是思考的一个途径,有扩展思路的好处。善于联想的人,会寻找许多别人想不到的东西。这样就"由此及彼"地想出了许多事,就"扩大范围"地展开了广阔的认识领域。

"由此及彼"和"扩大范围"是联想的两个特点。从一件事想到另一件事,从一个人想到另一个人,从眼前之景联想到过去之景,从此时此地之情一下子跳到彼时彼地之情。有由物联想到人的:如见气球,可能想起有的人一经刺激,便垂头丧气;见头发,便可能想起某些人高高在上时就飘飘然。也有由人联想到物的:如见某人生性正直,从不兜圈子、绕弯子,便可能想起直尺;见某人只为了向人们炫耀一下,便从正确的人生轨道滑出,却永远失去了自身的光彩,便可能想起流星。所有这一切都是联想在起作用。初中生作文时如果能够适当展开联想,材料就会云集笔端,会有许多内容可写,往往能写出思路开阔、内容充实、感受深刻的作文;如果不会联想,就会感到文思枯竭、无话可说,写出来的文章多是思路狭窄、内容空泛、感受肤浅的。

发展联想力,是使作文内容充实、思路开阔的重要因素。联想能力并不是作文时的急中生智,它和平时学习语文、积累知识、观察生活是密不可分的。倘若平时不留意周围的情况,不广泛阅读各种书籍,头脑是空的,作文时也挖掘不出来。

朱自清先生的《春》是一篇文质兼美的文章,很适合作为仿写和联想的示范性文章。我们在这篇文章里,学到了要动用各种感觉器官,不但要用眼看,还要用耳、用鼻、用嘴去感受事物,最重要的还得用心去感受。那么,用同样方法观察春雨,会得出什么结果呢?有个同学就写了这样的观察笔记:

春雨(静谧、清新)

眼
- 观察:细密,如丝如缕,蒙蒙一片。
- 联想:在天地间编织透明的珠帘。

触觉
- 观察:暖而柔,清凉舒适。
- 联想:像温柔的抚摸。

耳
- 观察:沙沙沙(打在花伞上、叶子上和池塘里)。
- 联想:①春在奏鸣曲。②像春蚕在沮嚼桑叶。③像呢喃的低语。

鼻
- 观察:花香、青草味儿、春天的气息。
- 联想:春天的少女在挥洒甘露琼浆。

上面这个观察笔记就写得较好,这位同学既对春雨进行了细致的观察,又进行了合理而大胆的联想。

同样是观察一种事物,同样用一种联想方式,由于两个人所处的角度不同,所以引起的联想内容也就有所不同,这是很正常的。下面我们看两篇习作例文,他们同样是观察蚂蚁,也都用的是辩证思维,但是联想的结果却是不一样的。

蚂蚁捕食

人们都说,蚂蚁是大力士,我却不相信。我心想:蚂蚁才那么一点,我用一个小手指头就能把它捏死,能算是什么大力士!

这天我放学回家,看到一条约有三厘米长的大青虫正有气无力地向前移动,像是受了伤。它的旁边还有一个小黑点。我低头一看原来是一只蚂蚁,这只蚂蚁正在围着这只大青虫绕圈,仿佛是要把这只大青虫抬走似的。我见了,差一点要笑出声来:就这么一只小小的蚂蚁,哪能抬得动这么一只庞然大物呢!我正想着,那只蚂蚁突然不见了,大概是知难而退了吧。我正要走,只见一群蚂蚁从窝里爬了出来。我恍然大悟:原来这只蚂蚁是搬兵去了。只见几只蚂蚁扑了上去,一口咬住了大青虫。大青虫痛得蜷了起来,又猛地将身子伸开,将那几只蚂蚁一股脑都甩了出去。紧接着又有另几只蚂蚁扑了上去,结果都被甩了出去。大青虫没命地向前爬去,那群蚂蚁好像商量好了似的,在一起碰一下头,然后就一齐向逃命的大青虫扑了过去,这个咬头,那个叼屁股……不一会儿,就把大青虫咬死了。然后,每只蚂蚁咬住大青虫的一部分,一下就将大青虫抬起来,向洞口抬去。

这时,我惊讶极了,蚂蚁可真是名不虚传的大力士啊!惊讶的同时,我还为蚂蚁的团结精神所感动。我想,我们的四化建设,不也要靠全民族的团结一致、共同奋斗,才能取得胜利吗?啊,蚂蚁们的团结精神是多么重要而可贵呀!

小 蚂 蚁

我和往日一样,写着作业。忽然,一只小蚂蚁顺着我的五指峰慢慢地爬了上来。它走一走，停一停，东张西望，当觉得安全时，竟爬上了我的笔尖。我写，它爬，这简直是对我的绝大嘲笑。我心想：即使我的字写得不好，也总比你蚂蚁强呀！真想用笔做刀，要了它的小命。可是，转念一想，它这样小，可能还刚出生不久呢，兴许还是第一次单独行动，不知深浅，就死在我的手里，未免太可怜了。还是把它赶跑吧。可怎么赶呢？语言，它自然是不懂；拿走吧，它又太小，弄不好会误伤它。想来想去，有了，给它一阵风吧。我吹了一口气，它还不愿意走，顽强地用小爪子抓着纸面，依然在那里待着。我又使劲地吹了口气，给了它一阵"台风"，它果然不见了。我四处寻找，没找着，于是我开始写作业，不想它了。

正当我专心地写着作业，突然又感觉到手背有点痒痒。哟！又是那个小东西。这次它不走走停停，也不东张西望，而是大模大样地往上爬。见到它这种满不在乎的样子，我生气了，就又给了小蚂蚁一阵"台风"，它也许飘到九霄云外去了。

没想到，不一会儿，小蚂蚁竟第三次爬了回来。当我发现它的时候，已经快攀上了我的五指峰，正绕过中峰顽强地向主峰进发。由于它这次离我很近，可以仔细把它打量一番：全身没有半个大米粒长，黄褐色，前面有两根须状的触角，六只小爪爬来爬去，爬得倒是蛮快，而且无论怎样光滑的地方都可以上去。你看它不仅攀上了五指峰，而且连那金碧辉煌的"钢笔塔"都没有使它却步。

这个小东西，在我的眼里却渐渐大起来，因为它有着一种不屈不挠的精神。

确实，世界并不是简单的是非组合体。这两篇文章的作者虽然观察的都是同一种动物，又都用的是辩证思维的联想方式，但是联想的结果却是不一样的。由于两个人观察的角度不同，他们的感觉和判断就不一致，他们获得的启示也就有差异。一位同学从蚂蚁战胜大青虫，联想到

第三章 迈向新台阶——学会联想和想象

团结精神的重要而可贵;另一位同学从蚂蚁不断地爬行联想到一种不屈不挠的精神。但是,这些联想内容的差异,又蕴涵着精神实质的一致:他们的联想同样有反省和进取的精神。

下面再请看另一位同学写的一篇联想运用比较好的习作例文。

一对小睡娃

这对瓷制的小睡娃是我在一次学琴回来的路上买的,他那又圆又大的脑袋,光着的小身子,肥厚的小脚丫,让人一看就觉得太可爱、太逗人。

睡娃只有两个,可形态、神色大不一样。一个下巴紧贴胸部,小肚皮鼓着,小脚一高一低翘着,小手捧着个圆圆大大的头。头发比"三毛"还少两根,别小看这一根头发,它卷着、扭着垂到脑门上。小眉毛又弯又细,上面顶着光溜溜的大脑壳。两眼一闭好像在睡觉。可是,我跟他待长了,从那小猪鼻子下面的小翘嘴旁的一丝诡秘的微笑,早就了解了他的心思。另一个则与第一个扭着。大脑袋还是一样的,就是大眼睛睁着,圆圆的,蓝蓝的。睫毛又长又漂亮。鼻子也秀丽多了,不是小猪似的,而是小巧玲珑的。手指五指张开,使劲撑着身子,肚子又扁又平被压在身下了,翘起来的是比肚子还鼓的臀部。脚翘得更高,生怕落下来。

他们一个动作就是一个故事,一个姿态就是一部新剧。为了让他们成为"名演员",就一个起名"鼓肚",一个起名"翘脚"吧。

那是一个炎热的中午。"鼓肚"在睡觉。"翘脚"爬过去关心地看了半天。"鼓肚"觉出来。嘴角露出了一丝微笑,心想:"你这家伙还真关心我,是不是怕我着凉要拿个单子给我呀。"谁想"翘脚"一转脸就把脚放在"鼓肚"的肚子上了。"鼓肚"生气了,鼻子一横:"好啊!竟把脚翘在我身上,胆子不小。等我以后收拾你。""翘脚"似乎觉得"鼓肚"没睡,就死盯着"鼓肚"："我看你睁不睁眼，我就知道你没睡。""鼓肚"嘴角露出了诡秘的微笑："不睁眼，就不睁眼，看你怎么办。""翘脚"盯了好一会儿，也不见他睁眼，又想出了一条妙计。他从"鼓肚"身上爬过去了。"你缺德。""鼓肚"心里骂，可脸上还安详地跟没事人一样。"翘脚"没法子，只好走了。一边爬一边想，看来他真睡了。可谁知道"鼓肚"这时早露出了胜利的笑容。

我爱这对瓷制的小睡娃。他们普通得不能再普通了，可他们给我的生活带来了无限的乐趣，使我联想到许多有趣的故事。我爱他们，这些小天使。

由于本文的小作者在文章中多次运用联想展开思路，使本来情节简单、内容单薄的一件平凡小事，显得内容充实、中心突出，也有一定的文采了。一对瓷制小睡娃，本来是没有生命的静物，由于作者的格外喜欢，就把它们联想到是两个调皮的小孩在玩耍，不仅把静物写活了，而且抒发了作者无限喜爱之情，使读者也跟着作者一起从心里喜爱起这对小睡娃来了。

第二节　学会想象

想象是借助当前的事物形象创造新的形象的心理过程，是靠形象思维来展开的。而联想则是由一个客观形象联系到另一个相关形象。丰富的想象往往基于相关的联想。《西游记》作者吴承恩，由眼前的猴子想到石卵中跳出来的石猴，由石猴创造出猴、人、神合一的孙悟空，想象创造了新的形象。

请看朱自清《春》中的一段：

桃树、杏树、梨树，你不让我，我不让你，都开满了花赶趟儿。红的像火,粉的像霞,白的像雪。花里带着甜味;闭了眼,树上仿佛已经满是桃儿、杏儿、梨儿。花下成千成百的蜜蜂嗡嗡地闹着,大小的蝴蝶飞来飞去。野花遍地是:杂样儿,有名字的,没名字的,散在草丛里像眼睛,像星星,还眨呀眨的。

这里就没有简单地停留在所谓的"写实"上,作者运用了联想和想象,面对繁花簇簇,自然而然地想到它的"未来",那硕果累累的更令人兴奋的情景。所以说,这里是"现实"的延伸和补充。

同学们在平时的作文训练中,不要自我设置过多的条条框框,这样会束缚想象力的发挥。初中时代,不仅是长身体的时期,更是长思想、长感情、长知识的阶段。在这一阶段,更应有一个广阔的思维空间,"海阔凭鱼跃,天高任鸟飞",要充分地去幻想、去创造、去表达、去倾诉,这样才能为今后的写作打下一个良好的基础。

有想象力的人,他的写作天地也就广阔了。同学们作文中的想象力,指的是在自己的头脑里能再现体验过的事物形象的能力(即再造想象),能设想出自己未曾直接见过的形象的能力(即创造想象)。培养初中生的想象力,主要是培养再造想象的能力,比如叙述一件事和描绘一个场面,会想象出具体的形状,能如实地描述:从一首山水诗想象出一幅美丽的山水画等。但也要适当培养创造想象力,需要学会独立构思新的形象,以展开想象的翅膀,唤来对美好的未来的事物的憧憬,锻炼思维能力。

再造想象具有模拟的性质,例如把一个圆想象成不再是一轮满月的另一物体,写成一个画面和一个镜头。这就是一篇再造想象的作文。同学们从一个圆想到奥运会的五个圆,想到人类共同拥有的地球,想到泰山日出的瑰丽景象,想到中国女排运动员的风采;还可以想象出三个套在一起的彩色的圆,上面的一个蓝色的圆和一个绿色的圆分别代表父亲和母亲,下面的这个红色的圆则代表了自己,这是一个多么典型的现代中国社会的独生子女家庭啊。那么,这三个圆套在一起又是什么意思呢?于是又联想到,它代表了"我"和父亲之间的互相给予的爱,"我"和母亲之间的互相给予的爱,母亲和父亲之间的互相给予的爱,等等。这就写出了一篇篇多彩的作文片段。

创造想象则具有独立创新的特点,属创造性思维。如以《十年以后回母校》为题的作文就要求对母校未来的面貌作创造想象,勾勒出一幅理想的画卷,还要对相聚在一起的老师和同学们的情况作饶有趣味的设计。创造想象当然不等于胡思乱想,它必须具备符合事物发展规律的合理性和可能性,如续写故事的结局,展现主人公的未来形象,就是难度较大的创造想象作文。

写想象作文,着意在想象力的激发和培养。这有一个由易而难的步骤。可先练习改写大家较熟悉的寓言和童话故事,还能自拟一些引人入胜的题目,如《森林里的考试》《两只吹牛的老鼠》等。这类故事生动的形象和曲折的情节都是虚构的,所以要敢想。初学时,可先从自然现象联系到社会现象,从中去寻找灵感的触发点。比如自然界中的各种昆虫有不同的生活习性和特征,蜜蜂总是忙着酿蜜,苍蝇总是忙着逐臭,蚊子总是要叮人吸血,从而联想到人类社会,不也有些人总是辛勤地为人民谋利,又有些人却是一心干损人利己的事吗?这样,写一个昆虫界扬善驱恶的故事,就可以表现人类社会的内容。昆虫间发生了什么故事我们看不出来,可人类社会中的故事却有千千万万,我们把人类社会中有的现象、人情也转移到昆虫中去,采用象征和拟人的写法,写出来的就是一篇寓言或童话了。

有了一定的运用想象力作文的基础,则可以把想象力的训练和培养放到一个较高的层次上,在一个更加广阔和自由的空间里任其翱翔,勾画和描绘一些在现实生活中尚未出现或不可能出现的情景,虚构一些并非生活真实但又能自圆其说的故事。写这样的作文,要敢于冲破自己习惯的思维方式和认识局限,改变一下思维问题的方向和观察事物的位置,多一些假设,多一些畅想。

在想象作文中,作者可以将自己幻化为某一种人物和角色。我们在作文时,当写到某一人物、角色的语言、行动、心理时,一定要考虑到他的身份、性格,要写谁像谁,这就需要我们把自己想象成文中的人物,要"进入角色",感同身受。不同职业、年龄、身份、性格的人,说话、行动的方式往往有所不同。请看鲁迅先生的一篇短文。

聪明人和傻子和奴才

奴才总不过是寻人诉苦。只要这样,也只能这样。有一日,他遇到一个聪明人。

"先生!"他悲哀地说,眼泪联成一线,就从眼角上直流下来。"你知道的。我所过的简直不是人的生活。吃的是一天未必有一餐,这一餐又不过是高粱皮,连猪狗都不要吃的,尚且只有一小碗……"

"这实在令人同情。"聪明人也惨然说。

"可不是么!"他高兴了。"可是做工是昼夜无休息的:清早担水晚烧饭,上午跑街夜磨面,清洗衣裳雨张伞,冬烧汽炉夏打扇。半夜要煨银耳,侍候主人耍钱;头钱从来没分,有时还挨皮鞭……"

"唉唉……"聪明人叹息着,眼圈有些发红,似乎要下泪。

"先生!我这样是敷衍不下去的。我总得另外想法子。可是什么法子呢?……"

"我想,你总会好起来……"

"是么?但愿如此。可是我对先生诉了冤苦,又得你的同情和安慰,已经舒坦得不少了。可见天理没有灭绝……"

但是,不几日,他又不平起来了,仍然寻人去诉苦。

"先生!"他流着眼泪说,"你知道的。我住的简直比猪窠还不如。主人并不将我当人;他对他的叭儿狗还要好到几万倍……"

"混账!"那人大叫起来,使他吃惊了。那人是一个傻子。

"先生,我住的只是一间破小屋,又湿,又阴,满是臭虫,睡下去就咬得真可以。秽气冲着鼻子,四面又没有一个窗……"

"你不会要你的主人开一个窗的么?"

"这怎么行?……"

"那么,你带我去看去!"

傻子跟奴才到他屋外,动手就砸那泥墙。

"先生!你干什么?"他大惊地说。

"我给你打开一个窗洞来。"

"这不行!主人要骂的!"

"管他呢!"他仍然砸。

"人来呀!强盗在毁咱们的屋子了!快来呀!迟一点可要打出窟窿来了!……"他哭嚷着,在地上团团地打滚。

一群奴才都出来了,将傻子赶走。

听到了喊声,慢慢地最后出来的是主人。

"有强盗要来毁咱们的屋子,我首先叫喊起来,大家一同把他赶走了。"他恭敬而得胜地说。

"你不错。"主人这样夸奖他。

这一天就来了许多慰问的人,聪明人也在内。

"先生。这回因为我有功,主人夸奖了我了。你先前说我总会好起来,实在是有先见之明……"他大有希望似的高兴地说。

第三章　迈向新台阶——学会联想和想象

"可不是么……"聪明人也代为高兴似的回答他。

一九二五年十二月二十六日

文中聪明人、傻子、奴才、主人的语言都是极为个性化的,表现出了各自不同的身份、性格。奴才见人就诉苦,没完没了,听到同情就觉得安慰,听到夸奖便忘乎所以;聪明人和傻子的话都不多,但其或圆滑,或急躁的性格都跃然纸上;用"你不错"三个字来夸奖奴才,又极符合主人的身份。

在想象作文中,作者还可以变换自己的身份。文学作品中第一人称的"我",看似事件的经历者、见证人,但实际上并不等于或不完全等于作者本人(有时跟作者本人全无瓜葛),作者之所以要变幻自己的身份,是为了取得一种高度真实的表达效果。鲁迅的小说《孔乙己》将自己的身份幻化为咸亨酒店一位12岁的小伙计,在讲述孔乙己的遭遇时,取得了极为动人的艺术效果;都德的《最后一课》,莫泊桑的《我的叔叔于勒》,也都是通过变幻自己的身份,增强了小说的真实感。创作和习作虽然是有区别的,但在如何开发想象力这方面确实又是有相通之处的,所以以上的例子都值得借鉴学习。

读完《我的叔叔于勒》,不必硬搬以往叙写于勒悲惨命运的练笔,而是可以训练大胆地想象,去改写小说的后半部分,即于勒不是穷困潦倒地从南美洲回到家乡而是有意让他衣锦还乡——一个发了大财的于勒回到了哈佛尔。改写时尽可能地紧承上文,同时又要体现本文的深刻主题——金钱是维系资本主义社会人与人之间的唯一纽带。有的同学写于勒成了百万富翁,可是对自己的亲哥哥及其家人视而不见、无动于衷,描写中形象地刻画了一个为富不仁的冷血形象;有的写于勒见到菲利普一家亲亲密密,并且让菲利普夫妇及子女们在一家豪华大饭店里足足潇洒了一夜。然而,一家人第二天早上醒来后,于勒早已不知去向,留给他们的只是结账单上令人瞠目结舌的款项,顿使一家人又陷入了更深的无可奈何之中;也有的同学写了一个大团圆的结局,然而没有多久,警方拘捕了于勒,并搜查了菲利普的家,原来于勒在南美是一个被通缉的大盗贼……。从这一篇篇情节连贯、语言和原文贴近的习作,就可以感受到:同学们的想象的闸门一经打开,那里面蕴藏的能量就会不断被开掘出来。

请你仔细阅读下文,想一想小作者是如何运用想象,丰富表达内容,突出中心意思的。

楼兰新娘

21世纪中期的某天夜里,我曲着膝,自在惬意地半躺在沙发上,肩下还枕了个椅垫,一面漫不经心地注视着荧光屏,一面回忆着那个在死亡了一千多年之后重返人间的楼兰女。她将是世界上第一位复活的古人,现代医学的奇迹!作为现场报道的记者,我清楚地记得她苏醒的每一个细节,太有意思了。电视里过分急促的声音打断了我的回忆:"今天下午5点左右,复活的楼兰女尸逃离人体研究院,请知其下落者立即通知该院。"太令人震惊了,她居然逃跑。不过,我早就反感研究院对她囚禁的做法。既然她已经复活,便不再是属谁所有,理应还她一份正常人的生活,我的心开始为楼兰女的安危担忧。

唉,看电视的兴致全没了,百般无聊地打开家庭监测器,屏幕上的脸让我大吃一惊,是她!楼兰女。我咽下即将脱口而出的尖叫,脑子里闪电般作出决定:暂时收留她。我将她领进屋子,随手拿起一盘录音带放到音响里,顿时室内全笼罩在一种幽雅、抒情的音乐情调中。我喜欢德沃夏克的这支《新世界交响曲》。这个世界充满新奇,譬如眼前这位不速之客。呀,该死!我竟忘了给她拿食物,强迫自己停止了遐思,我冲进厨

第三章 迈向新台阶——学会联想和想象

房,打开冰箱拿出了火腿、蛋、番茄,自顾自忙了起来。楼兰女轻轻跟进来,有些犹豫地问:"这里有很多人吗?"我一愣,随即明白她是指音响,微微一笑回答:"这里除了你我没有别人。怎么解释呢?那是一种发明,哦,是一种能放出音乐的机器。"她似懂非懂地点点头。片刻,我将三明治递给她,接着,又细细打量起狼吞虎咽的她。她不再是古墓中那套打扮,小毡帽和皮靴都不见了,换之以研究院的白大褂,赤裸着脚,愈加显得可怜无助。我轻轻叹了口气,对她说:"现在到处有人找你,你打算怎么办?""回楼兰。"我惊讶于她语气的坚定。但是,我不得不告诉她,一千多年后的罗布泊畔只剩下楼兰国废墟。她呆了,眼中竟有隐隐泪光。她咬了咬嘴唇,对我低语:"我阿依莎生是楼兰人,死是楼兰鬼。"这句话足以让我丰富的同情心舍命陪君子。既然现代社会无她立足之地,那么,来于楼兰且归于楼兰是天经地义的事,只是独守空城何等凄惨。唉,复活给她带来的竟是孤独。突然,我灵光一闪,哈,可以借助老同学黎逸那获得了诺贝尔奖的新发明——时空超越器,帮助阿依莎重返楼兰。阿依莎在我的解释下,嘴里不停地念着:"阿拉汗,我又可以见到我的阿拉汗……"我疑惑地问:"阿拉汗是谁?"阿依莎略带羞涩地告诉我,阿拉汗是她的丈夫,她则是个不幸的楼兰新娘。新婚之日正遇到匈奴强盗袭击楼兰城,她被杀身亡。我安抚地拍拍她的手背,望着兴高采烈的她,仿佛也感受到家人团聚的喜悦。

第二天,我和阿依莎找到黎逸。黎逸带上时空超越器,我们三个人便一同前往大漠。黎逸驾着飞机在敦煌机场平稳地降落下来。然后租了辆沙漠车驶向楼兰遗址。沙漠车底部类似雪橇,在沙漠上开动不会下沉,而且快速如飞。一会儿,戈壁上便不见人迹,只有满天满地的黄沙,那无形的凄凉和萧索抓住了我的心,笼罩住这辆车。当车穿梭于"雅丹地貌"时,那千万座高矮不齐、奇奇怪怪的土岗终于使一直处于激动之中的阿依莎抽泣起来。我们到达了古楼兰城,残缺但依然高大的佛塔和那层层叠叠的建筑废墟被红柳和苇杆筑成的土墙围着。我不由喃喃自语:"原来是姹紫嫣红开遍,似这般都付与断井颓垣……""喂,神游小姐,快来帮忙吧。"黎逸"恶毒"地打断我无限活跃的怀古幽思。我拿了两个感应器,将其中一个递给阿依莎,并告诉她,我将亲自送她回到那个已逝的年代。"准备好了吗?"黎逸一副公事公办的口气,"欧阳,我再一次提醒你,必须在一小时内摁感应器上的返回电钮,否则能量一完,你就永远回不来了。"我抑制不住对这次特殊旅行的兴奋,嚷道:"知道了,知道了!"这次,我和阿依莎是要返回傅介子刺杀楼兰王那年。正想着,便感到一阵晕眩,越来越密的电波圈把我包裹住并且飞速旋转,最后形成了封闭的圆柱。我感到身子开始往下坠,仿佛跌入了无底深渊,心里模糊想着,这大概就是"时间隧道"吧。终于,好像又回到了地面,我把眼睛睁开,发现仍然和阿依莎牵着手。嘀!好热闹的街道,商贾辐辏,繁华之极。城市里居然有不少外国人,不时还可见僧侣宣唱佛号而过。阿依莎带我穿过好几条街道后站住了,眼里的泪水滴落下来,颤抖的声音,好像自语又好像是告诉我:"到了。"简单的话却包含了千万种情感。我眼眶微润,推了她一把:"敲门呀,楼兰新娘。"她一笑,泪水更加不可遏抑。当她一边敲门,一边哭着呼喊"阿拉汗"时,我悄悄地走了,不愿意在此时打扰她。迎面过来一队汉人商队,忽然听见有人喊:"傅介子!"又见一个男子回过头去,仔细一瞧,好威武的刺客。汉武帝用才有道,这个傅介子若穿了盔甲定有万夫难挡气势。我不禁一笑,这就是正在发生的历史。真可惜,时间不等人,否则我一定去看热闹。

一摁电钮,又经过来时的折腾后回到现实世界。夕阳欲坠,黎逸正焦急等待,见我回归,仿佛松口大气。坐在沙漠车上,我恋恋回首望去,想起唐玄奘路过楼兰时的那句话:"城郭岿然,人烟断绝。"遂唏嘘不

第三章 迈向新台阶——学会联想和想象

已。忽又后悔忘了祝福阿依莎,于是鼓足劲对着古城大喊:"祝福你,楼兰新娘——"

《楼兰新娘》是一篇充分展现联想和想象能力的科幻作文,它曾获四川省校园科幻大奖赛一等奖。这篇文章的联想和想象是建立在知识和生活的基础上的。作者以一千多年前阿依莎与阿拉汗的爱情悲剧故事为素材,想象在高科技"时空超越器"的帮助下,阿依莎又复活了,并且还回到了楼兰去叩阿拉汗的门。恰在此时,"我悄悄地走了",不愿意打扰他们,让他们去实现一千多年前未能实现的美梦吧。这篇文章超越一千多年的时间跨度,将古代空间与未来空间(21世纪中期)剪辑起来,既在想象中描写了古代生活,也在想象中描写了未来生活,构造了超越时空的生活画面,展示了人类未来发展的辉煌前景,给人们以深刻的启示和美感享受,是一篇耐人寻味的好文章。

联想和想象并不等于瞎想和胡想。《我爱我的老师》(原文见第二章第一节),主要内容却写的是梦中"我"的母亲在寒冷的天气里如何关怀自己,给自己披上大衣的事。刚刚写到老师,文章就煞了尾,而且缺少具体的描写。看来这位作文基础并不大好的小作者,为了写好这篇作文,煞费了苦心,精心设计了一个并不存在的所谓"梦境",企图以联想和想象取胜,是想说明老师像母亲一样关怀着我,但由于作者在构思过程中,过分追求立意新颖,又缺少文字表现能力,造成的结果就是:联想和想象没有依托,不但立意不新,而且不准,甚至不合题意,造成了弄巧成拙的结果。

那么,如何培养我们的联想、想象能力呢?

1. 随时随地细致观察,广泛认识社会生活,为联想、想象储备知识。

关于这一点,老舍在《骆驼祥子》中有关炎热天气的描写对我们很

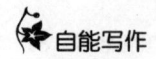

有启发:

处处干燥,处处烫手,处处憋闷,整个老城像烧透了的砖窑,使人喘不过气来。狗趴在地上吐出红舌头,骡马的鼻孔张得特别大,小贩们不敢吆喝,柏油路晒化了,甚至于铺户门前的铜牌好像也要晒化。

这些细致、鲜明、形象的描写,不同事物所表现的不同状态的对比,呈现在读者面前的简直是一个发狂的天气形象。如果作家老舍没有坚实的生活基础,没有细心的比较观察,是根本想象不出来的。

社会生活是写作取之不尽,用之不竭的源泉。19世纪法国作家福楼拜指导莫泊桑观察生活进行写作,让莫泊桑以牛车为题,写出七篇文章,莫泊桑很为难,福楼拜启发说:"拉车的牛,早上和晚上的神态不一样;赶车的人喝醉了酒和没有吃饱,对牛的态度也不一样;牛饿着肚子上山冈和饱着肚子走平路有明显的不同……这些不同细节举不胜举,如果仔细加以观察,就是写出一百篇文章也不困难。"的确如此,我们要提高作文水平,增强想象、联想能力,就要随时随地注意细致地观察、广泛地认识生活,从细微处做起,一点一滴地积累。生活中的各种现象,大自然的一草一木,父母兄弟、老师同学的言谈举止,都是观察和认识的内容。茅盾说:"应当时时刻刻身边有一支铅笔和一本草簿,无论到哪里,你要竖起耳朵、睁开眼睛,像哨兵似的警觉,把你的所见所闻随时记下来。"如果能这样认真地坚持做,日积月累,就能储备丰富的材料,联想和想象就有了生活之源,作文就会有说不完的话,也就相应地多了"灵气"。

2. 阅读大量的文学作品,丰富知识,储备丰富的表象。

想象和联想不能够凭空想当然,而必须在一定知识表象的基础上进行。要培养学生的想象、联想能力,必须有计划、有步骤地阅读优秀的文学作品。《红楼梦》《西游记》《三国演义》以及《战争与和平》《安娜·卡列尼娜》《红与黑》等文学作品都应在阅读之列。这样,我们积累了大量的文学知识,同时也为写好文章打下了良好的基础。

广泛阅读文学艺术作品,这是增强想象力的重要方法。吴承恩用组合的方法来写《西游记》,把人、神、猴组合起来,就想象出了一个孙悟空;把人、魔、猪组合起来,就想象出了一个猪八戒。鲁迅用变形的方法来写《故乡》,把杨二嫂写成细脚伶仃的圆规。文学作品中给我们提供的艺术形象是多种多样的,丰富多彩的。我们根据作品语言的描述,以我们自己平时的生活经验、印象及知识积累,展开联想和想象,对已积累的人物形象进行再加工,就能逐步描绘出更多的崭新的形象,迅速提高作文想象能力。

3. 运用常用的几种修辞手法,训练联想、想象力。

我们最常用的修辞是比喻、拟人、排比、夸张等几种。别小看这几种看似简单的修辞,它确实可以培养并提高我们的联想、想象力。作品中用上这些修辞手法会增添不少文采和情趣。如古代文学中的"闭月羞花,沉鱼落雁"形容美貌,"声若惊雷,势如奔马"形容声音大得惊人,都是夸张。又如苏轼、苏小妹相互戏谑,也用夸张。小妹额头突出,东坡笑曰:"未出前庭三五步,额头先到画堂前。"——这个额头突得多厉害呀!小妹又嘲笑东坡下颏之长:"去年一点相思泪,今年始流到腮边。"——这个下巴长得多吓人!可见,他们的想象力是多么丰富啊!毕淑敏的《屋脊上的女孩》,将一些平平常常的小事写得极具情趣,其中一个重要原因就是善于运用比喻、夸张、拟人等修辞:"茄子皱得像核桃""蒜苗黄得像京剧里奸臣的胡须""运菜车像破冰船""箱子中的黄瓜每一根都翠绿挺拔,像警棍一般笔直,用手一碰发出清脆的声音,像翡翠雕成的工艺品""西红柿都像红玛瑙"。这些比喻,形象地写出了高原上的气温之低,既表现了高原人生活的艰苦,又存一种乐观精神。我们如果能够积极地学习修辞知识,恰当地使用这些修辞方法来描绘各种形象,就会培养训练联想、想象能力,把作文写得更活、更富情趣。

4. 运用扩展法写作文片段,提高联想、想象能力。

任意给一个题目,可以是一个词语,也可以是一个句子,用扩展法写作文片段。如,给一个题目"云",就可层层扩展:云——白云——漂浮的白云——漂浮的白云像一只只白天鹅——蔚蓝的天空中漂浮着朵朵白云,像一只只白天鹅,像透明的羽翼,还有的像一堆堆棉花,真令人浮想联翩。这种用扩展法写片段的方式,可以在广阔的领域对某一事物展开联想、想象。

5. 常听音乐,从而培养联想和想象力。

平时可以经常找一些优美的抒情性音乐来欣赏,如《梁祝》《命运交响曲》《回家》等。听音乐前,先自我布置任务:我听出了什么?我想到了什么?我脑中有一幅什么样的画面?听完音乐之后,再用语言文字表达出来。如听完《命运》之后,有的就会说:"命运就像一条长长的河流,有激流、有险滩,我仿佛看到一个人在奋力地划着船,逆流而上。人生就是这样,不可能都是坦途,我们要靠坚强的意志,战胜生活中的一个个暗礁……"所以,音乐能够使我们的思维在更加广阔的空间里驰骋,把相关、相似的事物联系起来。

总之,要想使自己的作文生动、形象,文质兼美,就必须加强我们的联想、想象能力。只要坚持这样做,我们写作水平的提高,就指日可待了。

☆自学能力强化训练

一、续写训练

1. 读完白居易的《卖炭翁》,写《卖炭翁在归途中》。
2. 读完鲁迅的《故乡》,写《当宏儿和水生重新相见的时候》。
3. 读完契诃夫的《变色龙》,写《奥楚蔑洛夫离开广场以后》。
4. 读完鲁迅的《孔乙己》,写《孔乙己之死》。

二、情景作文片段训练

有一位女学生想报考师范学校,主考老师问她为什么,她笑着说:"我小时候幻想自己成为伟人,觉得这个并不现实;后来我还想成为伟人的妻子,也不大现实;最后我决定成为伟人的老师。这是我毕生的追求。"可以想象,这个普通的女学生日后定会成为一个好老师,她所教的学生中也有可能会出现伟人的。根据所提供的材料,写一个250字左右主考老师和女学生的对话片段。

三、对话描写训练

有干部、工人、小女孩儿和卖冰棍的老大妈在十字路口相遇,四人围绕"天气热"这一话题各自说了一句话,请辅以神态、动作,表现出他们各自的心理、个性及身份,把这段对话描写出来。

要求:

(1)对话的基本要求是要写出人物的个性、身份、经历、性别等。

(2)要尽量使用他们自己的语言,并通过动作、神态加以辅助。

四、心理活动描写训练

铃声响了,你走进教室,坐到座位上。匆匆进来的小文,急速走到你的身边,附在耳边小声说:"给咱们点儿方便……"只听老师大声说:"不讲话了,下面发卷子……"

根据提供的情境,写出你的心理活动,不超过250字。

五、命题作文训练

1. 第一组:《假如我是孙悟空》《假如我是班主任》《假如我是校

长》。

  2. 第二组:《当我飞上外星球的时候》《我的一个梦》《2020年回母校》。

自能写作
ZI NENG XIE ZUO

第四章 初中作文的主攻方向——写好记叙文

根据初中语文课程标准的教学要求,记叙文写作是初中写作教学训练的主要文体。初中生记叙文写作的实际水平,是衡量初中写作教学效率的主要依据之一。

第一节 学会审题——审清题目要求

初中学生课堂练习作文,大部分是写记叙文;写记叙文,又大部分要求在规定的时间完成命题作文。所谓命题作文,就是由老师指定作文题,同学们根据个人对题目的理解写出作文。

既然是命题作文,同学们在写作时就有个审题问题。审题,就是审查一下题目,要求我们写什么?作文题目在一定意义上说,它限定了写作的范围。因此,审题要解决的一个重要问题,就是写出来的文章内容不能走题。审题的过程,实际就是写作前在头脑中确定文章中心意思的思考过程。审题是写作文前最重要的准备工作,这一步做得好不好,直接影响到整篇文章内容的写作。

那么,老师在黑板上写出作文题后,同学们在审题的过程中应该注意哪些问题呢?

1. 要细心,看清题意。有的同学平时就养成了粗心大意的坏习惯,作文课上也表现出来。老师出题后,从不细心看看、仔细想想,而是马上就写。结果"下笔千言,离题万里",枉费了时间。还有的同学由于临场紧张、心慌,看错了题,等写完后才发现,准备重写时,交作文时间已到,来不及了。有以上两种情况的同学,一定要注意平时就养成一丝不苟、遇事不慌的好习惯。看到作文题后,首先要注意细心审题,看清题意,不漏掉题目的每一个字。

2. 要注意抓住重点。在细心审题、看清题意的基础上,要注意分析题意,抓住题目中的重点词和限制词。也就是说,在审题时既要看清重点词的要求,又要把握住限制词所限定的范围程度,作文内容如果没有体现出这几个词汇的含义,就是不切题,即不符合题意。

3. 要确定写作中心。在考虑了前面几个方面内容以后,就要思考一下这篇作文的中心意思应该是什么。一般地说,作文题目和中心意思是两回事,题目不能代替中心意思。但是作文题目总是直接或间接地与文章的中心意思密切联系着的。有的题目直接揭示文章的中心,如《胜利属于强者》;有的题目用比喻和象征手法暗示文章的中心,如《风波》;

第四章 初中作文的主攻方向——写好记叙文

当然也有些题目只指出文章的内容,但从题目上可以知道文章所选题材的范围,如《我的同学》《我的同桌》等。所以,它与中心仍是有密切关系的。

由此可见,初中生的课堂命题作文,首先要注意审题,也就是把题目研究清楚,然后根据题目的要求确定文章的内容和中心。这样的文章写出来,才切合题目的要求。

无论课堂作文还是考场作文,半命题作文方式也不在少数,这里也有个审题问题,即对提供的有关材料和命题者提出的"导语"和"要求"以及作文的题目,进行认真仔细地审阅、思考和分析。在写作过程中,要求同学们尽量做到在人物的描写、事件的叙述、感情的抒发等方面都必须合乎中心的要求。这样写,文章就不会离题。就拿近两年来课标实验区的中考来说,半命题作文有:青海湟中的《我好想_____》;海南省的《我生活中_____中》;湖北黄冈的《人生路上_____多》;黑龙江省的《一堂_____的语文课》;沈阳市的《沐浴在_____》;山西省的《_____无价》;等等。这类半命题方式的作文有两个主要特点:一是限制性。这体现在已经命出的半个标题上,或限制主体,或限制内容,或限制范围,或限制人称。例如,《我好想_____》《我生活在_____中》,就既限制了中心又限制了人称。二是可选择性。这主要体现在未命出的半个标题也就是"_____"上的内容。同学们可以从自己的实际出发,充分发挥自己的特长和优势,在规定的范围之内,选填出有利于自己的写作内容。

有些同学常常未经认真审题便匆忙填"空儿",提笔作文,结果出现失误——或是题目和要求不吻合,或是内容平淡乏味。这种现象应引起注意。

写好这类题目,要注意结合自己的生活实际和思想体验把这个"空儿"填准、填好，使之成为一个完整的符合要求的命题。审题时，首先要抓住"题眼"，也就是命题的关键词语；其次，要了解题目"限制"了什么，给了什么"自由"。把握住这两方面，就能够做到既不偏离题目，又可在规定的限制范围之内，充分发挥自己的特长和优势。

还要注意它和一般命题作文不同的是：大部分半命题作文除所设定的题目外，都在题目前写出了"导语"，在题目后提出了要求。所以，这里所说的审题，就不单是审清题目，还包括审清"导语"和"要求"的内容。如果忽视了这一点，就很容易在审题方面出问题。

像下面一道有导语的半命题作文，我们在审题方面应注意些什么问题呢？

每位学生都有一双手。在家里，可以用这双手做家务事或农活；在社会上，可以用这双手做许多有益的事；在学校，可以用这双手做理、化、生实验和完成劳技课的作业，还可以为集体为他人做种种事情。每个人的动手能力都不同，你的动手能力如何？如果你的动手能力强，这些事会做得挺成功；如果你的动手能力差，这些事可能做得挺糟糕。请你结合自己的生活实际，选取两个事例，以《我有一双_____的手》为题，写一篇记叙文。

要求：

1. 根据所写内容，选用恰当的词语（如"灵巧""笨拙""能干""闲不住""令人羡慕"……）把题目填写完整，写在作文纸上。

2. 叙事中要细致写手的动作，还要写出自己的感受，做到重点突出，详略得当。

3. 在叙述的基础上，要恰当地运用描写、议论等表达方式。

4. 语言表达要简明、连贯，文字要通顺，全文不得少于600字。

这道作文题分导语、题目和要求三部分。

第四章 初中作文的主攻方向——写好记叙文

导语的内容主要是作文的选材范围、文章中心的指向、写法指导、作文题目和文体。导语第二句话着重在选材范围:家庭生活、学校生活和社会生活三大方面。试题列举了六种事例,可从这六种事例选材,也可根据个人情况不从上述三方面生活中自选。导语第三句话着重在文章中心的指向:"每个人的动手能力都不同,你的动手能力如何?"这是很重要的一句,它提出了行文必须采取的角度和文章的重点。

作文的题目是:我有一双_____的手。这个"空儿"要按要求填准。

作文要求的重点是:题目要"填写完整","写在作文纸上"。内容要重点突出,详略得当,要细致写手的动作,有恰当的描写、议论,写出自己的感受。语言要简明连贯,文字要通顺。字数不少于600。

下面一篇作文被评为内容四等,其主要原因就是没有做好审题工作。

我有一双爱管闲事的手

我有一双圆实红活的手,手指长长的,像小木棍儿一样圆,皮嫩嫩的,简直不像一个大男子汉的手,大人都说我这双手是干大事的,可我的同学却说我有一双爱管闲事的手,我还因此恼火过,但翻过我的手一看,确实像女孩子的手,也许就因这个而得名吧!我认为。

生活中有一些我认为应该帮忙的事,而别人却认为这些是闲事,这也许是我这"爱管闲事"的人得名的另一个原因吧。有时我也常问自己,为什么我做的事都是闲事呢?难道我的手真是天生就是管闲事用的吗?我不这样认为。

记得有一次,我去市场买菜,这天市场上尤其挤,人挨人,人挤人,我有一种喘不上气来的感觉。我好不容易找到一辆人较少的菜车,我就在那里买了菜。正往回走,忽然一个推着自行车,自行车货架上拉着一袋米的阿姨被拥挤的人群挤倒,车上的米洒了一地,这么多的人,这米怎么捡呀,阿姨一定很着急。就在这时,一个人从洒在地上的米踩了过去,一个黑脚印印在了白花花的大米上,紧接着第二个人踩了过去,第三个……,阿姨一面捡米,一面喊:"大家不要踩呀!……"可阿姨那细弱的声音抵挡不住汹涌的人群。就在这万分焦急的时候,我把菜放在地上,跑过去,帮那个阿姨捡米,我伸出我那圆实红活的手,修长的手指在地上抓着,我那嫩嫩的手被地染黑了,在白色的米堆中格外显眼,我的那只手扶着米袋和阿姨一把一把地装回了米,地上的米越来越少,我的手失去了白色大米衬托,仿佛眼花了似的,在地上找不到了。呀,原来是我的手黑了,像地一样黑,以至于这手和这地好像融为了一体。阿姨边扶着,边向我道谢,然后我俩又从拥挤的人群中散开了。

类似这样的事情还很多,就拿那次下雨来说吧。

那天下午乌云忽然笼罩了整个天空,大雨很快就掉了下来,对门的李阿姨不在家,可她早上晾的衣服在院里挂着。于是我毫不犹豫,冒着大雨帮李阿姨拿下了衣服,傍晚李阿姨回来了,看见她的衣服安然无恙,十分高兴,并特地来我家道谢。

看我管的是闲事吗?不,我不相信。如果人人都像我这样爱管闲事,那世界将会多么美好呀!我现在不为我有一双"爱管闲事"的手而苦恼了,反而我觉得我有这样一双手是多么的幸运,充实呀!

这篇作文先不说语言问题,仅就内容来看,就已经犯了严重不切题的错误。题目的导语四次提到"动手能力",要求中也写到"要细致写手的动作",这说明本文的描写重点应放在自己的动手能力方面,而作者只描写了自己所做的两件好事,却没有一点动手能力的描写,这正是作者没有很好地审题的结果。

第四章 初中作文的主攻方向——写好记叙文

下面再看一道自拟题的作文题：

九年义务教育初中阶段的生活即将结束。在这最后两个月里，每位学生都参加了体育考试，进行了初中语文总复习，与家长一起填报了升学志愿，请你从中选取一个方面，自己拟定一个恰当的题目，写一篇记叙文。

要求：

1. 根据限定的写作范围，确定好文章的内容和中心，选择恰当的表达方式，比较准确地表达自己的意思。

2. 无论选写哪个方面，都要既有真实情景的描写，又写出个人的活动和感受，做到内容具体，详略得当，条理清楚。

3. 语言表达要简明、连贯，文字要通顺，全文不得少于600字。

"勤奋"帮助了我

初中毕业前的体育考试是每位初三同学必须过的一关，拿满分也许对一些同学是轻而易举的事，然而对于我来说却不那么容易。为此，我从第二学期开始就坚持锻炼，决心向满分冲刺。

为了体育考试拿满分，我给自己制定了一份非常系统的训练计划：每天早晨5点起床，做50次俯卧撑，上举5公斤哑铃80次，6点半到校，慢跑两圈后，加速跑两圈，变速跑两圈。第一天，我还可以完成计划内容，但是到了第二天，我的胳膊和腿就像灌了铅一样，再也抬不动了。"算了，别练了，这么累，何苦呢？不就是才30分嘛！"我思想中的"懒惰"在动摇着我。是啊，才30分，练不练也无所谓，干脆就算了吧！"不行！一定要练，考试就要分分必争，必须练！"我思想中的"勤奋"在鼓励着我。就这样，"懒惰"和"勤奋"展开了激烈的斗争，最后还是"勤奋"取得了胜利，我决定要继续练下去。

腿上像灌了铅一样跑步的滋味可真是不好受,每跑一步都要用尽全身的力量,跑不到20步就会累得气喘吁吁。就这样,我咬着牙又坚持练了一个星期。最后,我终于过了这高强度、大运动量的训练,跑起1000米来非常兴奋,投铅球也是次次都在10米以上。看到了训练后的成果,我真感谢我的"勤奋"。

但是出了成果并不代表体育考试能拿满分,所以我又继续坚持每天训练,保持自己的最高水平。终于,"工夫不负有心人",经过半个学期的刻苦训练,我在体育考试中拿了满分,我更加感谢我的"勤奋",是它鼓起我向满分冲刺的勇气,是它树立了我取得满分的信心。我以后一定要更加勤奋,努力学习、工作,为把我国建设得更加繁荣富强作出自己的贡献。

这是一篇不成功的作文。除语言和结构都有比较明显的缺陷外,其主要问题在于严重的不切题。题目的导语明确指出:"参加了体育考试",这就是说,本文的写作重点应放在对体育考试现场的描写上面。可是这篇文章却把写作重点放在了体育考试前的刻苦训练上面了,虽然写得具体详细,但也是枉费笔墨,失败的主要原因就是在审题方面的失误造成的。

最后来看一看另一个命题作文审题失误的示例。

题目:我和书的故事

要求:

1. 从自己的经历中,选取你跟书有关的一两件事或几个片段,写一篇记叙文。

2. 内容具体,中心明确,详略得当,语言通顺,写出自己的经历和感受。

3. 全文不少于600字。

第四章 初中作文的主攻方向——写好记叙文

题目要求这篇作文记叙的主体必须是"我",记叙的内容必须关系到"书",叙事的重点必须是自己的经历。但有位同学由于不注意审题,题目明明要求写"故事",他却写成一篇读后感。

我和书的故事

我是一个喜好读书的学生。不知是由于家庭的培养,还是天生,从小就爱看书。我6岁就试着看《钢铁是怎样炼成的》,虽然有许多字不认识,但也挺高兴。有一天,爸爸拿回一本《雷锋》,我一口气把它全都看完了,对我的触动很大。

记得书中说过,雷锋知道战友的母亲患病,而战友又没钱,他就悄悄把他省吃俭用的100元钱寄给了战友的母亲。雷锋对自己十分严格,不乱花一分钱。是雷锋吝啬吗?不,他不是,他对人民却十分大方,有一次支援灾区,把他所有的积蓄全部寄给了受灾地区的人民。再看看我,住在三室一厅,还不满足,吃要吃好的,买冰棍儿都要花五六元钱。与雷锋相比,我羞愧得无地自容。

雷锋吃、穿不讲究。吃,能吃饱就行,穿的是褪了色的军装,补了又补的帽子和鞋。而我,却穿的是新的,从来都不补,没有的要有,有了还要名牌儿,吃的是生猛海鲜。我与雷锋相比,越来越感觉到我太奢侈了。

雷锋有一次开车,由于刚下过雨,地面上还有不少积水,这时雷锋就放慢速度驶过。有些人却踩住油门,溅起水花,行人往往躲闪不及,怨声载道。这一脚油门和一脚刹车,反映出人与人之间的爱与恨,反映出人的思想品质的高低。每当我骑车路过积水时,总是先用力一蹬,再把双脚一抬,溅不到我就行了。

我读完这本书,觉得我与雷锋的差距太大了。千里之堤,毁于蚁穴。现在改正还来得及,我要学习雷锋,艰苦朴素,刻苦学习,为今后走向社会奠定坚实的基础。

这篇作文虽然开头和结尾注意了前后照应,也写出了"我和书"的关系;但是,作者却没有注意到"写一篇记叙文"的要求,致使文章的主体写成了读后感,突出了和雷锋对比的内容,因此在"内容"一项得分是相当低的。再则,本文语言方面也有缺陷,不但出现了病句,而且语言也有不够连贯之处,显示出作者驾驭语言的能力是比较差的,因此在"语言"一项得分也是相当低的。

由此可见,作文首先要注意审题,也就是把题目研究清楚,然后根据题目的要求确定文章的内容。这样的文章写出来,才切合题目的要求。初中学生写作文,还是要脚踏实地,循序渐进,练好基本功为好。具体地说就是:书写要工整,标点要正确,句子要通顺(流畅更好),段落层次要清楚,中心要明确(突出更好),内容要具体(充实更好),文体要符合要求等。所以,初中生只有选好作文材料,才能有话可说;也只有练好作文的基本功,才能写出像样的文章。关于这一点,在平时的作文训练中就要引起足够的重视才好。

下面再给大家介绍两篇在审题方面做得比较好的作文。

我爱我的爸爸

我的爸爸是个记者,在单位年年被评为"先进工作者",获得的证书摞起来足有半人高。从小我就非常佩服他,总是缠着他问为什么能取得这么好的成绩。每当这时,爸爸就微微一笑,说出四个令我不解的字:"业精于勤。"

终于,有一件事使我深深懂得了这四个字的真正含义。

那是一个星期天的下午,爸爸因为发烧正躺在床上休息。突然单位来电话,叫他去采访一个节日庆典。爸爸二话没说,背起摄影包就走了,直到晚上睡觉的时候才回来。我赶紧给他打来了洗脸水。"您洗把脸快睡觉吧。""你先去睡吧,我还要把这篇稿子写完。"说着便坐在桌前写了起来。看见爸爸在灯下奋笔疾书,我的心里酸酸的,真不是个滋味。

第二天,我一起床就发现爸爸不见了,赶紧去问妈妈。妈妈叹了口气,说:"你爸昨天写了一个通宵,今儿一大早就给报社送稿去了。"直到中午,满眼血丝的爸爸才回到家。我又心疼又生气,对爸爸说:"您这人也真是的,本来身体不好,还这么没白天没黑夜地干,您图个啥?"爸爸拍拍我的肩膀,对我说:"你不是总搞不懂'业精于勤'这四个字的意思吗?其实答案就在你身边啊!""业精于勤——"我嘴里不停地念着这四个字,慢慢领悟了它的深意。

是啊,一分耕耘,一分收获。只有付出辛勤的汗水和劳动,才能得到丰硕的果实。"业精于勤"是爸爸事业成功的法宝,不也正是我所缺少的一种精神吗?

爸爸是我的长辈,也是我的朋友,更是指导我怎样做人的老师。

我爱我的爸爸。

本文首尾照应,紧扣题目,线索清楚,一气呵成,显示了小作者审题的功夫。

本文题目标明了文章的中心,强调了"我爱",应从"我为什么爱"或"我怎样爱"去表达这一中心。本文正是通过对养育自己的父亲所做事情的具体描写,并适当运用议论和抒情的文字,直接抒发了小作者对父亲的敬爱之情。

我在中考的前一天

桌上的闹钟"嘀嗒、嘀嗒"地响着,我坐在书桌前,手里捧着一本书,脑子里却在想着:怎么办?万一明天我有题目不会做怎么办?万一成绩考不好怎么办?万一……无数个问号在我脑子里撞击。这时,我的心情烦乱到了极点——因为明天我就要参加中考了。

不知什么时候,父亲来到了我的身后,轻轻拍着我的肩,问:"怎么了?这么烦躁不安?"我低着头,沉默不语。可是父亲似乎看透了我的心思:"是不是担心明天的考试?怕自己考不好?"我沮丧地点点头,鼻子酸溜溜的。本以为父亲会批评我一顿,没想到父亲却递给了我一本书。翻开书的封面,扉页上父亲用钢笔题了几个刚劲有力的字:"自信,是奔向胜利的起跑线。"轻翻书页,书中记述了轮椅上的张海迪长年奋斗的光荣事迹。看着看着,我渐渐被海迪那自信自强的性格深深感动了:海迪姐姐能顽强地与病魔斗争,而我呢?难道在生活的挑战面前倒下去吗?

抬起头,望着父亲那慈祥而又严肃的目光,我一时说不出话:"我……"父亲语重心长地对我说:"别害怕失败,因为即使跌得满身是血了,能够再一次站起来仍是巨人。给自己建立信心,做一个强者!"父亲的话使我脑中浮现出古今中外许多名人的事迹:青年耳聋的贝多芬坚持乐曲创作,左丘明双目失明著《左传》,方志敏同志在狱中承受敌人的拷打写下《可爱的中国》……这些人虽处于不同的困境中,但都顽强地对待生活,不断地斗争着。我和他们相比,简直是太渺小了。想到这里,我惭愧地低下了头。

晚上,我在日记中写下了这样一段话:"不要倒在命运的脚下,要笑着迎接命运的第一次挑战,勇敢地充满自信地去迎接中考吧!"放下手中的笔,望着窗外天空皎洁的月影,我想:我一定要战胜自己,去迎接明天,以优异的成绩写出使祖国人民,也使自己满意的报告。

本文以闹钟的"嘀嗒"声开头,有重点地突出描写了中考的前一天,留给"我"印象最深的一个镜头——"我"如何在父亲的帮助下,解除了

第四章　初中作文的主攻方向——写好记叙文

考前的焦躁情绪。对于一个涉世不深的初中生来说,参加中考犹如走向战场,既感到神圣,又感到神秘;因此,紧张心理的出现是很自然的,也是可信的。本文通篇描写了"我"在父亲亲切话语的启示下,从张海迪成长奋斗的光荣事迹中受到鼓舞,由此又想到古今中外许多名人成长过程中的坎坷经历,及顽强的斗争精神和严肃的生活态度,从而激励自己,以充满自信的决心,勇敢地去迎接即将到来的命运的第一次挑战。文章内容是健康的,感情是真挚的。

文章结尾扣题较紧,通过记述"我"在晚上写日记的内容,达到了一箭双雕的效果:既点明了这是中考前一天的生活,紧扣题目;又点明了文章的中心线索——自信是始终需要的,从而深化了文章的中心意思。

第二节　学会写人——人物描写要生动形象

在记叙文的六要素中,第一要素就是人物。人物写得成功与否,是这篇记叙文能否写好的一个关键。所以在写每篇记叙文时,都要在描写人物上多下一番工夫。

有位同学在作文中谈到自己刻苦学习的事情,是这样叙述的:

我对待学习是非常认真的。我每天很早就来到学校,每天很晚才睡觉。

这样写显得很空洞。他究竟是怎样刻苦学习的,在读者的头脑中只有抽象的概念,并没有留下什么具体深刻的印象。同样是刻苦学习的内容,另外一位同学这样写:

我为了解出一道数学题,做到晚上11点钟,仍然做不出来。我想啊想啊,一直想到12点钟,终于做出来了。我这才安心地睡觉。

这段话比前一段好一些，具体点了，但是给我们的印象仍不深刻。为什么呢？因为这个事例被人家不知写过多少遍了，没有新鲜内容。他还没有描写出一个感人的人物形象，没有描写出这个人物的内心世界的东西。也就是说，人物还没有写活。

怎样才能把人写活呢？你再看一篇作文，还是这个内容，有位"老三届"的知青是这样描写他在1977年考大学前是如何学习的：

在深夜，当我眼睛发疼，头脑有快胀裂的感觉的时候，常想：何必呢？快三十的人啦。但我一想到那些外国人眼睛里流露出来的嘲笑，便感到一股不可遏止的力量。于是用冷水冲冲头，继续学到天色微明。

你看，这就比前两种都好。为什么呢？因为这段话除具体地写出了人物的行动外，还突出形象地描写了这个刻苦学习的同学的心理活动，而这个同学的心理活动又是和时代的脉搏息息相通的。

由此可见，只有在记叙文中做到具体、形象地描写人物，才能使文章生动感人。那么，怎样才能把人物描写得具体、形象呢？当然，首先是作者对所描写的人要熟悉，要有真实的感情。其次还要注意，描写人总离不开描写人物做的事；要描写人物的具体事例，就要注意选取那些具有代表性，能为表现人物形象服务的事例来写。同时在描写方法上也可以从以下几个方面注意逐步地努力学习。

描写人物的外貌

人物的外貌描写指的是对人物的容貌、穿着、神情、姿态、面部表情等的描写。如果写得好，不仅能起到突出中心的作用，而且还能把人写活，为刻画人物性格，展示人物精神风貌，揭示人物的身份、境遇等服务。

第四章 初中作文的主攻方向——写好记叙文

为了达到这样的目的,同学们在学习运用外貌描写来表现人物时,一定要善于抓住相应的特征,注意外貌描写要与人物性格紧密相连,为表现人物性格服务。要知道,盲目的、脱离人物性格的外貌描写是没有任何意义的,也不会收到好的效果。

魏巍在《谁是最可爱的人》一文中对马玉祥的外貌描写就可以作为我们学习的范例:

他长着一副微黑透红的脸庞,高高的个儿,站在那儿,像秋天田野里一株红高粱那样淳朴可爱。不过因为他才从阵地上下来,显得稍微疲劳些,眼里的红丝还没有退净。

作者在这段描写中,运用素描的方式和比喻的修辞方法,生动、形象地勾画出了一个茁壮、朴实的北方青年战士马玉祥的外貌,这就为下文具体描述他火中救朝鲜儿童的英雄行为作了必要的铺垫。

下面这篇习作在外貌描写方面做得就比较好。

看 书

好不容易盼到了周四,放了学我背起书包就往妈妈单位的图书馆跑。一路上又是蹦又是跳,心里别提多高兴了。当然啦,一周里,妈妈只允许我周四看书,哪能不高兴呢?

不一会儿,就到了图书馆,我来了个紧急"刹车",放慢了脚步。哟,这里鸦雀无声,真静呀!我轻轻地拉开门,踮着脚往里走。这时,只见老管理员陈爷爷坐在他那磨得发亮的椅子上,聚精会神地检查着图书。他的头发很稀,多半已经白了,但都很规矩地伏在那有些秃顶的脑袋上,他的鼻梁上架着一副深边的老花镜,淡淡的眉毛紧紧地拧在一起。

我找了一个空位,从杂志架上拿下一本书,一头扎进去。我不放过书上的每一个字,每一幅图。突然,没留神,只听"嘶"的一声,我把书页撕了一个小口。这时,我猛地一愣,啊,这要被陈爷爷知道了可不得了,他呀,爱护图书就像爱护眼珠似的。我顾不得再往下看,慌忙把书合上,偷偷地看了他一眼,只见他的眼镜掉到鼻梁下面,一双敏锐的眼睛从眼镜框上面向四下看着。我不由得打了一个寒战,心里像有个小锤在敲似的,怦怦直跳。我连忙走到书架前,把手里的这本书放上去,又胡乱拿了一本。新拿的这本书我怎么也看不下去,因为刚才那本书里的故事正看得出神,现在恨不得马上知道下面的情节。我手里捧着这本书,眼睛却总瞄着那本。

突然,我听到后面传来一阵轻轻的脚步声。我斜眼一瞅,呀,原来是陈爷爷。他来到书架前,伸出那瘦削的手,拿下我刚才撕坏的那本书。莫非刚才的事情被他发现?我的心都提到嗓子眼了。可是陈爷爷没有向我走来,而是径直回到他的座位上。只见他从抽屉里拿出一卷透明胶,剪下一小块,细心地把那个小口子粘上了,然后又拿起书,走到我跟前。拍拍我的肩。我真是不知所措,刚张开嘴要承认错误,他却用手指挡住嘴"嘘"了一声,接着用他补好的那本换下了我手里的书,慈祥地轻声说:"看吧!"我接过书,望了望他,啊,他的脸上挂着微笑,眼睛眯成一条缝,满脸的皱纹似乎都舒展开了。此时,我的眼眶湿润了,眼前的东西模糊了。我赶紧埋下头,翻开了那本书……我的身后响起了渐渐远去的脚步声。

多好的陈爷爷呀!他是那样地爱护国家的书,又是那样地关心我们。想着,我细心地翻着每一页,不让一个书角卷起来,又一次钻进了书海里。

这篇习作记叙了"我"去图书馆看书的事,歌颂了陈爷爷对工作的认真负责,对孩子的慈爱。作者将时间、地点、人物及其事情的起因、经过和结果等记叙要素交代得清清楚楚。更为突出的是文中写了陈爷爷的三次外貌。第一次写:"他的头发很稀,多半已经白了,但都很规矩地伏在那有些秃顶的脑袋上,他的鼻梁上架着一副深边的老花镜,淡淡的眉毛紧紧地拧在一起。"重点在交代陈爷爷的年龄和性格特点;第二次只写眼睛和眼镜:"只见他的眼镜掉到鼻梁下面,一双敏锐的眼睛从眼镜框上面向四下看着。"形象地写出陈爷爷从眼镜框上看人的情景;第三次突出陈爷爷的慈爱和工作尽职后的高兴心情:"他的脸上挂着微笑,眼睛眯成一条缝,满脸的皱纹似乎都舒展开了。"这些都是紧扣文章中心意思来写的。作者写的是亲身经历的事,观察细致,感受真切,因而写得比较好。

描写人物的语言行动

初中生在作文中写到人物,最重要的,也是最常用到的描写方法就是描写人物的语言行动。为什么呢?因为一个人的作风、思想、品质和性格特征,主要是通过语言行动来表现的。我们常说看一个人的表现要"听其言,观其行",也就是这个意思。

鲁迅在《故乡》中写到"我"回到了阔别几十年的家乡后遇见的两个人,就分别用他们不同的语言勾画出来两个不同的人物形象。文章写到杨二嫂见了"我"的面后,说了这样两句话:

"不认识了么?我还抱过你咧!"

"忘了?这真是贵人眼高……"

通过这些锋利尖刻、咄咄逼人的言辞,活现出杨二嫂这个庸俗、势利的小市民形象,又表现了作者对她的厌恶之情。

而当闰土一出场,就不同了。作者这样写道:

闰土分明的叫道:"老爷……"

他回过头去说:"水生,给老爷磕头。"

这里,既写出了闰土经过几十年生活的重压,精神上受了封建思想的毒害,使一个原来勇敢活泼的农村少年变成了愚昧麻木的"木偶人"的形象,又满含辛酸地表现了作者对扼杀闰土和"我"孩童友谊的封建等级观念的痛恨。

描写人物的行动在文章中往往是和描写人物的语言结合在一起的。我们还是举《故乡》这篇文章为例。在写到杨二嫂讲完诬蔑闰土偷碗碟的一番话后,有这样一段行动描写:

圆规一面愤愤的回转身,一面絮絮的说,慢慢向外走,顺便将我母亲的一副手套塞在裤腰里,出去了。

这里把杨二嫂那自私贪婪的丑态暴露得真是活灵活现。

一个人的言和行,最能反映其思想品质和性格特征,因此语言描写和行动描写也就成了表现人物的重要手段。优秀的记叙文有个共同点:能听到人物的声音,能看到人物在做什么,怎样做。这样的文章内容具体,人物栩栩如生,在读者面前展现出活的画面,给读者留下鲜明的印象。有些同学的作文内容空洞,不具体,多半就是因为不善于通过语言和行动的描写表现人物造成的。

同学们在学习运用描写人物语言行动这个方法时一定要注意:人物的语言和行动都是为表现人物服务的,所以语言行动的描写必须切合人物身份。工人、农民、解放军战士、老师、学生,老年人、中年人、青年人,在语言行动方面的表现都是有它的特点的,我们平时就要注意观察和体会。只有切合人物身份的语言行动的描写,才能使人感到真实。

下面两篇习作在这方面做得比较好。

第四章 初中作文的主攻方向——写好记叙文

 雪 中 的 回 忆

"啊,下雪了!"听到同院的孩子的欢呼声,看着窗外纷纷扬扬飘落的雪花,我又想起了几年前也是一个雪天发生的事情,心里十分懊悔,难过!

那是我上小学三年级时的寒假里,我住到了奶奶家。碰巧第四天就下了一场大雪,院里的小伙伴就约我去打雪仗。我们在雪地里又蹦又跳,嬉戏追逐,快活极了!忽然,我看见楼梯口坐着一个和我差不多大的小女孩。她正用羡慕的眼光望着我。"你怎么不玩呀?"我问。她听了,脸有些红,低下了头。这时,亮亮走过来,不耐烦地说:"别理她,她是个小结巴,连话都说不利落。"小女孩儿听后,脸更红了,两眼含着泪水,嘴唇颤抖着。我很同情她,就对其他人说:"让她跟咱们一块儿玩吧。"她们有些不愿意,但还是点点头:"今天破例,你跟我们一块儿玩吧。"小女孩感激地望着我,我不好意思地笑了。

我们开始玩了。我和"小结巴"、娜娜一组;亮亮、扬扬和菁菁一组。我们都快速地攥着雪球,狠狠地朝对方砍去。"小结巴"虽然瘦小,但她还是很卖力气。终于她脸上也有了笑容。几个回合下来,我们都累了。我正坐在地上休息,忽然一个雪球朝我飞来,正好打在了我的脸上。我捂着脸,疼得差点儿哭出来。这时,"小结巴"走过来,抱歉地说:"对,对不起。我把,把你当成,成敌人了。我,我不是故意,意的。"顿时,我的气就不打一处来。我让你跟我们玩,你还砍我。我冲她嚷嚷起来:"哼,小结巴,别不识好人心。我帮你,你还砍我!"我使劲儿一推她,她没有准备,摔倒在地。她连忙分辩:"我,我,我……"她呀,越急就越是说不出话来。我可不管三七二十一,招呼小伙伴一起用雪砍她,把雪往她脖子里塞。终于,她委屈地哭了起来,而我们却大摇大摆地走了……

打这以后,我一直没见到过她。有一天,奶奶给了我一封信,我急忙打开一看,原来是"小结巴"给我的。她在信中一再向我道歉,请求我原谅。看着,看着,我的眼睛模糊了,我再也看不下去了。于是,我拿着信,飞快地跑向她家。可是,"小结巴"已经搬走了……

现在,每到下雪的时候,我总会想起这个受了一肚子委屈的小伙伴。我从内心深处真诚地向她道歉,并祝福她永远幸福快乐。

这篇作文对话描写比较突出,没有过分的雕琢,都是儿童朴素的语言,写得真实可信。特别是对"小结巴"的语言描写,更是突出了她的生理特点,也符合她的性格特点和此时此刻她的心理活动。

我有一双笨拙的手

我的这双手,细皮嫩肉,十指修长,但不知什么原因,它却总是不听我使唤,真是一双笨拙的手。

记得一次上生物实验课,老师安排作"脊蛙反射"实验。我们非常兴奋,风风火火地跑到实验室,听完老师的讲解后,便迫不及待地动起手来。我从水盆里一把抓住了一个大个儿的青蛙,但那蛙身滑腻得很,一不小心让它跳了出来。我急了,十指叉开,两手合拢,向那欢蹦乱跳的青蛙罩了过去。哪料它一蹿,上了讲台。这时,一位同学提醒了我——抓青蛙腿。我便用手去夹那蛙腿,可我的手刚掐住它的一条腿,又让它挣脱掉了。这一闹弄得班里大乱,同学们笑得前仰后合。我十分窘迫,可又没有办法,真恨自己这双笨手。最后还是老师替我解了围,捉住了那只不听话的青蛙,放在了我的实验台前。

接下来更不好过。同学们都认真地作着实验,我也一手紧紧捏住青蛙,一手拿着探针,一点点向蛙的脑干刺去。但右手总是发颤,那探针也跟着乱晃,按不准位置。别人一个个都作完了实验,我可不能再丢脸

第四章 初中作文的主攻方向——写好记叙文

啦。于是,我心一横,左手大拇指按住蛙嘴,中指、食指紧紧掐住了蛙身,小指与无名指使劲地别着蛙腿,右手捏住探针,一闭眼刺了过去。"哎呀!"我叫了起来。原来用力过猛,探针穿过蛙的脑干刺中了我的掌心,疼的我眼泪直打转……

这个教训一直印在我的脑海里。使我感到自己这双手实在笨拙的还有另一件小事。

那是个星期日,妈妈叫我把洗衣机里的衣服拧出来,我满口答应,便抓起一个浸透水的大被单用劲拧起来。突然,我感到一股钻心的疼,才发现我的手指不知怎的被绞在了被单里,"哗啦"一下,被单掉在了地上——白洗了。

这两件事使我感到自己的手实在笨拙,弄得事情办不好,还闹出了不少笑话。我真有点恨自己这双笨手。我看着自己这双细皮嫩肉、十指修长的手,便想到以后一定要好好地锻炼动手能力,应该让它尽快变成一双灵巧能干的手。

这篇作文选取两个事例,通过对手的动作的一详一略的描写,具体写出了自己的一双动手能力差的笨拙的手,表达了"一定要好好地锻炼动手能力,让它尽快变成一双灵巧能干的手"的愿望。

本文开头点题,立意不俗。本次作文,大部分考生写的是"灵巧的手""能干的手""闲不住的手";而这篇作文却写了"一双笨拙的手",在众多作文中,给人耳目一新的感觉。

第2段写了小作者动手能力差的第一个事例。这里有心理活动描写,如"非常兴奋""十分窘迫""真恨自己";也有几处手的动作描写,突出了自己的手的笨拙。段尾写到"老师替我解了围",看似解决了难题,实际上却是为下文的进一步描写打下了埋伏。"接下来更不好过"是承上启下的过渡句,引出第3段对动手能力差的第一个事例的进一步描写。这里,不但有手的动作描写,而且有人物的语言描写,进一步突出了自己的手的笨拙。

第4段是过渡段,把前面对第一个事例的详细描写引入下面第5段对第二个事例的简略描写。两个事例,一详一略,都有手的动作描写,也都是为突出本文的中心服务的。不仅选材得当,而且结构紧凑,中心明确。

描写人物的心理

描写人物的心理活动,如果能够写得好,也会给读者留下深刻的影响。魏巍的《谁是最可爱的人》这篇文章,在刻画志愿军战士马玉祥的英雄形象时通过两段对马玉祥的心理描写,表现了他强烈的爱憎感情。这两段心理描写是通过马玉祥自己的话来表现的。

第一段心理描写是写他在朝鲜看到美帝的暴行后,要求从炮兵连调到步兵连,作者问他为什么要求调动,他说:

"离敌人越近,越觉得打得过瘾,越觉得打得解恨!"

这里表现了马玉祥对敌人刻骨的恨。

面对朝鲜人民,马玉祥则是无比的爱。文章在叙述到马玉祥从烈火中抢救朝鲜儿童的事例时,是这样描写的:

"我能够不进去吗?我不能!我想,要在祖国遇见这种情形,我能够进去,那么,在朝鲜我就可以不进去吗?朝鲜人民和我们祖国的人民不是一样的吗?我就踹开门,扑了进去。"

通过这段心理活动的描写,突出表现了马玉祥同志崇高的爱国主义和国际主义精神。

法国作家都德写的《最后一课》在表现小弗朗士心理描写方面也很

第四章 初中作文的主攻方向——写好记叙文

成功。当韩麦尔先生告诉学生们这是最后一堂法语课时,小弗朗士的心情是:

我听了这句话,心里万分难过。

接着写了对老师的感情上的变化:

他就要离开了,我再也不能看见他了! 想起这些,我忘了他给我的惩罚,忘了我挨的戒尺。

小弗朗士对韩麦尔先生由"害怕"到"留恋",说明他们师生之间开始有了共同的感情,这就是:都有着一颗爱国的心。

这篇文章描写小弗朗士在回答老师提问时的心情,这样写道:

我正想着这些的时候,忽然听见老师叫我的名字。轮到我背书了。天啊,如果我能把那条出名难学的分词用法从头到尾说出来,声音响亮,口齿清楚,又没有一点儿错误,那么什么代价我都愿意拿出来的。可是,开头几个字我就弄糊涂了,我只好站在那里摇摇晃晃,心里挺难受,头也不敢抬起来。

小弗朗士出于对老师的同情,想回答得好一些,给老师一点心理上的安慰,但终因基础太差,力不从心,最后还是回答不上来。这里写出了他心中万分悔恨和羞愧的心理状态。

小弗朗士由于受了韩麦尔先生爱国思想的感染,激起了他的幼小心灵的爱国热情。文章通过小弗朗士的联想表现了他仇恨敌人的心理。

屋顶上鸽子咕咕咕地低声叫着,我心里想:"他们该不会强迫这些鸽子也用德国话唱歌吧。"

这既是对敌人的讽刺,也表现了他对敌人的切齿痛恨的心理。这个联想是符合一个儿童的身份的。

同学们在运用人物心理活动的描写方法时,一定要注意这种描写

只能作为其他描写方法的辅助手段。心理描写不宜太多太长。否则就会影响表达效果,使读者感到厌烦。

下面两篇习作的心理活动描写就处理得恰到好处。

　　　　我 是 强 者

　　看着眼前的作文题目,我的脑海里浮现出了那一圈圈漫长的跑道,一股自豪之情涌上心头,我的思绪又回到了一个月前的那一天。

　　这是体育考试的最后一关,立定跳远和仰卧起坐我都顺利通过,最后就看这 800 米跑了。

　　我站在 800 米测验的起跑线上,心怦怦地跳个不停。

　　"各就各位!"老师举起了发令枪,我的心跳得更快了,像揣了一只小兔子。"砰!"枪响了,起跑线上 11 名同学一起"飞"了出去。我紧紧跟着前面的一个同学,一个劲地跑着。

　　不知不觉,我已经跑过了 600 米。忽然,我的脚下好像踩着了一块石头,左腿一下子向前滑去,身体失去了平衡。我摇晃了几下,重重地摔在了地上。霎时间,一阵疼痛由膝盖传来。我低头一看,膝盖上的皮被蹭去了一大块,上面渗出了红红的鲜血。"呀!"我不禁叫了出来,倒吸了一口凉气。这时,几个跑在我后面的同学已经超了过去。我试图站起来,可是腿疼得厉害。"怎么办呢?"我的眼泪流了下来。"就这样半途而废吗?不!接着跑。"我努力地站起来,向前跑去,可刚跑出两步,腿就疼得受不了,我又停住了脚。这时,我的眼前浮现出平时练习的情景,我暗暗对自己说:"半年多来,你不论刮风下雨,都坚持练习跑步,不都是为了这一天吗?现在你能因为腿磕破了就放弃了吗?"我再一次鼓起勇气,一步一步费力地向前跑去。我在心里默默为自己鼓劲:"加油呀!坚持呀!只要能战胜自己,就是好样的!"终于,我的腿迈过了终点线。两边的同学都向我跑来,向我祝贺。虽然我没得到满分,可是心里高兴极了。因为我战胜了自己,我是一个强者。

这件事已经过去一个多月了。可是我每次想起它,心头仍然会涌起一阵喜悦,一分自豪。是的,我战胜了自己,我是一个强者!在人生的道路上,我还有很长很长的旅途要走。在今后的岁月里,我还要继续勇敢地向前迈进,克服一切困难,做一个真正的强者!

这是一篇自拟题作文,它标题定得好,不仅贴切简洁,而且突出了本文的中心意思。文章结构紧凑,头尾照应,过渡自然,记叙文的六要素(时间、地点、人物、事件的起因、经过和结果)交代清楚,既有体育考试情景的真实描写,又写出了个人在遇到困难时的心理活动和感受:"半年多来,你不论刮风下雨,都坚持练习跑步,不都是为了这一天么?现在你能因为腿磕破了就放弃了吗?""心里高兴极了。因为我战胜了自己,我是一个强者。"所以,当我们读到"虽然我没得到满分,可是我心里高兴极了"这句话时,不由得在心中喝彩起来。作文结尾所表示的决心——"我还要继续勇敢地向前迈去,克服一切困难,做一个真正的强者",不仅与前段内容顺接自然,而且扣题较紧,确实道出了小作者的心声。

抉　　择

我站在了人生第一个岔路口上。

手中这份薄薄的升学志愿表似乎有千斤重,压得我的手在颤抖。

艰难的抉择!

晚饭后妈妈和我坐在一起,面前放着那份升学志愿表。昏黄的灯光下,我和她默默相对。"明天就要交表了,今天定下来吧!"妈妈看着沉思的我,说话了。我的心愁得如同一团解不开的乱麻。是报高中,还是报中专？还是怎样？我注视着妈妈为此事而熬红的双眼，想说的话却在嗓子眼儿里咽了回去。上高中实在是太困难，家庭确实承担不起繁重的学费！"你不说妈也明白，你想上高中继续深造，妈妈理解你的心情，你怕家里负担不了你上学。孩子，你多虑了。你父亲在世时，就多次告诉我，你能上到哪儿，多困难也要供你上学。现在就是这个时刻了。妈妈省吃俭用攒钱，就是为了供你上学。你放心吧，妈即使倾家荡产也要供你！"妈妈的眼睛湿润了，我的心像刀割般难受。母亲一席话使我想起了平日里母亲勤俭度日，一分钱都要掰成两半花的生活。我一言不发，呆坐在那儿，望着空白的升学志愿表迟迟落不下笔。上高中就要上大学，至少还有7年或者更长的时间才能工作，而上中专却很快就能工作，为家里分担一些困难。怎么办呢？真是两难哪。

窗外的月亮钻进了阴暗的乌云后，像一张黑布笼罩着整个天际，看不着丝毫星光。

屋里的灯熄灭了。我躺在床上，没有半点睡意。母亲太辛苦了，无论如何也不能让她再为我的学业而操心了。7年时间太漫长了，家庭为我牺牲得太多了，我怎么忍心？可我的理想是沿着父亲的路走下去，完成他未完成的事业。这两者在我心中激烈地碰撞着。正当我辗转反侧时，我的房门被推开，母亲走了进来。她走到了写字台旁，轻轻打开台灯，拿起笔，填起了升学志愿表。"妈，您……"我说不出话来。"填高中吧！"妈妈斩钉截铁地说，"孩子，妈妈供定了，你好好学……"妈妈颤抖着的声音传进了我的心里，我全身的血液沸腾了。"妈，我一定好好学！"我的泪流下来了，"还是我自己填吧！"

我跳下床，端正地坐在写字台前，面对这份升学志愿表，缓缓地拿起笔，一笔一画地写上"北京四中"这几个字后，我长长地舒了一口气，可是我的心却显得更加沉重了。

标题是文章的题目。好的标题能激起读者阅读正文的强烈愿望,也能给读者一个总的印象。本文标题定得好,与内容联系紧密,起到画龙点睛的作用。既概括了文章的思想内容,又在一定程度上暗示了中心,不仅贴切简洁,而且生动新颖。

本文的小作者驾驭语言的能力是较强的。第2段写到他自己面临艰难抉择时难以言喻的复杂心情,用了省略号,千言万语,就已尽在不言中了。第5段仅仅一句环境描写,就恰到好处地衬托出主人公此时此刻特殊的心理状态。第6段表达同一内容时,在不同的语境中,用了不同的词,如:"母亲太辛苦了""家庭为我牺牲的太多了""不能让她太操心""七年的时间太漫长"等。这些加点词语的使用,十分贴切地表达了小作者于此时此地心灵的激烈碰撞。本文结尾扣题,并且含蓄,留给读者无尽的思考余地,令人回味无穷。

第三节 学会写事——事情叙述要具体清楚

叙述事情,要写具体,还要写清记叙的要素,即写清事情发生的时间、地点、人物、起因、经过和结果。

写记叙文,要求将记叙的六要素交代清楚。所谓交代清楚,也不是非项项落实不可。比如时间、地点,可以明指,也可以暗示。事情的起因,如果不特意交代,读者就能明白的话,也可以省略。需要注意的是时间、地点的变化。凡是记叙有时间、地点变化的事,要把时间的推移和地点的转移的情况说清楚。

同学们写记叙文,一般都是写自己的亲身经历。所以,通常都用第一人称"我"。它的好处是:真切自然,便于直接表达自己的思想感情。不过,有两点应当注意:一是不能直接写"我"的神态表情;二是只要"我"

不在某个场合,就不能以目击者的身份对那个场合直接描述,也不能直接写他人的心理活动。

凡写和"我"有关的一件事的记叙文,例如:《我经历的一件事》《一件难忘的事》《值得回忆的一件事》《给我教益的一件事》等,都有一些共同点:都是写一件事,都是用第一人称叙事,所写事情是用"我"的眼睛去看,是用"我"的心去感受,是以"我"的口吻来评价,是写"我"的所作所为所思所忆。

这类作文也有不同点,就是题目中的修饰和限制成分不同,这就决定了文章的内容和所表现的中心的差异。如"难忘的"就要写出它为什么难忘;"值得回忆的"则要围绕"值得"二字下工夫;"给我教益的"重点要写出事情本身的教育意义。

下面几篇习作叙述事情就比较具体清楚,符合要求。

首登讲台

13岁的世界。无论她给予我什么:一抹朝霞、一片白云、一片绿叶,还是……都让我充满了欢喜,感到奥妙,掀起一股激情,洋溢出渴望。碰到一种新鲜事情都想亲自动手试一试,做一做,失败就失败,一笑了之,从头再来,直到成功为止。

就这样,我第一次当上了"政治老师"。

得意之余,我心里有点儿紧张。老师应该有渊博的知识,善于表达和洞察学生心理的能力。我能行吗?何况听课的都是我的同龄人。我忐忑不安,担心难以胜任,怕在大家面前出洋相,但是,有一种强烈的表现欲望冲击着我,我还是接受了这项任务。

因为是第一次讲课,我有些摸不着头脑。纪律为什么有约束力?纪律为什么是集体利益的保证?这些问题搅得我混混沌沌。最使人头痛的

第四章 初中作文的主攻方向——写好记叙文

还是那些词的概念。石老师看出我面有难色,与我长谈,鼓励我多动脑筋,多思考。于是,我认真地准备了讲课的提纲。

第二天,随着上课铃声,我第一次登上了讲台。整整衣领,"咳咳"地清了清嗓子,开门见山地说了起来:"社会生活要有纪律,纪律是维护集体利益的必要保证。"一位同学突然提问:"老师,什么叫纪律?"这一冷枪令我惊讶。但没有难住我,我作了一个恰当的解答。我很得意,认为第一炮算是打响了。

可是谁知后来提问不断。连珠炮似的问题弄得我不知所措,竟抓了半天脑袋,心里像揣了个小兔子扑扑直跳,耳朵根还火辣辣地发烫。"不行了,实在招架不住了。"我无可奈何地一边傻笑一边想。

不知过了多久,教室整个肃静下来。所有人的目光盯住了我。太寂静了,太紧张了……我心灰意冷,真想溜下讲台。

当我的眼光一遍一遍地扫视课堂,寻呀,寻呀,终于看到老师正坐在角落里朝我微笑,他眼睛里充满希望、鼓励。使我想起老师对我说的那句话——"一个人,在生活中战胜自己的人是真正伟大的。一个奋发有为的男子汉,就是倒下去也能爬起来。"

拘谨没有了,我重新使自己镇静下来,用洪亮的声音讲下去,就像和自己的同窗挚友话家常一样,有问则答,无问则滔滔不绝地说起来,一边说,还一边挥着手,仿佛这样才能更好地充分显示我的水平。我和大家的心完全融通了。

初战成功,我异常兴奋,但又不满足,我要把自己知道的都讲出来。时不时地我还穿插一个幽默的小故事,引得同学们发出一阵阵的笑声。有时因一个小问题,跟大家争上一通,总是不肯轻易放弃自己的想法,挥舞着手:"这也不一定啊,比方说……"侧着脑袋一个劲儿地讲,好像怎么讲也讲不完,早忘了老师的叮咛:"热情而不可失态。"我仿佛不是在讲课,而是与大家一起交谈那么随便,用抑扬顿挫富有情感的声音讲述着。

　　45分钟飞逝而过,下课的时间到了。大家把我拥下讲台。我坐在椅子上,嘴好像还在不停地说,手好像还在不停地挥。浑身都软了。虽然那么累,可我毕竟当了一节课的老师。我留恋这个难忘的时刻!

　　这就是我,渺小的我,充满理想,充满希望的我,一个13岁的我。

　　开头第一段就交代了首登讲台这件事的时间(我13岁时)和人物(我、老师、同学们),接着写出了首登讲台这件事的地点(学校的教室)、起因(尝试新鲜事物的激情)和经过(首登讲台前的紧张、首登讲台中的答问和讲课、首登讲台后的得意之情),最后写出了首登讲台这件事的结果(顺利完成首登讲台的讲课)。所以说,这篇文章记事是具体清楚,符合要求的。

她 笑 了

　　"你要去哪儿?小姐。"在纽约国际机场的美国航空公司问询处,一位身着深蓝色制服的服务小姐亲切地问我。她留着金黄色短发,头发上还别着一只银色的发卡,微厚的嘴唇抹了淡淡的口红,一双蓝眼睛如水般清澈。

　　"去中国北京。"我答道,并把机票递给了她。

　　"对不起,飞机故障,要延迟起飞。"她看过我的机票后略带歉意地回答。

　　"那、那要几点才能起飞?"我用不流利的英语急切地问道。

　　"不能确定,大约十一点半。"她耸了耸肩。正当我打算回座位等待时,她叫住了我:"噢,等一等。"她略有所思地看着我,"你的机票是从纽约到温哥华,再到北京,对吗?""对。"我说的同时把机票又递给了她。

第四章 初中作文的主攻方向——写好记叙文

她边看机票,边在电脑上噼噼啪啪地敲了起来。虽然看不到电脑上写了些什么,但从她的眉宇间我看出情况不妙。她又敲了一阵,抬起头,双手一摊,咬了咬嘴唇说:"对不起,温哥华到北京的航班只有一趟,是当地时间一点半的,等你到那儿时,它已经起飞了。"她的话使我意识到情况的严重:我将滞留在温哥华!我在温哥华举目无亲,英语又磕磕巴巴,滞留在那儿,是件多么可怕的事啊!

她似乎看出了我的心事,眼中透出了关切和同情,说:"小姐,别着急,我再给你想想办法。你先到那边坐着,一会儿有结果我叫你。"坐在沙发上,我紧张地盯着她表情的细微变化。只见她紧蹙着眉头,一会儿注视着屏幕,一会儿又低头在键盘上敲击着什么。突然,我发现她眉头舒展开来,似乎找到了解决问题的好方法。我喜出望外,起身正准备过去,却看到她的眉头又皱了起来。我的心一下子又沉了下去,重新把身子埋在沙发里。

大约过了半小时,她终于长长地吐了一口气,兴奋地向我招手。我三步并作两步,来到问询台。她指着电脑屏幕对我说:"我给你办手续,你马上去四十七号通道。那儿正有一趟前往旧金山的飞机。到了旧金山,你可以乘当地时间三点三十分飞往中国北京的986次航班。"她边说边把手攥成拳头,在空中用力一挥,"好极了,我太聪明了!"她抑制不住自己的兴奋,似乎比我还欣喜。这一瞬间,我才发现她笑了,笑得如此甜美:盛满湖水的蓝眼睛眯成了一弯新月,嘴角向上翘起,露出一排洁白如玉的皓齿,小喇叭花一样的酒窝也灿烂地绽开了。

她的笑感染了我,使我紧张的神经顿时放松了,同时,也感受到一份来自异国的关爱之情。

这篇习作的中心内容很好,它通过一件不大的事,却突出了一个很好的中心,表现了一种跨越国界的友谊。文章的结构也十分清晰。这些

都是值得我们学习的。

本文记事的语言也有特色：一个方面是对服务小姐外貌的描写很生动；另一个方面是对"我"心情的描写也很生动。航空小姐似乎找到了什么解决问题的好方法，"我"正准备过去，却又看到她的眉头皱了起来时，"我重新把身子埋在沙发里"。这里的"埋"字用得好，体现了"我"当时颓唐的模样。文中写服务小姐笑的表情也很生动。把她的酒窝比喻成"小喇叭花"是很准确又很形象生动的，因为喇叭花里面是凹的，酒窝也一样。

现代科技带来的喜怒哀乐

的确，现代科学技术的广泛应用给我们的生活、学习、工作带来了许多东西。请看现代科技带来的喜怒哀乐。

喜

"奶奶——"在站台上，我一眼就望见了正在下车的奶奶，便挣脱了妈妈的手，跑了过去。"唉！我的乖孙女，都这么高了！"奶奶慈爱地抚摩着我的头，笑得像一朵山菊花。"妈，这火车坐得还舒服吧？"妈妈迎了上来，关切地问道。"是啊，这火车一提速，您老就不用为来北京而在车上颠簸一天了！"爸爸插话道。"那奶奶就可以常来北京了！"我高兴地叫出声来。"是啊，现在科技发展快，我这老婆子来北京也方便多了！哈……"奶奶摸着我的头，笑得更甜了。我感到自己正被一种喜洋洋的气氛包围着，也禁不住笑了。

怒

"网上冲浪，悠哉！"张叔叔端坐在电脑前，正在"将上网进行到底"。突然，屏幕一片漆黑。"这……"张叔叔猛然想起前些天"呕心沥血"完成但尚未存盘的稿件，不禁脸涨得通红，手将鼠标狠狠拍在电脑桌

第四章 初中作文的主攻方向——写好记叙文

上,"该死的病毒!"他咬牙切齿地骂着,恨不得将面前的笔记本一口吞下。

哀

"看看你,42分,挺高的呀!"妈妈手里攥着一张卷子,从牙缝中挤出几个字。我垂着头站在一边,等待"最后的宣判"。"以后不准玩电脑!"妈妈终于下了最后通牒,随后一把扯下电脑的插头。我无言以对。唉,要不是整日迷恋电脑游戏,我的成绩哪能下滑得这么厉害。快要中考了,看来我必须忍痛割"网"了,唉!

乐

自从学校采用了电化教学,每节课教室里都会传出阵阵笑声,这笑声不正反映了新科技给我们带来的乐趣吗?

这就是现代科技带给我们的喜怒哀乐,它们就像一个个跳跃着的音符,谱写着一曲曲壮丽的乐章。

这篇文章内容具体,描写了四件有代表性的事例:第一件事通过火车提速使亲人的团聚更加方便,感受到了现代科技给人们带来的喜悦。第二件事通过电脑病毒的作祟,感受到了现代科技给人们带来的烦恼。第三件事通过迷恋电脑游戏导致学习成绩下滑,感受到了现代科技给人们带来的思考。第四件事通过电化教学,感受到了现代科技给人们带来的乐趣。

本文思路清晰,中心明确(开头点题,结尾扣题,中间的内容不离题),结构完整(每件事前的小标题起到了分清层次的作用),详略得当(第一件事很有代表性,详写;第四件事是大家熟知的,略写),语言通畅,写出了自己的真实经历,有真情实感,抒情议论等表达方式运用得也恰到好处。

第四节 学会表达——表达方式要运用适当

叙述、说明、议论和抒情这几种常用的表达方式，往往是综合运用的。一篇文章，只是单纯的记事情，既不说明情况，也不表示作者的看法和态度；或者只是单纯地发议论，既不说明情况，也不谈及具体事物，这种情况不多。通常所说的记叙文、说明文、议论文，是指以记叙、说明或者议论为主的文章。这里，除一种主要的表达方式外，常常还穿插有其他表达成分。鲁迅的《一件小事》属记叙文体，作者在写完"小事"的经过之后，接着说，这件小事"教我惭愧，催我自新，并且增长我的勇气和希望"。这就是议论和抒情成分。在说明文《向沙漠进军》里，除了说明沙漠的特点和征服沙漠的办法外，还叙述了沙漠的由来，并表达了看法：人类征服沙漠的远大理想，在社会主义制度下会更快地成为现实。这是说明文中的叙述和议论成分。邓拓在《从三到万》这篇议论文里，首先叙述一个故事，借故事发表议论；随后对"文化"一词含义的说明，也起到论据的作用。同学们在作文时，不妨有意识地综合运用记叙、说明、议论和抒情等表达方式。

那么，怎样才能综合运用好这几种表达方式呢？这要根据内容的需要来确定：需要记叙的时候，就用记叙；需要说明的时候，就用说明；需要议论的时候，就用议论。

写好记叙文是写好其他实用文的基础。其他各种文体都要用到叙述的表达方式。学习记叙文，也要学会记叙文中的叙述、描写、议论和抒情等几种不同的语言表达方式。

叙述是记叙文的主要表达方式。叙述，指记叙、述说人物活动的一般情况和事件发生、发展的经过，把人物和事件的基本情况交代清楚。

要把一件事情恰当地反映出来,常常既需要对全过程作概括的叙述,又需要对能突出中心的重点部分或片段作详尽的具体叙述。

描写也是记叙文的主要表达方式。描写,指对人、事、景、物进行生动形象的描绘和刻画。描写可分为两类:一是人物描写,二是环境描写。按描写手法来说,人物描写分正面描写和侧面描写两种;环境描写包括自然环境和社会环境的描写。

描写是丰富语言的重要手段。在文章适当的地方,把一般叙述变成描写,语言就不干巴了。

最简单、最易掌握的就是增加定语、状语、补语扩充句子的方法。现在出一个题《我的母校》,开头大概要介绍一下学校的样子、地理位置。如果只是这样说:"公路边有几排房子,几排树,这就是我的母校。"自然是干巴的。我们就可以这么想:房子是什么颜色,什么样式,什么材料建筑,是高是矮,是新是旧?树是什么颜色的,什么树种,高还是矮,树叶如何?公路边,是哪个公路边?附近有没有山、水等。然后考虑是要表现学校的美,抒发对它的热爱之情;还是要表现其破败,写出心里的无奈。现在写成:"在通往市区的公路边有几排红墙灰瓦宽敞明亮的平房,房的前面栽着一排排枝叶茂密的高大的白杨树,这就是我的母校——××中学。"这就不干巴了。实际上这只是在原来的句子上加了一些定语,也可以算作环境描写的一个例子。

对人物语言和行动的描写可以加状语和补语。比如"说"这个词前,可以加状语"迅速地""紧张地""慢条斯理地"等。可以写成"一边跑一边说""挥动着拳头说"。"跑"可以写成"飞快地跑过来"等。

为了更鲜明地表现中心意思,增强文章的感染力,在记叙中还常穿插一些议论和抒情。记叙文中的抒情是作者在记叙过程中对所记叙的人和事抒发感情。这种感情,有时渗透在文章的字里行间,有时在叙述和描写基础上直接抒发。记叙文中的议论,是作者对所记叙的人和事发表意见,进行议论。有时以叙为主,偶发议论;有时边叙边议。我们在写记叙文的时候,要有意识地学习这几种表达方式的适当运用,这样就能更好地表达文章的思想内容。

下面我们看几篇在这方面做得比较好的习作。

意外的感悟

雨果说:"世界上最广阔的是海洋,比海洋广阔的是天空,比天空还要广阔的是心灵。"我一直都是把它当作好听的诗句来背的。然而,不久前的一次意外,竟使我突然明白了其中的深刻含义。

那天有雨,是很鲜见的初冬的雨。我甩着湿淋淋的雨伞随手把伞往墙角一丢,踢掉满是泥点的鞋,翻身倒在床上:"唉,真是累死了。"我嘟囔着,习惯性地把手插入枕底。咦?压在这儿的那本日记哪儿去了?

我急得跳了起来。噢,看到了,它就躺在书架的第一层上。但我没有把日记放在书架上的习惯呀!——毫无疑问,有人动过它了。

我顿时火冒三丈。是妈妈,一定是妈妈,她竟然趁我不在翻查我的床!她竟然……我只觉得眼前一黑,接着整个人都被愤怒之火燃烧起来。我不顾一切地冲向妈妈的房间,一脚把门踢开,以有生以来最大的声音吼道:"妈!你凭什么检查我的床?凭什么翻看我的日记?你太过分了。"

说实话,我的日记里并没有什么不能让人看的话,但我不能容忍别人不经过我的同意就随意翻看我的东西,更何况是这样的"搜查"!我平生最恨的就是有人无端怀疑我,更何况是我一直最敬爱的母亲。

母亲的身子一颤,愕然回过头。我看她正搅动着一大杯奶油,准备给我做蛋糕。

第四章 初中作文的主攻方向——写好记叙文

"你说呀!你竟然用这种方式检查我的日记,现在又装得一本正经若无其事,你把我当成什么了?也太过分点了吧!"我连珠炮般冲她狂喊道。

母亲不禁退后了两步,脸色苍白:"珂儿,你说什么?我,没有……""没有?"我毫不客气地打断了她的话,"那本日记怎么会自己跑到书架上去?""我……"母亲语无伦次地说道,"我怎么会,查,查你的床,看你……""别说了!"我口不择言地嚷道,"我不听你那一套大道理,你知不知道我为什么一直没买带锁的日记本?就是因为我信任你。但这就是你给我的回答,我的好妈妈!"我刻意在最后三个字上加重了语气。母亲的目光闪了闪,终于低垂下去:"对不起,珂儿。"

我哼了一声拂袖而去,走时没忘了把门重重甩上。

半小时后,母亲红着眼睛走进我的房间,把一碟新烤的蛋糕放在桌上,默默出去了。就在这时,一个电话打了进来:"嗨,珂凡,我是缈尘,刚才去你家时你不在,我就直接把你夹在日记里的我的那个书签拿走了,我可没有看别的呀……"

天啊!我顿时感到天旋地转,这……我的喉头发硬,一句话也说不出来。慢慢挪到厨房,我却看到妈妈正弓着身子,在冷水中费力地刷洗我那满是泥点的雨伞和雨鞋。我的眼泪再也控制不住地夺眶而出,哽咽道:"妈妈——"

至此,我才醒悟到:作为一个母亲,无论她的孩子怎样误会了她,或是说了什么令她伤心的话,做了什么令她难过的事,她还是会不计回报地爱她,并且永不改变地爱她。这就是什么力量也割舍不掉的亲情,这就是母爱的伟大!的确,比起一个母亲的心灵,无论是海洋还是天空,都显得太渺小了,也太微不足道了。

现在的孩子,都想有独立的人格,都想珍藏自己的"小秘密"。小作者误以为妈妈翻看了她的日记,自然大动肝火。但是母亲没有任何分辩,只是用她那博大的胸怀,宽容了女儿犯下的过错,并默默地为女儿做着一切。待误会解除后,女儿流下了悔悟的泪水,读者也不禁为之动容,热泪盈眶,深深地为这伟大的母爱和母女情怀所感动。本文之所以写得如此成功,是与小作者很好地运用了抒情、议论的文字加强记叙和描写的效果分不开的。

我和兰兰

我家有只猫,名叫兰兰。此猫已满12岁,要论出生年月,我还得管她叫"姐"呢!由于我小时候很顽皮,总爱把她从床下拽出来,拉拉她的耳朵,揪揪她的尾巴,搞得她很烦,所以兰兰一见我就跑,而对爷爷奶奶特别亲。

兰兰可不是普通的猫,她是个猫精,会关灯开灯、会到卫生间上厕所、会开门、会看人的脸色行事,反正是挺神的。

随着年龄的增长,我懂得爱护小动物了。我很想与兰兰友好相处,奶奶就给我支招儿,帮助我改善和"姐姐"的关系。

根据奶奶提供的线索,兰兰最爱吃鱼片儿。于是,我便从超市上买来一些喂她,没想到她见了我还是跑。我假装气得把鱼片儿摔在地上拂袖而去,却暗中顺着门缝偷看:过了一会儿,兰兰果然慢慢地从床下钻出来,接着就三下五除二地把鱼片给吃个精光……渐渐地,她敢从我手上叼走食物了。现在,我做作业,她就在旁边看着,有时为了让我和她玩儿,甚至还敢坐在我的作文本上不让我写字。看,一个猫,还这么有心计呢!

因为兰兰天天在床下乱蹿,把身上弄得特别脏,所以每天给兰兰洗澡就成了我的任务。我在一只桶里倒上温水,再把她放进去,她两只爪

第四章 初中作文的主攻方向——写好记叙文

子扶在桶边站着,一点也不紧张。为什么她毫不紧张呢?这里还有个小故事——

四年前,我们全家去游泳,爸爸想看看兰兰会不会水,将她扔入湖中。兰兰睁大了眼睛,用类似蛙泳的姿势拼命向岸上游。岸上的人们大声叫:"快看,这只猫会游泳!这只猫会游泳!"因此我们推测,兰兰的祖先一定生活在水边。平时我们不许她上床;但洗完澡后,洁白美丽的兰兰就敢神气活现地在床上走来走去了,她还经常和我一起睡觉呢。

如果你想恢复与你家宠物的关系,不妨试试我的办法。要知道,她不光是你的宠物,还是你不可多得的好伙伴呢!

这是一篇初一学生的习作。小作者给自己的宠物猫起名叫"兰兰",还用"她"来指代"兰兰",全篇用拟人的手法,在描写"我和兰兰"建立感情的经过中,活灵活现地写出了这只猫"挺神的"各种表现。

本文不仅结构紧凑,在顺叙中又使用了插叙手法;而且运用了叙述、描写、抒情、议论等多种表达方式,这就给文章增色不少。

下面再看两篇整体不错,但表达方式略有缺陷的习作。

我有这样一个好伙伴

她有一双闪着智慧光芒的明亮的眼睛,又红又薄的嘴唇总挂着浅浅的笑。这就是我的好伙伴徐薇。

在我的记忆宝库中,有许多金册子。闲暇时打开金册子,总少不了我的好伙伴充当主角,其中有几册最漂亮,闪闪发光。

第一册,是徐薇和朋友们祝我又长大一岁。那时,"生日风"刮得很大时,我打算好好庆祝一下,徐薇却说:"不要准备了。我有一个好主意,暂时保密。"生日那天,徐薇带着小伙伴们来了,手里拿着蔬菜、面粉、鸡蛋,径直进了厨房。只听厨房内叮当响着,犹如演奏锅碗瓢盆交响曲。一

·131·

会儿,她们就炒出了好几样菜。接着,只见徐薇又端上了一个自制的大蛋糕,上面还有用水果拼成的"祝你生日快乐"六个大字。徐薇说:"虽然它比不上奶油蛋糕那么好看,但这是我做的,是我们对你的生日祝福。"说完,她们一起唱起了:

"祝你生日快乐!祝你生日快乐!"

听到这个用心唱出的歌,我高兴得哭了。我和徐薇在大蛋糕前合影留念。这个友谊蛋糕吃在我的嘴里,甜在我的心上。

第二册,我垂头丧气地坐在教室,手里拿着一张没有考好的试卷。我眼睛直直地盯着试卷,心里犹如打翻了五味瓶。这时,徐薇走过来说道:"失败乃成功之母。不要灰心丧气,打起精神来准备下一次考试。俗话说得好:吃一堑,长一智。不要向困难低头,要经得起挫折。"接着写了两个大字:"自信"。我听后点了点头。

第三册,蔚蓝的天空下,游泳池内徐薇犹如一个小教练,用手托着我游泳,反复地对我讲游泳要领,最后终于把我这个小笨蛋教会了。我和她便在游泳池内嬉戏。

我的小伙伴就是这样:当我有困难时,她尽力帮助;当我受到挫折心灰意冷时,她热情地鼓励我;当我为理想奋斗时,她真心地支持我。我真为我有这样一个好伙伴感到骄傲和自豪。

本文以"我"记忆宝库中的"许多金册子"为线索,叙述了好伙伴和"我"之间发生的三件有代表性的事例,从不同方面展示了好伙伴与"我"的深厚情谊和对"我"的具体帮助。开头结尾照应得好,抒情议论自然顺畅,确实是篇好作文。

本文的缺点是:第一件事的叙述有些拖沓,语言可再简练些。第二件事描写的好伙伴近于口号式的语言有些失真,缺少当代中学生的个性特点。

第四章 初中作文的主攻方向——写好记叙文

 　　　　我有这样一个好爸爸

　　"啊!十分!"在中考前的体育考试现场,望着刚刚评出的长跑成绩,我不禁高兴地叫了起来。这成绩里饱含着我多少汗水,也饱含着爸爸多少个日夜辛勤的劳动!

　　以前,长跑一直是一件令我头疼的事。每次测验,我的长跑成绩总是不及格。后来,体育老师开始对我进行个别强化训练,这才勉强及格。放假前,老师对我说:"寒假一定要坚持锻炼,你的成绩还可以再提高。"

　　一放假,爸爸便给我立了一个规矩,让我每天早晨必须长跑。于是每天早晨,我便和爸爸一起来到操场。头两天,我只能勉强跑完两圈,跑完后还气喘吁吁的,连话都说不出来。只见爸爸看着跑表,面带愠色地对我说:"你瞧瞧,还不如在学校跑得快。"一连练了几天也不见什么起色,我渐渐泄气了,早晨赖在床上不起来。爸爸见我这副样子,心平气和地对我说:"寒假是锻炼长跑的好时候,能否有进步,关键就看你现在能否坚持。现在坚持锻炼不仅为了在中考体育考试时取得好成绩,更是为了让你有一个健康的身体,你明白吗?"我点了点头。爸爸又说:"我看你跑不快,主要是因为腿部肌肉不发达,你先练几天蛙跳吧。"

　　刚开始,我跳完之后只觉得两条腿软绵绵的,连走路的劲都没有了。第二天两条腿又麻又痛,我的决心又开始动摇了。"疼也得练。"爸爸严厉地说。我的眼圈不禁红了,心想:"爸爸怎么一点儿也不心疼我啊!"爸爸一看我要哭,口气软了下来说:"你明白什么叫苦尽甘来吗?你体质本来就比别人差,不加倍地努力,怎么能取得好成绩?"最终,我们还是来到了操场。第一圈我咬牙跑了下来,第二圈实在跑不动了,这时只听爸爸喊道:"不要停,我带着你跑!"望着爸爸那微胖的身躯跑到了我的

·133·

前面,我心中好像一下子增添了许多力量。终于跑完了,爸爸显得比我还累。望着他头上的缕缕白发,我的眼圈又红了。

"工夫不负有心人",经过寒假和开学后的近3个月训练,在体育考试中我终于取得了优异的成绩。许多同学惊讶地问我:"你的体育怎么变得这样好?"我自豪地说:"因为我有一个好爸爸。"

通过这些事,我深深地明白了:只有付出劳动才能取得成果。我也从中体会到爸爸对我深切的爱。马上就要中考,我一定要尽我最大的努力,不辜负爸爸对我的一片苦心。

本文内容具体,重点突出,通过描写"爸爸"在寒假中对"我"严格要求,严格训练,"我"终于考出了好成绩这件事,表现了父亲对儿女深切的爱。开头文字虽然简短,但它既点题,又抒情,也交代了全文的主要内容,是必不可少的。本文的语言学习了朱自清的《背影》(如,"我的眼圈红了""我的眼圈儿又红了"),但又能不露斧凿痕迹。中学生作文是允许这种模仿的。用得好,能给文章增色不少。

文章写到倒数第2段时,实际已经煞尾。特别是写到"我自豪地说:因为我有一个好爸爸"时,这段抒情文字不仅照应了开头,而且突出了本文的写作主旨,可是这位考生却硬要在此之后又加上一个多余的套话做尾巴,反成画蛇添足之笔,属于议论不当,这是本文的不足之处。

由此可见,记叙文中的议论和抒情虽然必不可少,但一定要注意适度、适量,特别是议论内容。因为记叙文要用事实和形象说话,议论成分太多就成了空洞说教,这是记叙文很忌讳的事。

☆自学能力强化训练

一、审题训练

第四章 初中作文的主攻方向——写好记叙文

下面三个作文题,要求我们着重写出什么内容才算切题?在横线上分别加以说明。

1.《他的事迹鼓舞了我》_____

2.《我珍惜这友情》_____

3.《一位高明的老师》_____

二、修改训练

下面是这篇作文的前半部分,后面还写了老师和学生的谈话。从这部分看来,文章线条很粗,写得很抽象,许多该交代的没有交代,该具体写的一笔带过,还有的地方写得不当,所以文章意思表达不充分甚至不明白,读后给人的印象模糊,当然更谈不上感人了。请你指出它的问题所在,并拟出修改方案。

老师窗前的灯光

上课铃响了,我急忙向教室跑去,不料和王老师撞了个满怀。这一节课,我没有上好,心里不安。放学回家,我把这事告诉妈妈,妈妈要我主动上老师家道歉。

晚上,皓月当空,繁星点点,凉风习习,我迈着轻快的步伐来到老师门前。老师正在窗前批改作业,非常认真、专注。我很感动,在窗前徘徊了一会儿,就轻轻叩门。门开了,老师说:"你来得正好,我正要找你谈谈作业问题。"

三、列提纲训练

给下列作文题列出写作提纲,写出写作要点和写作时应注意的问题。

1. 我们的班主任
2. 家乡的雨夜

3. 我学会了一件家务事

四、命题作文

1. 写人为主的作文题：《我的中学老师》《我的新朋友》《我了解他》《我敬佩他》《永远忘不了的笑容》《从这件事中我了解了他》《我们的班长》《榜样就在身边》《当我被误解的时候》

2. 写事为主的作文题：《儿时趣谈》《课堂记趣》《隆重的开学典礼》《一件难忘的事》《一次有趣的活动》《发生在我身边的一件事》《上学路上》《集市见闻》《我做过的一件荒唐事》

3. 记游为主的作文题：《我登上了长城》《××山奇观》《春游××公园》《参观"严打"展览》《漫步天安门广场》

五、作文练习

写一篇综合运用叙述、描写、说明、抒情和议论几种表达方式的记叙文，作文参考题如下：

1. 我最喜爱的一首歌
2. 这件事发生在我们班里
3. 我做了一件应该做的事
4. 他变了

六、写一篇传记文章

题目：_____

提示：为一位熟悉的人写小传，自拟一个题目填在横线上。要写出被立传人的简要经历和主要特点。要考虑到被立传人与作者的关系（如长辈、平辈、亲属、朋友、同学、邻居等），注意用语要得体。

要求：中心明确，条理清楚，语言通顺，标点正确，字体端正，卷面整洁，字数500以上。

第五章 学写简单的说明文

　　说明文是以说明为主要表达方式,以说明事物或阐释事理为主要内容的文章。

　　说明文不同于记叙文。记叙文以叙述为主要表达方式,重在记人记事,有人物形象的具体描写,有事件来龙去脉的描述。而说明文则不然,它重在说明,一般没有人物形象,把写作重点放在介绍事物的类别、形状、功能、构造、特点和解释事物的含义、原理、关系等上面。举个例子来说,竺可桢写的《向沙漠进军》这篇说明文,就科学地解说了有关沙漠的各种复杂的自然现象,说明了沙漠给人类造成的危害和人类征服沙漠的具体办法。同样还是这个标题,如果你仅写向沙漠进军过程中的一些个别人物的具体活动,并通过这些活动表现人们的工作热情和克服困难的勇气,而对沙漠如何危害人类以及人们如何改造沙漠却是一带而

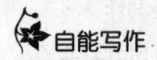

过的话,那就写成了记叙文。

说明文写好了,对写好记叙文和议论文也有帮助;因为在记叙文和议论文中也经常需要有一些说明的内容。比如记叙文在写到某一事物时,为了强调这个事物的重要,或要突出这个事物在文章中的作用,就往往加上一段说明的文字。议论文在以摆事实的方法进行论证时,也经常举出一些数字来对论点作一些说明。

说明文最基本的要求是准确,所以首先要求同学们在写说明文前对自己所要说明的事物一定要熟悉了解,要清清楚楚,不能马马虎虎,这才有可能把自己所要写的内容清楚扼要地表达出来。在写作说明文时,应重点注意以下几个问题。

第一节 抓住说明事物的特征

抓住说明对象的特征,是写好说明文的关键。茅以升写的《中国石拱桥》这篇文章在把握说明对象特征方面是很值得我们学习借鉴的。本文在讲到赵州桥"非常雄伟"之后,接着列举了四点赵州桥和别的石拱桥的不同之处,说了它的大小、有一大拱二小拱、由28道拱圈拼成、结构匀称等。这些都是赵州桥独有的特征。抓住了这些特征,就把赵州桥"非常雄伟"这四个字的具体内容突出地表现出来了,给读者留下清晰的印象,从而达到了说明的目的。

下面给大家介绍的这两篇说明文习作,就比较好地做到了上面所提的要求。

复兴门立交桥

复兴门立交桥,建于1974年10月1日,是在北京复兴门的旧址上

第五章 学写简单的说明文

建筑起来的。它东临长话大楼,西靠电台大厦,桥身东西走向,横卧在复内大街和复外大街的交界处。桥身长有50米,宽约40米,4辆大汽车可并排行驶,而且两旁还有自行车行驶的车道和行人的便道。车行道是柏油路面,行人便道一律由同样大小的灰色花岗岩石铺成。沿行人便道设有两排高高的华灯,与两排一米高的白色大理石桥栏,上下映衬,煞是好看。

复兴门立交桥没有引桥,路面平坦,与大马路相融成一体。在桥身的东西两侧分别连接着两条下坡为30度的环形柏油路。一条向北绕行,一条向南绕行,与桥下南北通行的宽阔马路会合,构成互相对称的4个三角形花坛,与大桥柏油路协调配合,显得大桥更加雄伟壮丽。

复兴门立交桥有42根高10米、直径为1米的钢筋水泥柱支撑着。桥身是用钢筋水泥铸成,像一块巨大的长方石板凝固在桥墩上。桥身两端的岸墩是由体积相等的长方体青色花岗岩砌成的。桥身下有三个桥孔,中间一孔较宽,南北来往的汽车在这里穿行;两旁的桥孔较窄,是自行车行驶的车道和行人便道;在行人便道上有阶梯形栈道可直通桥面。

站在桥面,展现眼前的是一派雄伟壮阔的景象。远眺东西南北,绿树成行,高楼成群,笔直宽阔的"十"字大道在这里会合。桥上,东西车辆往来不停;桥下,南北车辆川流不息。大桥四边的4条环形路上的车辆为大桥增添了生机,四周的花坛长满绿草、鲜花,为大桥增加了光彩。

复兴门立交桥的建成,解决了城市交通的一大难题,为城市交通作出了贡献。继复兴门立交桥后,北京又建成了西直门立交桥、建国门立交桥、三元立交桥、四元立交桥和五元立交桥等。立交桥的出现是中国桥梁事业发展的一大飞跃。它凝聚了中国人民的智慧和力量,它代表着中国的进步和发展。

这是一篇写建筑物的说明文。它先总说复兴门立交桥的建筑时间和位置,再分别介绍桥的各个组成部分,最后加以总结,给人留下了深刻的印象。

　　文章在介绍复兴门立交桥的特点时,紧紧抓住桥身这一主要结构引向它的四面与上下,重点突出,层次清晰。例如:在第1段写完桥面后,便在第2段以"复兴门立交桥……与大马路融为一体"句,引向桥的四周;写了环形路和四边对称的花坛。这就既介绍了复兴门立交桥的特点,又说明了它的造型。

　　文章在写复兴门立交桥的特点时,还突出了"立体交叉"的特征与功能。写桥面时,突出地写了桥宽:"4辆大汽车可并排行驶","两旁还有自行车行驶的车道与行人的便道"。写桥下时,突出地写了桥孔:"中间一孔较宽,南北来往的汽车在这里穿行;两旁的桥孔较窄,是自行车行驶的车道和行人便道","有阶梯形栈道可直通桥面"。在写总观全貌时,突出地写了"笔直宽阔的'十'字大道在这里汇合","桥上,东西车辆往来不停;桥下,南北车辆川流不息"。这里,在介绍特征和功能的同时,也显示出复兴门立交桥的宏伟气势,有力地说明了立交桥的出现是我国桥梁事业上的一大飞跃。

　　本文主要运用了列数字的说明方法来突出复兴门立交桥的特点和功能。例如:第1段的"桥身长有50米,宽约40米,4辆大汽车可并排行驶";第3段的"复兴门立交桥由42根高10米、直径为1米的钢筋水泥柱支撑着"等。本文主要运用说明的表达方式,也适当地在第4段运用了描写的表达方式,以突出复兴门立交桥的气势和优美。

台　　灯

　　我家有一盏结构新颖、造型优美的工艺台灯。

第五章 学写简单的说明文

　　这个台灯是淡绿色的，椭圆形。陶瓷底座上，隐约可见如莲叶一般的叶脉花纹。基座四周有十八瓣粉红色向上翻翘的莲花瓣，右边有一含苞待放的粉红色花蕾。这花蕾其实是台灯的启动按钮，只要把花蕾轻轻往前一推，灯就亮了。往顺时针方向旋转花蕾，灯光亮度增强；往反时针方向旋转灯光就减弱；把花蕾往后一推，灯就熄了。"MADE IN CHINA"的金色英文大写字母围绕在花蕾四周。在花蕾右后方有一根约7厘米长的墨绿色支架，它的顶端支撑着一个呈荷叶状的日历台，只要用手轻轻按一下支架上的小按钮，随着"咔嚓"一声，日期就会显现出来了。

　　在底座的左方是一根长12厘米下粗上细，形同莲藕的白色陶瓷灯柱，在它的顶端是一根长约22厘米不锈钢镀铜细弯管，弯管的底端向上弯曲固定在莲藕灯柱上；顶端向下弯曲，装有一个黑色灯头，灯头上安装一只25瓦的白炽灯泡。灯泡上戴着一顶漂亮的帽子——灯罩。

　　灯罩是用镀铜不锈钢丝编成6个空心莲花瓣形的环，中间各镶嵌着一片乳白色的有机玻璃，做成莲花瓣。整个灯罩就是一朵金光闪闪、晶莹剔透的盛开的莲花。其中一片花瓣上还有一个小孔，可以滴注少许香精，使人既见到莲花之形，又闻到阵阵传来的莲香。

　　你看，这盏台灯：底座就是一个莲花台，灯柱是莲藕，灯罩是莲花，灯泡正好是花蕊，起动电钮是花蕾，日历架则是一柄莲叶。灯一亮，满屋生辉，大有出污泥而不染的神韵。难怪这台灯叫金色莲花灯。

　　为了突出台灯"结构新颖、造型优美"的特征，文章在说明的条理上下了一番工夫。作者紧紧把握住台灯这一实物本身的条理，根据它各个组成部分所占的空间位置及其相互关系，找到了一个合理的顺序：自下而上，由总到分再总地进行说明。文章开篇的第一句点明台灯特征，作为文章的纲本。接着按底座——支架——灯柱——灯头——灯泡——灯罩这一自下而上的顺序，逐一分别介绍，而重点放在底座及其支架、灯柱的解说上。从它们的色彩(淡绿、墨绿、乳白色)、外形(椭圆、莲叶、莲花瓣、莲藕、花蕾)、长度(约7厘米、22厘米)、质料(陶瓷、不锈钢镀铜、有机玻璃)、功用及相互位置关系,进行了具体而准确的说明。尤其可贵的是作者没有仅仅停留于对台灯外表形体的介绍,而是重视了探究各构成部分之间的联系。如"只要把花蕾轻轻往前一推,灯就亮了"。"弯管的底端向上弯曲固定在莲藕灯柱上;顶端向下弯曲,装有一个黑色灯头,灯头上安装一只25瓦的白炽灯泡。灯泡上戴着一顶漂亮的帽子——灯罩。"

最后,文章又从总体上对台灯的外形轮廓和神韵,加以概括介绍。这样,使读者未见其物,而对其外形、结构和精巧的工艺,都有了全面的了解。

第二节 理清说明的顺序

在确定了说明的内容之后,就要进一步考虑按照什么样的顺序来说明,才能说得条理清楚,中心突出。

客观事物是多种多样、错综复杂的,但又是有规律可循的,有一定的条理性的。在写说明文的时候,要认真研究所写事物的特点和事物间的相互关系,研究事物的条理性,在这个基础上找出一个合理的顺序,恰当地反映客观事物的本来面目。根据说明对象的特点,说明顺序常见的有时间顺序、空间顺序和逻辑顺序这三种。

时间顺序,就是按照事物发展的先后次序顺次说明。人物生平介绍、生产流程说明、科学观测记录等,多采用这种说明顺序。

空间顺序,就是按照事物的空间存在形式,或空间位置的转移作介绍说明。介绍建筑物或建筑群,多采用这种顺序。

第五章　学写简单的说明文

　　逻辑顺序,就是按照事物的内在逻辑关系安排的说明顺序。常见的逻辑顺序有:从主要到次要,从现象到本质,从原因到结果,从概括到具体,从整体到部分,从特点到用途等。

　　以上三种说明顺序常常是不能截然分开的。同一篇说明文,可能只用一种说明顺序,也可能采用多种说明顺序。不过,一般地说,初中生学写说明文,每篇文章还是只使用一种说明顺序为好,这样比较容易掌握。

　　下面请看两篇写得比较好的习作。

家　乡　枣

　　我的家乡鲁西平原,盛产著名的山东枣。

　　家乡种植枣树已有悠久的历史,在北魏时期的农科全书《齐民要术》中,就有关于山东枣树的记载。

　　枣树生长很慢,碗口粗的一棵树,需要七八十年才能长成。枣树的枝条多为满生针刺的虬枝,很少有柔长或挺拔的枝条。它的叶是深绿色的,呈瓜子形。

　　每年,桃红李白之后,枣树才从一冬的沉睡中渐渐醒来。起初,它一点儿也不忙于抽枝发芽,而是先睁开它的眸子悄悄地打探春天的信息。当它确信春天已经到来的时候,才勃然抖擞精神,不几日便抽出铜钱大小的叶片来。这时候,田陌上,道沟边,到处都为绿色所笼罩。绿色的枣林就像家乡身上新披上的春衫!

　　接着,是枣树的花期。枣树开的花虽不像桃李那样烂漫妖艳,却也质朴可爱。它的花是绿黄色六角形的,大如红豆,开在绿叶掩映之下。初开,枣花是无声无息的;几日后,它便散发出很醇的、甜丝丝的,简直能使人陶醉的芳香。站在树下,似乎能用嘴品出那味道。

这时节,辛勤的蜜蜂不约而同地组成千军万马,带着春天的请帖来到枣乡,尔后几天,源源飞向国内外市场的便是名扬全球的"枣花蜜"。

当第一缕秋风吹起的时节,枣树是最先觉察到的。啊!到收获季节了,是把果实献给栽培我们的人们的时候了。于是,树冠上的每一片叶子,都开始无私地把自己的青春奉献给将要成熟的果实。于是,小巧玲珑的绿叶,逐渐失去它原有的光泽——一天天地由绿变黄了……

这时候,一棵棵杏儿般的枣儿,先是由微黄变白,渐渐地又由白变红。紧接着,挂满枝条的是一个个红红的"玛瑙"。这时候,倘若站在树下顺手摘一颗熟透的枣儿放进嘴里的话,感觉是那样的清脆和香甜。

家乡的枣品种很多,主要有:无核小枣、金铃小枣、五月鲜等。五月鲜因最先成熟于五月间(夏历)而得名。这种树为数少。其余各品种的枣则大多成熟于中秋节以后。

收获后,大多数枣子都要被制成红枣、乌枣和酒枣。

红枣的制作最简单,放屋顶翻晒曝干就行了。它肉多,味美,可长期存放。

其次是酒枣,具体制法是:取新鲜、肥大而无伤的枣洗净,装入瓷甏或其他容器中,倒入少量的酒,再密封存放。酒枣可存放至春节或更长的时间;取出以后,枣儿和刚收获的无甚两样,皮鲜、色美,汁多,脆甜中稍带一点酒香,咬一口连蜂蜜都要逊色的。

乌枣的制作很不简单,它要经过好几道工序,而且要有一定的制作技术。制前先在场内挖一丈余宽的火道(长度不限,要看制枣的多少而定),上盖一层秫秸箔;把要熏制的枣放在滚开的水中,约煮十分钟,取出晾净水后,放在秫秸箔上用药熏七天七夜即成乌枣。乌枣肉多质好,味道可口,具有很高的营养价值。乌枣在国内外市场上久负盛名。

"文革"中,由于"割资本主义尾巴",家乡的枣树被砍掉了不少。改

第五章　学写简单的说明文

革开放以后,家乡人民本着多种经营的方针,对枣树进行了重新栽培和修整,枣子的产量连年增长。如今农村又放宽了经济政策,今年家乡的枣儿将会有更大的收成。

　　这篇说明文对枣树和枣的有关知识作了比较全面而生动的介绍。开头先指出家乡的枣树历史悠久、生长很慢等特点,接着以季节的变化为序(时间顺序),依次叙写枣树抽枝发芽、开花结实的过程,说明枣子的品种及各种蜜枣的制作过程。全文从写枣树到写枣,由概括交代到具体的描写、说明(逻辑顺序),条理清楚,层次分明。

　　平实的说明与生动的描绘相结合,是这篇习作的又一特点。第4段到第8段,小作者运用拟人手法,从色、香、味等方面形象地描写了绿色的枣树、质朴可爱的枣花和清脆香甜的枣儿,文笔生动,给人以美感。

网　络　自　述

　　近来,越来越多的人在关注我,谈论我,我就是计算机网络,英文名Internet的因特网只是我身上的一个亮点,其实我的能力还很大,听完我的介绍也就明白了。

　　自1946年美国研制成功世界上第一台电子计算机以来,我就随之出现了。最先启用我的是美国的一家计算机公司。当时硬件水平低下,于是有人希望用一种方法把各台计算机联起来,可以相互用对方的资源。我便是这样产生的。后来,人们为了使我更完善,又专门研制了网卡和调制解调器。人们还特别为我编制了网络管理软件,使网上协商成为现实。但随着我的规模不断庞大,电缆已经无力支持,现在人们大量用的是光纤。

　　我的基本单位是局域网(LAN)。局域网就是在地理位置上相距不远的多台电脑相互连接形成的网络。信息量低,传输距离近,硬件设备差时,就可连接一个局域网。若是一家公司需要在内部发布通知时,就可以做一个局域网,使用很方便。但无论如何局域网都要有一个中心机,用它发布信息和管理网络。

比较高级的网络是广域网(WAN)。广域网就是用光纤把各个局域网连接起来,这样局域网上的信息就可以共享了。对了,我的那个亮点——因特网,就是广域网。它的前身是美国军方的网络,后因各国局域网加盟,形成现在的规模。

现在我的主要用途有两个:一个是电子邮件的发送;另一个是信息的共享。有了电子邮件,各国人之间的"交谈"变得畅通无阻,很多紧急的事情被电子邮件轻而易举地传送,只需几秒时间就得以解决。电子邮件不但是我的一个工具,也是我身上的一朵奇葩,现在有将近一半的上网者关注它,使用它,它将被单独地研究、开发。信息的共享就不用多说了,这是研究我的初衷。如果你利用了我,无论何时何地,只要你手持一台电脑,就可以得到任何信息。就算你在北京,也可以看到大英博物馆的任何物品。

在未来的社会,人们可以通过我进行网上医疗、网上阅读、网上工作、网上会议。总之,你只要利用我,万事都变得那么轻松。对了,有一条"路"已经铺好,那就是信息高速路,它将成为我的重要工具之一。

现在,很多人都发现了我的长处,比如美国的 YAHOO 公司就在为个人电脑网络进行增值服务。我还有待人们来开发,在 21 世纪,我将使出浑身解数为人类社会作出更大的贡献。

《网络自述》介绍了计算机网络的发展、结构和用途。在短短一千多字的文章中,作者简明通俗地介绍了网络的特点。文章首先介绍了网络的由来和发展过程,然后介绍了网络的结构——由局域网接成广域网。最后介绍了网络的用途——电子邮件的发送和信息共享。文章条理

第五章　学写简单的说明文

清晰,思路合理,语言流畅。另外,文章以第一人称来写,将网络赋予人的特点,读来亲切自然、引人入胜,是一篇非常好的说明文。

下面再请看一篇说明顺序不清的习作。

我家的台灯

我家有一盏美丽的台灯。

这个台灯的支架是一根笔直的不锈钢管。钢管上端装着一个黑色的灯头。灯上安一个25瓦的白炽灯。灯头的下方是开关。支架是空心的,电线就是从灯的支架中穿过的。灯泡的头上,可以放灯罩,是两个铁丝做的圆圈夹住灯头的。

支架的下面是灯的基座。基座上站着一只美丽的鹦鹉,全身晶莹透明,一张红勾勾的嘴向下弯曲着。基座是有机玻璃做的。红、白、黑三种有机玻璃镶成的平面上放着一块亮"宝石",玻璃鹦鹉就是站在这块"宝石"上的。

灯头上的灯罩有八个侧面,每个侧面有两层纱,上面画着竹、梅、菊、松等花树,清秀雅致。整个灯罩由白尼龙绸结扎而成,色调十分和谐。

这篇文章的主要问题是:由于说明顺序的混乱,给人条理不清的印象。你看,第2段先介绍支架,再说灯泡,又说支架,最后又说灯罩,是中→上→中→上的顺序。第3段说灯的基座,第4段又回头说灯罩,是下→上的顺序。这篇文章的修改方法是:只要按照或从上至下,或从下至上的顺序作些调整就行了。下面请看调整后的文章。

我家有一盏美丽的台灯。

台灯的基座是用红、白、黑三种有机玻璃镶成的。玻璃平面上放一块亮"宝石",一只美丽的玻璃鹦鹉就站在这块"宝石"上,它全身晶莹透明,一张红勾勾的嘴向下弯曲着。

　　台灯的支架是用一根笔直的不锈钢管制成的,电线从灯的支架中穿过,支架上端装着一个黑色灯头。灯头的下方是开关,灯头上安着一个25瓦的白炽灯泡,灯泡上放着灯罩,由两个铁丝做的圆圈夹在灯头上。

　　灯罩由黄白两色尼龙纱扎成,它有八个侧面,每个侧面两层纱,上面分别画着竹、梅、菊、松等花树,清秀雅致,色调十分和谐。

　　这样从下到上有顺序地进行说明,既能准确反映台灯的构造,又照顾到人们观察事物的习惯,给人以条理清晰的感觉。

第三节　掌握几种常用的说明方法

　　说明事物和事理的方法很多,说明文常用的说明方法主要有以下七种。

　　1. 定义说明法:也叫下定义。有时为了突出事物的主要内容和主要问题,往往用简明扼要的话给事物下定义,使读者对被说明对象有个明确的概念。

　　2. 数字说明法:也叫列数字。有些事物为了便于从数量上说明特征,往往用一些数字来准确、科学地说明。

　　3. 比较说明法:也叫作比较。为了说明某些抽象的或人们比较陌生的事物,用具体的或大家比较熟悉的事物进行比较,往往能增强说明事物的效果。

　　4. 比喻说明法:也叫打比方。用人们熟知的事物作比喻,可以使要说明的事物具体、形象,有助于人们了解被说明事物的特征。

　　5. 举例说明法:也叫举例子。就是用举事实的方法,把比较复杂的

第五章 学写简单的说明文

事物或抽象的事理说得具体明晰、通俗易懂。

6. **分类说明法**：也叫分类别。要说明事物的特征,往往从单方面不易说清楚,可以根据形状、性质、成因、功用等属性的异同,把事物分成若干类,然后依照类别逐一加以说明。运用分类说明法,要按照一定的标准,对事物和事理的不同方面分别加以说明。

7. **引用说明法**：也叫引资料。引用一些文献资料、诗词、俗语、名人名言,可使说明更具说服力。

我们在进行说明文写作时,如果有意识地学会使用其中两三种说明方法来说明我们所要写的事物时,肯定会使文章增色不少。下面请看一篇比较好的习作。

食 盐

倘若你到海边旅行,一定会被湛蓝湛蓝的大海所吸引。你会知道,海水又苦又咸,含有大量的盐分。大海是储藏食盐的宝库。

由于地壳的变化,食盐也大量地蕴藏在内湖、岩井和矿石中。因此,它的种类很多,有海盐、池盐、井盐和岩盐等几种。

食盐,学名叫"氯化钠"。氯化钠是一种什么样的东西呢?

我们拿它和明矾、冰糖比较一下就会明白了。

如果我们用小锤子砸盐粒,不管砸成多么小的颗粒,它仍旧是白色的立方体。而明矾却不一样,在没有受到潮解时,它虽是晶体,却不是白色的,而是半透明的;不是立方体,而是成八面体。由于它吸水性强,即使不用小锤子敲击,在空气中也会自然潮解,变成粉末状。

食盐和冰糖都是固体,这是它们的相同之处。但是它们也有不同的地方,我们只要用舌头尝一下就能分辨了:冰糖是甜的,而食盐是苦咸的。

食盐就其一般性状来说，它味咸，是一种白色的立方体型晶体。食盐尽管不像冰糖那样受人欢迎，但是，它的用途却是十分广泛的。

正常情况下，人们每天早上的咸菜，中午的菜和汤，晚上的饺子、面条，都要加进适量的食盐，使食物的味道更加鲜美，食盐起了调味作用。但是，更重要的是人体每天必须补充一定的盐分。书上记载：一个人每天必须吃10至20克的盐，才能保证体内有适量的钠离子。人体里如果缺少了钠离子，就会引起浮肿、虚弱等病，并会使某些组织器官的功能紊乱，神经肌肉的活动受到影响，严重的甚至会死亡。病人去医院的时候，医生往往给挂上一瓶生理盐水，这瓶盐水就含有0.9%的氯化钠。看过电影《闪闪的红星》，就不会忘记潘冬子为什么冒险送盐上山，因为恶霸胡汉三企图用卡盐的毒计困死红军。可见，食盐也是人体不可缺少的一种重要物质。当然，据医学研究，人食用过量的食盐，也是不好的。

食盐还是化学工业的基本原料，把食盐溶液电解就能得到烧碱、氯气和氢气。把烧碱放入动植物油中，在锅里煮一下，可制出肥皂、甘油。植物纤维溶于烧碱，又可以生产人造丝。氯气、氢气又是制造盐酸的原料。而盐酸又是制造合成橡胶、染料、皮革、药物、化肥等的重要原料。

电解食盐可以得到钠，利用钠制成钠电池，它的电动力比一般电池要强好几倍。在喷气式飞机和舰艇材料的制造上都要用到。

随着宇宙航行时代的到来，食盐又帮了高空缺氧的问题的大忙。电解食盐得到金属钠。钠的过氧化合物能吸收人们呼出的二氧化碳，放出人们需要的氧气，这样，宇航员不带贮氧筒便可在高空自由作业。

食盐在工业生产中的用途是很广的，在农业生产上也是不可缺少的。

农民曾总结了这样一条经验："好种出好苗，好苗出丰收。"为了选

第五章　学写简单的说明文

好良种,目前我国农村普遍使用食盐水浸选种子。另外在生猪的曲饲料的制作过程中,食盐也是一种重要原料。

当然,食盐的作用还不仅仅是这些。在今后的生产实践和科学研究中,它将会发挥出愈来愈大的作用。

这篇短文说明了食盐的种类、形状和用途,条理清晰,语言通俗。

文章运用作比较和举例子的方法说明事物。拿食盐同明矾比较,说明食盐的形状;同冰糖比较,说明食盐的性质。在说明食盐是人体不可缺少的重要物质时,举出电影《闪闪的红星》中潘冬子冒险送盐上山的例子来说明。

说明食盐的用途时,小作者也很注意行文的条理性:从人们的日常生活、工业生产、农业生产三方面来说明,各部分之间又恰当地用过渡句衔接,结尾说明对食盐作用的认识并未穷尽。这样,不仅思路清楚,而且认识全面。

第四节　注意说明文语言的准确

说明文语言的准确,就是如实地反映客观事物的本来面貌,其作用是为了更好地说明事物的特征。这是说明文科学性的要求。

要做到准确,不仅要求对事物进行周密的观察和深入的分析,而且要求运用准确的语言介绍事物的特征。遣词造句要实事求是,恰如其分,不模棱两可、不渲染、不夸张。另外,适当地运用数字说明也可增强语言的准确性。当然,一篇好的说明文在语言表述方面除了要准确恰当外,还要求尽量简洁、明白,但对初学写说明文的初中学生来说,首要的还是应注意语言的准确。

那么,我们应该怎样有步骤地进行这项训练呢?

首先,要不断地积累和丰富写作的词汇。

词汇是语言的材料,没有词汇便没有语言,好像没有砖瓦木料便没有办法盖房一样。汉语的词汇是以特别丰富著称于世的,如同样一个"看"的意思,就可以用以下的词来表示:瞧、瞅、睐、望、瞟、瞪、盯、瞄、瞥、看见、瞧见、注视、凝视、怒视、斜视、鄙视、俯视、观看、瞭望、仰望等。这些词各有各的独特意义和修辞色彩。如果掌握了这些丰富的词汇,我们就可以选用最确切的词儿来表达我们所要写的内容了。所以,掌握词汇愈丰富,理解词义愈透彻,写起文章来也一定就愈能得心应手。

有了丰富的词汇,使用时还要注意认真推敲、精心锤炼。一要注意词语的搭配,如:"优秀""优良""优异"虽然是一组同义词,但是适用范围不同。"优秀"适用范围比较广,可以指人,也可以指物,如"优秀的学生""优秀的成绩"。"优良"只适用于事物,不适用于人,如:"优良品种""优良成绩"。"优异"搭配范围更窄,常与"成绩"搭配。"消亡、消失"和"消除、消灭"虽然是一组同义词,但"消亡"和"消失"后不能带宾语,而"消除"和"消灭"的后面则可带宾语。二要注意书面词与口语词的感情色彩。如:"母亲"和"妈妈";"马铃薯"和"土豆";"一氧化碳"和"煤气"等。三要注意词义的差别,如:"批评"和"批判"相比,"批判"就重得多。"事业""勾当""事情"虽然同义,但使用对象不同,"事业"用在褒义,"勾当"用于贬义,"事情"是中性词。

如果在说明中适当地加入一些风趣的内容,可使语言更加活泼有趣,增强可读性。叶圣陶先生说过:"说明文不一定就是板起面孔说话,说明文未尝不可以带一点风趣。"说明文是向人们介绍事物、解释事理的,语言较易流于单调。那么,怎样才能使它有点儿风趣呢?常见的有以下一些方法:

1. 插入趣事。即在说明的过程中,插入神话、传说和故事等,以增强说明语言的生动性。如《死海不死》一文,在说明死海海水的浮力很大时,穿插上古罗马元帅处决俘虏,两次将奴隶投入海中却不沉的传说;在说明死海的成因时,又插入了鲁特的妻子变成石人的神话。通过这些插入文字,既帮助读者加深了对死海的了解,又使文章变得形象神奇、活泼多姿。

2. 引用诗文。即在说明的过程中,有机地引用诗文、谜语、歇后语、成语、俗语或歌词等,以增强说明语言的趣味性。如《中国石拱桥》中说明赵州桥和卢沟桥的特征时,就引用了许多赞语。既有我国诗人对桥赞美的诗句,又有外国名家对桥评价的名言。通过多方引用,便从不同方面、不同角度对我国石拱桥给予了形象生动的说明。

写说明文,在讲究语言准确平实的前提之下,如果能够恰当地用好这几种方法,必然会使得文章生动有趣,同学们不妨一试。

☆自学能力强化训练

一、自拟题作文

选择自己熟悉的一种日常生活用品(如文具盒、小闹钟、台灯、压力水瓶等)或某一种动植物(如老母鸡、小猫、小狗、松柏树等),自拟题目,用描写与说明相结合的方法写一篇说明文。

二、限定范围的自拟题作文

内容:介绍一种有效的学习方法

要求:题目自拟。写成一篇短小的说明文,不超过150字。

提示:这是一道灵活性较强的"范围型"作文题。题眼是"有效",即要求所介绍的学习方法必须具有科学性、实用性、操作性等特点。

三、命题作文

题目：手

要求：写一篇不少于 500 字的说明文。

四、构思训练

题目：说说"比喻"

要求：写一篇不超过 300 字的说明文。

提示：根据说明文的基本知识，我们应当从以下几个方面来构思：第一，把握说明对象及说明的重点；第二，理清说明的顺序；第三，运用恰当的说明方法；第四，抓住事物的特征。

训练内容：先请谈一谈各方面构思的具体内容是什么，然后作文。

五、修改训练

下面的说明文中心和材料处理得不好。请指出问题所在，并提出修改意见。

青　蛙

童话故事里曾说，青蛙和癞蛤蟆是堂兄弟，可不知为什么，人们只爱青蛙，喜欢吃青蛙的肉，而不爱癞蛤蟆，更不喜欢吃它的肉。

青蛙，又叫田鸡，小时候名叫蝌蚪。蝌蚪的形状像小鱼，用尾游动，用腮呼吸，约经过一个半月，它逐渐长大，并生出后肢、前肢和肺，同时尾逐渐缩短，腮逐渐萎缩，最后尾消失了，蝌蚪就长成了青蛙，从水里移到岸上来生活。

青蛙前肢短，后肢长而且粗壮，特别善于跳跃；舌头长得更奇特，只要一发现虫子，就一跃而起，伸出长舌头迅速将小虫卷进嘴里，牢牢地粘住吃掉。据统计，一只青蛙一年可以消灭一万只害虫，是有名的捕虫能手,是农作物的好朋友。我们应该保护青蛙。

六、仿写训练

学习初中语文课本任何一篇说明文的写作方法,写一篇说明建筑物的说明文,参考题目如下:

1. 我校的教学楼
2. 我校的图书馆
3. 我们的教室
4. ××立交桥

第六章　学写简单的议论文

议论文是分析事理，阐明作者观点、主张的文章，是我们日常生活中广泛应用的一种文体。

议论文不同于记叙文。由于记叙文重在以情感人，即以作者强烈的爱憎，通过对人物形象和具体事件的生动描述来感染和激发读者的心弦，所以在构思的时候是以形象思维为主的；而议论文则重在以理服人，即以无可辩驳的道理和事实来说服读者，使之同意作者的观点，所以在构思的时候是以逻辑思维为主的。另外，记叙文的任务是写人写事，主要通过叙述的表达方式反映作者对人和事的态度，所以记叙文的六要素是事情的时间、地点、人物、起因、经过和结果；而议论文则在于讲清道理，主要是通过议论的表达方式反映作者的看法，所以议论文的三要素是论点、论据、论证。

第六章 学写简单的议论文

议论文也不同于说明文。说明文重在说明,一般不表示意见,不提出主张,或重点不在表示意见和提出主张,要求具有很强的科学性;而议论文则重在表示作者的意见,提出作者的主张,甚至发出号召,要求具有较强的针对性。

为写好文章,同学们在进行写作练习时,一定要注意这三种实用文体的差别。

初中学生的抽象逻辑思维还不够成熟,带有很大的盲目性、片面性,写议论文往往表现为以偏概全,绝对化,一般说理较肤浅,简单论说便得出结论。因此,初中生写议论文,开始时,可以写一些从记叙文到议论文的过渡性题目。如《假如我是校长》《假如我是语文老师》《划船的启示》《登山的思索》等,从一种活动或某一件事情中悟出一个道理来,以发展起抽象概括的思维能力。也可以结合课外阅读内容,经常写些读后感及文艺作品的评论等文章,既可促进课外阅读,又可丰富作文的题材。这类题目涉及的面很广,如《我喜爱的一本书》《介绍一本书》《生活的强者》《梨花的品格》等。

第一节 "三要素"要齐备

议论文的"三要素"要齐备指的是:写一篇议论文,一定要随时注意论点正确、论据充分、论证严密。论点正确,指的是概念明确、是非清楚、观点进步、符合实际;论据充分,指的是客观全面;论证严密,指的是论证方法符合帮助论据证明论点的原则,推理的过程符合事物发展和人们认识事物的规律。

议论文的论点是作者对所论述问题的见解和主张,是议论文的灵魂。一篇议论文一般只有一个中心论点,有的议论文还围绕中心论点提出几个分论点,分论点是用来补充和证明中心论点的。不过,初中生写议论文,主要还是写一事一议的议论文,一篇文章只有一个中心论点。

议论文的论据是作者阐述或论证论点的根据。要让别人赞同自己的论点,作者就得拿事实和道理作为根据来证明它的正确性。论据大体上有两类:一类是事实论据(含史实、典型事例、统计数字等),一类是道理论据(包括马列主义理论、名人名言、公认事理、格言俗语、定律公式、自然科学原理等)。议论文中证明论点的事实论据必定是最能反映事物本质的典型事例,证明论点的道理论据都是能正确地反映客观现实的真理。充分地理解这些无可辩驳的事实所包含的意义和这些理论所阐明的道理,能帮助我们充分理解论点。写作议论文时,选好论据,是准确地把握论点的不可忽视的基础,也是论点是否准确的最好验证。

以吴晗的《谈骨气》为例。文中引用了孟子的三句话,并举出了三个事例。这三个事例是互相关联的,孟子说的三句话在这三个人身上都有所体现,但又各有侧重。第一个事例写文天祥的爱国之心,主要是从"富贵不能淫"的角度证明了论点;第二个事例用"不食嗟来之食"的典故,主要是从"贫贱不能移"的角度证明了论点;第三个事例写闻一多"拍案而起,横眉怒对国民党的手枪,宁可倒下去,不愿屈服",则主要从"威武不能屈"的角度证明了论点。

由此可见,作者从不同的角度选用的三个事实论据包含了中华民族从古到今不同的历史发展阶段,三个人物形象代表了从士大夫阶层到平民百姓,从古代官吏到现代知识分子不同类型的典型。他们都是在"生与死"的考验面前做到了"富贵不能淫,贫贱不能移,威武不能屈",表现了"宁为玉碎,不为瓦全"的英雄气概,充分证明了"我们中国人是有骨气的"这一论点。

毛泽东的《纪念白求恩》的事实论据包括两类。一类是正面事实,即

第六章 学写简单的议论文

白求恩的精神品质、作风态度等,这些无可辩驳的事实充分而有力地证明了白求恩是一个毫无自私自利之心的人,是一个伟大的共产主义战士。因而作者提出的"赞扬并号召学习白求恩的共产主义精神"这个中心论点就有了充分的根据和坚实的基础。另一类是反面事实,即党内一些人党性不纯的种种表现,这些反面事实的选用,不但突出了白求恩同志的共产主义精神,而且从反面强调了赞扬和号召全党学习白求恩同志的共产主义精神的必要性和现实性。

文中的道理论据主要是引用列宁主义观点,阐明了国际主义的内容,说明了实践国际主义对实现无产阶级革命目标的重要性,证明白求恩是实践了列宁主义路线的国际主义者,而国际主义精神又正是共产主义精神的一个具体表现,所以这个道理论据同样是证明了"赞扬并号召全党学习白求恩同志的共产主义精神"这个中心论点。

论据和论点的关系是证明和被证明的关系。

论证是运用论据证明论点的过程,是论点和论据之间的逻辑联系的纽带,直接影响着议论文的说服力。在运用论据来证明论点的论证过程中,要使用恰当的论证方法。我们学习过的论证方法主要有:举例论证、道理论证、对比论证和比喻论证这四种。同学们在写议论文的时候,如果能够有意识地运用一两种论证方法,可给文章增色不少。

举例论证法是根据需要列举一定的事实来论证观点正确的方法。事实胜于雄辩,举出确凿而典型的事实,观点就得到有力的证明。《谈骨气》一文列举了文天祥拒绝高官厚禄的劝诱,一位穷人宁可饿死不食嗟来之食,闻一多横眉怒对国民党的手枪这三个典型事例。由于举例范围广泛,很具有代表性,所以说服力强,有力地论证了论点。

道理论证法是根据公认正确的科学原理,根据马列主义经典作家的科学的论断和名人名言来论证观点的方法。这种方法体现着理论的力量和文章的思想深度,可使论述带有权威性,很有说服力。例如《纪念白求恩》一文中,引用了列宁论述国际主义的一段话,"列宁主义认为:资本主义国家的无产阶级要拥护殖民地半殖民地人民的解放斗争,殖民地半殖民地的无产阶级要拥护资本主义国家的无产阶级的解放斗争,世界革命才能胜利。"这里用道理论证,以列宁主义有关国际主义的基本观点为依据,阐述了世界各国无产阶级相互支持的重要意义,赞扬了白求恩的国际主义精神。

对比论证法是把一个事物的正反意见和优劣情况进行对照分析来论证观点的方法。使用这种方法可以让正确与错误对比分明,是非曲直更为明确,给读者以更鲜明、深刻的印象。例如《纪念白求恩》一文中,用白求恩对工作极端的负责任与某些人对同志对人民的漠不关心、麻木不仁对比;用白求恩对技术精益求精与某些人鄙薄技术工作对比。通过这些对比来论证中心论点,褒贬分明,增强了文章的感召力。

比喻论证法是用形象的比喻来证明观点正确的论证方法。这种比喻论证,由于用人们熟知的事物作比喻,所以可把深奥的道理讲得通俗形象,容易被人接受。

下面请看1997年4月2日《中国妇女报》登载的王灵书先生为"天天观点"栏目所写的一篇议论文,它可说是完全符合我们提出的几项要求:论点正确,论据充分,论证严密。

中国人怎么啦?

以下这些信息不知诸君看了有何感觉?

日本人发明了一次性筷子机,但却明令不能砍本国的树木,只准进口中国等国家的木材。虽然它们的森林覆盖面积占国土总面积的65%,而中国的森林覆盖面积只占国土总面积的13%。

第六章　学写简单的议论文

　　法国人说,"人头马""路易十二""VSOP"这些酒太贵了,我们喝不起,让中国人去喝吧。于是这些从每瓶300到800到8000元左右的洋酒,果然在中国市场上销得不错。

　　中国的商店里、大街上的烟摊上,随处可见每盒8—14元左右的美国烟,如"希尔顿""万宝路"什么的,而且中国人甚至中学生大都吸这种烟。但美国最近又规定禁止零售商出售给27岁以下的青少年,违者处10000美元以上的罚款。27岁以下的青少年如购买香烟,也将被罚款250美元。

　　美国人还说,在经济上,我们是"第一世界",中国是"第三世界",但在吃喝上,我们是"第三世界",中国是"第一世界"。

　　看了以上信息,怎能不令稍有爱国心的中国人忧虑!我们不禁要问:中国人怎么了?外国人己所不欲的东西,我们却都乐于接受?诚然,这同我们过去闭关锁国太久,养成了只要是洋的就是好东西的心理有关,于是才出现了人家弃如敝屣我们视为珍宝的现象。然而时至今日,改革开放也已近20年了,难道我们还不应从中吸取点教训吗?

　　该文的论点出现在文末,即用三个事实作论据进行正反对比论证之后得出的结论——外国人己所不欲的东西,我们中国人却都乐于接受。我们应从中吸取教训。

　　关于"外国人",作者列举了日本、法国、美国三个国家的人为代表,他们分布在亚洲、欧洲、美洲,占全球人口的一半以上。都是经济发达、人民生活水平位居世界前列的国家,有很大的普遍性和典型性。可他们都非常精明,对吃亏的事,都抱"己所不欲"的态度,这原本是人情合理、无可非议,符合人们的心理特征的。但日本国的森林覆盖面积比中国多五倍却明令不许砍伐,直接向中国等国家进口木材以满足其生产一次性筷子的需要,而森林覆盖面积少的中国却欣欣然乐于接受,这一对比,就不由引起人们的深思:中国人怎么了?其中有什么教训可吸取?从而有力地论证了问题。可谓论点鲜明。

　　法国人自己不喝高价酒,却倾销到中国来,大赚中国人钞票;美国是世界公认的经济大国,但在吃喝上却十分谦虚,甘愿退居"第三世界",而把"第一世界"桂冠免费赠送给经济尚处于"第三世界"的中国。对此,中国人也都乐于接受。对比之下,论据的"火力"无不集中对准了论点,有力地证明了中国人太不精明,岂止不精明,简直有点挥金如土的败家子味道。可谓论据有力。

　　在运用上述三国事实作论据证明论点时,作者巧妙地连用了正反对比的论证方法,在论据与论点之间架起畅通无阻的桥梁:写日本人,用"不能砍"同"只准进口"对比;写法国人,用"喝不起"和"让中国人去喝"对比,证明其"己所不欲"。写日本人,用"森林覆盖面积只占国土总面积的13%的中国"和"占65%的日本"对比;写法国人,用"喝不起"和"让中国人去喝"对比,证明中国人"却乐于接受"。"己所不欲"又同"乐于接受"构成对比,完成了最后的论证。对比方式和角度尽管不同,却无不紧扣论点加以逻辑严密的证明。对比项环环相扣,对比度层层深入,符合人们认识事物的规律,易为读者理解和接受。可谓论证有方。

　　下面再请看一篇初中生的习作。

喝　　彩

　　坚强的人值得喝彩。

　　什么是坚强的人?能在困境中站起来的人,能扼住命运咽喉的人,是坚强的人。这些人也往往受到人们的尊敬。人们为他们喝彩,绝不单单是为这些人本身,更重要的是为他们坚强的品质。

　　在历史上因坚强而受到喝彩的人数不胜数。爱迪生就是其中的一

第六章　学写简单的议论文

位。爱迪生年轻时生活很困难。因此他干过很多零工,如报童、送报员、服务生等。有时他忍着饥饿和寒冷去发明东西。更糟的是他常常为发明一件东西而经历几十或几百次失败。然而他却没有倒下。用他的话说,"即使再贫困,我也要去发明。""失败了怕什么,至少我知道以前的方法行不通。"爱迪生是坚强的人,因此他受到世人的喝彩。而且这种喝彩已经持续了一个世纪,并且会再继续下去。

合上史册,看看现在的风云人物。霍金先生就是坚强的人。他面对罕见的疾病没有倒下,而是扼住了命运的咽喉,坚强地进行科学研究。他曾对记者这样说:"即使我只有一个手指可以动,我也会坚强地活下去并继续我的研究。"霍金先生以他的坚强赢得了世人的喝彩。他的书畅销全世界,他的事迹被每个人传颂。

爱迪生、霍金能赢得世人的喝彩,在于他们坚强的性格。在我们的生活中,也同样有像他们一样坚强的人。前些日子,"非典"肆虐。但就在这非同寻常的日子里,我们当中呈现出许多坚强的人。王晶阿姨就是其中的一位。王晶阿姨在"非典"前线,不畏那致命的疾病,勇敢地救助他人。虽然她最后不幸被染"非典",但是她却坚强地与病魔斗争,赢得了世人的喝彩。人们为她折纸鹤,为她的事迹泪流满面。虽然她现在与世长辞了,但是她坚强的品质却永远留在人们的心里,受到人们的喝彩。

从这些人的身上,我们得出了一个结论:坚强的人值得喝彩。同时我们心里也会有这样的想法:我也要做一个坚强的人,赢得人们的喝彩!

这篇文章论点鲜明,开头就明确点题:"坚强的人值得喝彩。"接着在"什么是坚强的人"一句的引领下,运用例证法进行了充分有力的论证,不仅有外国人(爱迪生、霍金)的事例,而且有中国人(王晶)的事例,这三个人又是生活在不同时代的,就更加具有代表性。

本文结构层次清晰,有理有据,论据和论点结合紧密,文章结尾的总结内容既突出了中心论点,又写出了自己的感受,确实是一篇不错的议论文。

初中生初学写议论文,一般是从夹叙夹议的读后感写起的。写读后感要注意以下几点。

1. 读懂原文是根本。读后感一般包括"读"与"感"两大部分,其中"读"是"感"的基础,"感"是"读"的生发。原文没读懂,那"感"就会成为无源之水、无本之木。只有深入细致地精读原作,理解原作,获得真切的体会,有"感"而发,才能写好感想。读懂原文的主要标准是:准确地把握原文的基本内容;正确理解原文的中心意思(或主要观点)和关键字、词、句的深层含义;深入体会作者的写作意图和隐含在字里行间的思想感情。

2. 把"感"写深刻是关键。读后感中的读与感是一个整体,"读"是发端(有的甚至只是一个话题),"感"才是主体。要把读后感写成功,关键是"感"写得深刻,有的放矢。写"感"时要注意下面两个问题:

(1) 选择感受最深的一点来写,切忌面面俱到。读一篇文章或一本书,感想可能有很多,若是都写出来,在短短的一篇作文中是不可能的,也没必要。要通过认真思考,经过分析、归纳,筛选出感受最深的一点来写。感受深,才有话好说;感受深,才能动情,写出真情实感;有了真情实感,才能打动别人,说服别人,文章才能写得深刻而精彩。这一思考过程、筛选过程也是提炼观点的过程。有了明确的观点,还需用道理或事实去论证它。最深的感受,可以来自原文的主要观点(或中心意思),可以来自文中某一人物的具体言行,可以来自文中某一事例,也可以来自文中的某一警句。

(2) 要紧扣原文提炼观点,展开议论,切忌空发议论。但是,引述要

第六章 学写简单的议论文

简明扼要,不要用很多的笔墨来重复读物的内容。所选择感受最深的一点,在写作时必须与深入的议论相一致,或联系自己的实际,或联系班内、校内、社会上的实际,把二者对上号,切忌脱节。

请看一篇写得比较好的读后感习作。

读《爱迪生》有感

今天晚上,我在写字台前一口气读完了《爱迪生》这本书,心中久久不能平静,在我的眼前清晰地浮现出了他的形象:爱迪生为研制灯丝,不知疲倦地试验了1600多种材料。他夜以继日地工作,饿了吃一点饼干,困了就在椅子上躺一会儿。一个本来身强力壮的人,因劳累过度,两眼布满血丝,显得疲惫不堪。

爱迪生正是依靠这种坚持不懈、百折不挠的精神,终于找到了合适的灯丝,成功地发明了电灯,把光明带给了人们。每当夜幕降临,大地一片漆黑,而你却在明亮的灯光下学习、娱乐时,可曾想到过:这现在看起来极为普通的电灯,可是当初发明家爱迪生用了多少辛勤的汗水才换来的呀。

爱迪生除了发明电灯之外,比较著名的还有:电影、普通电池、蓄电池、打字机、水泥,等等。他从16岁的第一项发明——自动定时发报机算起,平均十几天就有一项新发明,难怪人们称他为"世界发明大王"。

爱迪生发明了这么多东西,只是因为他有着非常聪明的头脑吗?不,正像他自己所说的:"天才不过是百分之一的灵感加上百分之九十九的汗水!"他研制蓄电池花了9年时间,试验了9千多种材料,失败了不下5万次,最后连他的助手都不能坚持了,他却仍然毫不动摇,坚韧不拔,终于获得成功。可以说,他的每一项发明都是通过艰苦劳动换来的,都是他的心血和汗水的结晶。

就像爱迪生自己所说的那样,"在天才和勤奋之间,我选择勤奋。"正因为爱迪生选择了"勤奋",所以他才能取得巨大成功。我们每一个人都渴望在人生的道路上取得成功,但是究竟怎样做才能成功呢?《爱迪生》这本书的故事不就是一个很好的回答吗?

这篇习作的前三段以爱迪生的众多发明和发明过程的叙述作为论据。第四段作为本文的过渡段,又用充足的事实论证了本文的中心论点——他的每一项发明都是通过艰苦劳动换来的,都是他的心血和汗水的结晶。结尾段又通过一个反问句再次强调了本文的中心论点。所以说,本文是符合"'三要素'要齐备"的要求的。

第二节 结构要完整

议论文的结构一般可分为引论(提出问题)、本论(分析问题)和结论(解决问题)三步。分析问题要针对并紧扣提出的问题;解决问题则要体现是分析问题的必然结果,而且要同提出的问题遥相呼应;提出的问题要贯穿在分析问题和解决问题之中,成为文章中的"线索"。初中语文课本中许多议论文,都是这样布局谋篇的。

读后感也是议论文的一种,而且是初中生最常接触到的一种作文形式,它就是要求我们读了一本书、一篇文章、一个名句、一首诗或一组材料以后,写出自己的想法和体会。它也是给材料作文的常见形式。它有两个环节,既要"读",又要"感",既可以反映阅读理解能力,又能够反映认识水平。

读后感形式较灵活。初中常用的结构为:一读、二感、三总结。

一读:简述原作主要内容,提炼中心论点。

二感:紧扣原作展开联想,联系实际,用自己的或社会生活的一些

第六章 学写简单的议论文

事例来论证中心。

三总结：紧扣原作，照应全文，总结所感。

读后感还有其他的结构形式，如扣住原文片言只语写一得之见；扣住原文某个细节谈自己感受等，不拘一格。

下面看一篇写得比较好的习作。

题目：阅读所给材料，写一篇读后感。

要求：

1. 写一篇议论文，议论话题从《湖群，在消失》一文引出。
2. 恰当联系实际，发表自己的看法。
3. 有中心论点，观点正确，有一定根据，作一些分析。
4. 条理清楚，语言通顺，恰当运用表达方式。
5. 全文不少于550字。

材料：

湖群，在消失

长江中下游有我国最大的淡水湖群。这些美丽的湖泊，容纳百川，调节洪峰，与长江形成了一个和谐的整体。但是，水土流失和围湖造田使这些湖泊寿命剧减。

19世纪初，洞庭湖面积广达6000多平方公里。1949年，面积缩减为4350平方公里的洞庭湖，仍是我国第一大淡水湖。40年来，每年淤积在湖内的泥沙有1.5亿吨，湖底普遍淤高1—3米，最高达7—9.2米，加上大肆围湖造田，使洞庭湖的面积和湖容都缩减了一半以上，1984年洞庭湖的总面积只有2145平方公里。八百里的洞庭徒有虚名，于是把第一大淡水湖的桂冠让给了鄱阳湖。可惜，荣居全国第一的鄱阳湖也同样是厄运难逃，只不过相对洞庭湖，它的萎缩速度稍慢那么一点而已。40年中,鄱阳湖由于造田和淤积,湖面缩小了1/5以上。湖北素称"千湖之省"。1949年时,面积超过0.5平方公里的湖泊确实多达1066个。经过40年的水土流失和围垦,只剩下了300来个,湖泊面积仅为先前的1/3,湖面锐减达6000平方公里。还有江苏,几十年来因围垦损失湖面已达1600平方公里。

这样,长江中下游的湖泊面积在50年代还有22000多平方公里,到80年代只剩下12000平方公里,减少了45.5%。曾经星罗棋布散珠碎玉般的湖泊,纷纷失去了它们那迷人的光泽。据调查统计,仅洞庭湖、鄱阳湖、江汉湖群和云南高原的湖泊,50年代以来由于围垦和淤塞而丧失的淡水储量就达350亿立方米以上,超过了两座在建的三峡水库的防洪库容。还值得一提的是,长江中下游的许多湖泊已不再和长江相通连。

湖泊大量消失,严重影响长江的行洪、蓄洪能力。每到汛期,滚滚洪水全靠大堤挟持,洪水水位高出两岸数米到十数米。40年来,为3600公里长江干堤和30000公里支堤,投入了不知多少劳力和资金,完成土石方40多亿立方米。长江的堤防工程远远超过了黄河堤防,而长江的洪水比黄河的洪水更为可怕,长江沿岸直接受洪水威胁的人口也比黄河沿岸多得多。

越穷越垦,越垦越穷;越险越加,越加越险。人把生态义务扔进长江,长江把人的生存权利冲进大海。

这个题目包括原文、题目、要求三部分。原文《湖群,在消失》是一篇环保文章,也是目前人们日常生活的热门话题。"题目"表明了写作方向是"读后感"。"要求"规定了文体(写一篇议论文)、内容(议论话题从《湖群,在消失》一文引出,联系实际,发表自己的看法)、写法(有中心论点,有一定根据,作一些分析,适当运用表达方式等)和字数(550以上)。总

第六章　学写简单的议论文

之,是要以读后感的形式写一篇简短的议论文。

写这篇文章要注意的是:不要写成以记叙描写为主的记叙文,也不要脱离开所给的文章进行空洞的议论,更不要大段大段地抄引原文;而应在不离原文话题的基础上,适当引用原文的资料,恰当联系身边的实际情况,重点作一些分析,明确发表自己的看法。

下面请看一篇观点明确、中心突出、语言通畅、条理清楚,并能恰当联系实际,发表自己的看法的一篇比较好的读后感。

《湖群,在消失》读后感

读着《湖群,在消失》一文中那一个个触目惊心的数字,联想到近些年来自己的所见所闻,我深切地感到:人类的发展决不能以破坏生态环境为代价。否则,到最后受害的将是人类自己。

近年来,几乎年年都出现的长江洪水牵动着全国亿万人民的心。我从电视上看到万人上阵堵"管涌"的壮烈场面,从广播里听到国家调拨多少款项和多少粮食支援灾区;可同时我又得知,这几次洪水的流量并非极大,但水位却连创新高。这是什么原因呢?

我认为主要有两大原因:一是长江上游一带毁林严重。一些目光短浅的不法分子置人民利益于不顾,把黑手伸向了茂密的森林,致使水土严重流失。由于大量泥沙涌入长江,使长江河床升高,不很多的雨水即可形成大洪峰。二是长江下游的天然湖群大量消失。人们盲目围湖造田,以为耕地面积的增加会使他们发财。哪知湖水的蓄洪能力也因此急剧下降,一次又一次的大洪水使他们的家乡遭受到了严重的破坏。

历史上长江的脾气并非像现在这样暴躁,人们因此在长江沿岸建立了许多经济发达区。在经济发展的同时,人们却忽略了对长江生态环境的保护。我们确实应该吸取一下黄河的教训了。古时的黄河与今天的情形可是大不一样,它以自己甘甜的乳汁哺育着一代又一代的中华儿女。但到了后来,中华民族的这位母亲河却变成了"悍妇",严重威胁着两岸人民的生命安全。究其根源,主要也是源头水土流失和下游水面减少这两个原因。如果我们现在还不采取行动,任长江的这种状况发展下去的话,那么不远的将来,长江将也像黄河一样的喜怒无常,成为悬在中国人头顶上的"定时炸弹"!

那么如何缓解这种紧张状况呢?我觉得,人民政府在洪水之后经过深思熟虑而采取的一系列措施都是很好的。在下游还湖泊以本来面目,在上游大面积造林,都是很有效的;但它在短期内又难以现出功效。所以,我们应将目光放得长远些,坚持这种标本兼治的好办法,就一定会逐步解除长江和黄河的水患。

《湖群,在消失》一文说得好:"人把生态义务扔进长江,长江把人的生存权利冲进大海。"那些仍在盲目毁林填湖的人们,快些警醒吧!否则受害的将是你们自己!让我们携起手来,在发展经济的同时,保护好生态环境,为我们,也为我们的后代子孙,创造出一个永远美好的家园吧!

本文开头段的议论话题从《湖群,在消失》一文引出,符合题意。联系了抗洪实际,也符合题目要求。接着发表自己的看法,找出原因,作出了一定的分析。然后从历史的角度举例论述严重后果,作为分析的依据。再作进一步分析后,结尾段进行总结,紧扣原文内容;并能恰当运用抒情的表达方式,进一步明确中心论点。

这篇文章为什么能够写得这样好呢?我们发现,这位同学于写作前,先在草稿纸上用铅笔列好了本文的写作提纲。现抄录如下。

一、引论:由《湖群,在消失》一文引出中心论点。

二、本论:

第六章 学写简单的议论文

1. 联系抗洪实际,引发深入思考。
2. 找出洪水泛滥的两个主要原因。
3. 举例说明不注意环保的严重后果。
4. 小结。

三、结论:提出号召,进一步明确中心论点。

对照提纲看本文,我们就会发现:这篇文章确实在构思方面有它独到的长处。由于在写作前,小作者已有了一个整体的构思提纲;所以在写作中就能够一气呵成,并很容易地做到了内容切题具体,语言简明通顺,详略安排得当,中心明确突出。再则,由于有了写作提纲,就保证了文章的一次性完成,因此本文卷面干净,涂改处很少。由此可见,平时作文就养成写提纲的好习惯,是很有必要的。

第三节 语言要简明

议论文的语言,要注意准确、严密和强烈的感情色彩,一忌拖泥带水,二忌华而不实。例如:《纪念白求恩》的第2段中用了"极端的负责任""极端的热忱",这两个"极端",非常准确地概括了白求恩同志的伟大之处,同时也非常明确地表明了作者对白求恩同志的赞颂态度。后又用"从前线回来的人说到白求恩""没有一个不佩服,没有一个不为他的精神所感动"的双重否定句,就排除了对白求恩不佩服的人的存在,全面肯定了白求恩精神的震撼力量,使读者对作者的论断坚信不移,加强了说服力。

议论文的语言,不仅指的是议论文语言的准确、严密和词语所表达的强烈感情这个特色,更重要的还在于注意理解和分析句间、段间的关系和联系。句子是表达一个完整意思的语言运用的基本单位,因此写清楚句与句之间的关系是写清楚段落的基础。各段之间也有着密不可分的联系,它们又都是为阐述中心论点服务的,所以,在行文中一定要注意重点段落与其他段落之间的关系。只有注意了文中句与句、段与段之间的关系,才能写好议论文。

下面给大家介绍这篇初中生写的读后感的文章,就有它自己的语言特色。

弯弯的月亮(原文)

星子的老师是刚从师范学校毕业的,年轻漂亮,很招星子和同学们的喜欢。

一天,老师在课堂上向同学们提问:"同学们,你们想一想,弯弯的月亮像什么?"

学生们几乎是异口同声地回答:"像——小——船儿——"

年轻的老师听了同学们的回答后,高兴地说:"好,同学们的回答很正确。"

这时,坐在前排的星子举起了手,可是老师没有发现,星子就仍举着手,还喊了一句:"老师!"

老师听见后,说:"星子同学,有什么问题请讲。"

星子站起来,眨动着那双亮晶晶的大眼睛,说:"老师,我看弯弯的月亮像豆角。"

老师听完星子的话,一脸的不高兴,她对星子说:"你的回答是错误的。全班同学都说弯弯的月亮像小船儿,你为什么偏偏要说像豆角呢?难道就你特别有见解吗?"

班上的同学一阵哄笑,星子的眼窝里满是泪水。

回到家后,星子把这件事告诉了曾做过小学教师的奶奶,奶奶说:

第六章 学写简单的议论文

"星子,老师的批评是正确的,弯弯的月亮是像小船,我从前教过的一批又一批学生,他们也都是这样回答的。"

星子听完奶奶的话,眼窝里又一次含满了泪水。

这件事情以后,星子开始变得少言寡语,她很不喜欢这位年轻、漂亮的老师,在课堂上再也不敢向老师提出"特别"的问题……

很快,几年过去,星子考入一所师范学校;又很快地,星子从这所学校毕业,她回到故乡的小镇做了教师。

走上讲台的第一课,星子老师穿着朴素、整洁的衣服,笑眯眯地说:"同学们,在讲课之前,我首先提一个问题——你们想一想,弯弯的月亮像什么?"

静默一会儿后,学生们几乎是异口同声地回答:"像——小——船儿——"

星子老师没有说同学们的回答是否正确,她那双美丽的大眼睛,充满期待地注视着大家,接着,她又问:"同学们,有没有和这个答案不一样的?"

一个叫田菲的学生举起手,说:"老师,我的答案和他们不一样,我说弯弯的月亮像镰刀。"

星子老师听后很高兴,说:"田菲同学的回答正确,当然,其他同学的回答也正确。我只是想启发同学们在回答每一个问题时,应该大胆发挥你们的想象力,多想出几个答案。比如弯弯的月亮除了像小船儿、像镰刀之外,还像不像弓?像不像豆角?"

学生们报以一阵热烈的掌声。

星子老师的脸颊上,浮现出一种从心窝里涌出来的笑容。

……

几十年过后,已退休闲居在家的星子,接到女作家田菲寄来的她自

已创作、刚出版的第一部长篇小说《弯弯的月亮》。

星子急忙翻开书,见书的扉页上这样写道:

送给我最敬爱的启蒙老师:

感谢您给我插上了想象的翅膀……

您的学生:田菲

星子看后,脸上又浮现出当年那种很愉快的笑容……

《弯弯的月亮》读后感
——没有"异想"怎能"天开"

读罢文章,感慨良深。

两种截然不同的教学方法,自然是两种截然不同的结果。星子的老师只要求学生掌握唯一一种答案,把新颖的回答全盘否定,严重束缚了学生的想象力。有个成语叫做"异想天开",字典解释成"想法不切实际",星子的老师大概也把"新颖的回答"当成"异想"吧!

但我要呼喊:没有"异想",怎能"天开"?

举世闻名的莱特兄弟,很早就萌发了翱翔在天空的想法,在前人无数次失败的压力下,在被世人讥笑为"异想"的条件下,他们怀着美好的梦,不懈努力、不畏失败,终于将人类第一架飞机送上了蓝天!一双翅膀载着梦想飞上了蓝天!欢呼自豪的人群是否想过,如果没有莱特兄弟大胆的"异想",就不可能有制作飞机的实践,那么人类又怎么会上天呢?所以,是想象的翅膀开启了人类历史崭新的篇章,是"异想"让人类征服了天空!

这样的事例还有很多。

如果没有渴望光明的"异想",爱迪生的灯泡怎能发出光彩?如果没有渴望高速奔驰的"异想",瓦特的蒸汽机怎能发出激动人心的"汽鸣"?

伟大的发明家证明：只有大胆想象，才能实践、成功；只有"异想"，才能"天开"！

爱因斯坦意味深长地说过："知识是有限的，但想象力是无限的。"可见想象力无限的延展性。它对人才的培养，社会的进步起着多么大的作用。

我佩服星子。她敢于跳出条条框框，大胆创新教学。但愿老师们都能像星子一样，鼓励大胆的"异想"；但愿如我一样的学生也都能顺应素质教育的改革大潮，挣断束缚，插上想象的翅膀，飞向蓝天！

泰戈尔说："不可能"住在墨守成规者的心里。所以，请大胆"异想"吧！因为没有"异想"怎能"天开"呢？开天辟地的事业由"异想"而又刻苦实践者承担！

本文全篇都没有出现"弯弯的月亮"这几个字，可又谁能说它的话题不是从这里引出的呢？文章的高明也正在这里。自设副标题，很大胆，很有新意，突出了本文所要论述的中心论点。全文紧紧围绕着"没有'异想'怎能'天开'"这个中心论点，举出一个一个的事例后，又引用了爱因斯坦和泰戈尔的名言，无可辩驳地证明了"开天辟地的事业由'异想'而又刻苦实践者承担"的这个真理。事实论证和道理论证不仅充分，而且合理。段落过渡自然。语言老辣，几个反问句的使用也给文章增色不少。

下面再看一篇语言方面略有欠缺的文章。

《湖群，在消失》读后感

读了《湖群，在消失》，我深深地感到：人类要想治理长江水患，要想保护现有湖泊，要想保护我们赖以生存的地球，就只有维护我们周围环

自能写作

境的生态平衡。

长江中下游的淡水湖群的面积50年代时共有22000多平方公里,到了80年代时竟陡然下降至12000平方公里,减少了45.5%,这是什么原因呢?我想,是由于湖群周围的生态环境遭到了破坏而造成的。为什么湖群周围的生态环境遭到了破坏呢?是由于人类没有认识到环境保护的重要性,环保意识极低造成的。因此,要想保护湖群,要先从增强环保意识开始。

环保意识就是对环境保护的认识。如果每个人都有环保意识,那么,我们的地球将会更美好;反之,则会使我们的生存环境不断恶化,后果不可设想。所以,不可否认,湖群面积长期以来的不断下降,和周围居民浅显的环保意识是不无关系的。长期向湖中排放污水,围湖造田等诸多破坏生态环境的行为,造成湖群面积的急剧下降,从而影响了长江的行洪、蓄洪能力,严重地威胁到了人类自身的生存。由此可见,提高环保意识,保护环境已经迫在眉睫了。

因此,挽救湖群最好的办法是立即停止对湖群的污染,保护其周围的生态环境。虽然这是一个很长的过程,需要很长时间,但只要我们有这个决心并付诸实践,我们的生态环境在不久的将来会得到改善。

没有内患才不会有外忧,中国只有把自己建设得富强起来,才能屹立于世界的强国之林。让我们从现在做起,从小事做起,增强我们的环保意识,挽救湖群,挽救长江,为我们可爱的祖国多作贡献,使她尽快强大起来吧!

本文从《湖群,在消失》一文引出议论的话题,发表了自己的看法,并有一定的分析,最后提出了解决办法。可以看出,小作者是在尽力想完成好这篇作文,并能做到基本符合题意。

但是,本文存在三个主要问题:一是语言虽然基本通顺,但不够通

畅,有些地方表达还显生硬,这是平时缺少语言训练的结果。二是缺少联系实际的内容,这恐怕是作者平时阅读量太小,脑子里本就没有可用的事例,所以也无法完成"恰当联系实际"的要求。三是结尾的议论部分条理有些不清,应集中一个问题议论清楚。因为想面面俱到,反而造成了面面不到的结果。

⭐自学能力强化训练

一、命题作文

1.《小议作弊害人害己》

2.《学习需要"马拉松"精神》

3.《说说我的作文》

4.《话说友谊》

二、半命题作文

以《从_____说起》为题,在横线上填一个寓言故事,如:掩耳盗铃、刻舟求剑、瞎子摸象、愚公移山、守株待兔、叶公好龙、邯郸学步、狐假虎威、滥竽充数、画蛇添足、拔苗助长、水滴石穿、井底之蛙等,然后写一篇议论文。

三、自拟题作文

1. 试从班集体中,找一个先进的事例,或一个后进的事例,在分析事例产生的原因的基础上,选择一个角度,提出一个观点,为班级黑板报写一篇一事一议的文章。

2. 看电视节目,这是我们日常生活中一件普通的事;可是一些人对学生"看电视"却有着不同的看法。请你就这个问题,谈谈你的见解。

自能写作
ZI NENG XIE ZUO

第七章 会写一般的应用文

应用文是人们在生活、学习、工作和公务活动中经常使用的具有某种规格的一种文体。应用文有约定俗成的惯用格式。若格式不对,会给别人的理解带来困难,达不到行文目的。因此,写应用文最重要的是不能随心所欲,必须遵从各种应用文的惯用格式。应用文的结构要求完整严密,层次清楚,简单明了。应用文的语言重在实用,一般要求平实、得体、言简意赅。按照课程标准的要求,初中学生要掌握倡议书、申请书、贺信、感谢信、规则、计划、总结、公约、合同、诉状等应用文的写法。

第一节 倡议书 申请书

"书"类应用文,主要有倡议书、申请书这两种。这两种"书"就写作格式而言，都包括"标题""称呼""正文""结尾""署名和日期"这样五个部分。一般都不必写表示敬意和祝颂的礼节性结语。这是它们的共同之处。不同点可概括为两个方面：首先是应用对象不同。倡议书是写给有关大众的，申请书是写给组织的。其次是目的不同。倡议书是组织、团体或个人倡议让大家去共同完成某项任务、某项工作或某项公益事业的，带有一定的号召性质；而申请书是申请参加某组织、参加某工作、请求单位帮助解决个人实际问题等。

倡 议 书

由个人或单位首先公开提出某种建议，希望得到别人或别的单位积极响应，以便共同完成某种任务或开展某种公益活动的信件，这就是倡议书。

倡议书要合乎身份地写明在什么情况下、为了什么目的、发出什么倡议、希望别人怎么做、自己打算怎么做，等等。倡议的内容要有时代精神，要符合党的方针政策，是于国于民有利而又可以做到的好事。因此，所提条件应当具有先进性与可行性，虽然很好但一时做不到的，就不要提出来，以免成为一纸空文，流于形式。

倡议书有个人发起与集体发起的两种。下面举一个集体发起的例子，供大家学习和借鉴。

关于节约用水的倡议书

全校师生员工：

水是人类赖以生存的物质之一，各种动植物都离不开水。如果一旦断了水，人类就会灭亡，世上的各种动植物就会灭绝。

目前,我国缺水城市很多,就北京而言,水的资源还很缺乏,如果我们不注意节约用水,不久,北京将成为严重缺水的城市,甚至地面还有沙化的可能。那时,人民的生活、生命将会受到严重威胁。所以我们提出倡议,节约每一滴水,为保护首都生态环境的平衡作出贡献。为此,我们提出以下五点希望:

一、从思想上提高认识,认识水的重要性,并且认识到节水也是一种美德。

二、大张旗鼓地搞好宣传工作,各班出一期关于节约用水的板报,开一次节水的主题班会。

三、发现节水的人或事,大力表彰,形成人人以节水为己任的好风气。

四、发现漏水的水龙头要及时修理,杜绝"常流水"现象。

五、用水后要随时关紧水龙头。

为了首都的进一步发展繁荣,希望大家积极响应我们的倡议,赶快行动起来,节约每一滴水,为祖国建设贡献自己的一份力量。

初二(1)班全体学生
2006 年 9 月 1 日

申 请 书

申请书是个人或集体向组织表达愿望,向机关、团体、单位领导提出请求,并希望得到批准而写的书面文字,也叫做申请报告。

申请书一般包括五个部分。

1. 标题:在申请书第一行的正中要写上申请书的名称。如"入党申请书""入学申请书""开业申请书",等等。标题的字体可以稍大,也可以和正文一样。

2. 称呼：在标题下空一两行顶格处写出接受申请书的组织、机关、团体、单位的名称或有关负责同志的姓名，如"党支部""市工商局""××同志"等。称呼后面加冒号，表示下面有话要说。

3. 正文：这是申请书的主要部分，要写清所申请的事情和理由。如果申请的理由比较多，可以从几个方面、几个阶段谈认识，也可以分段写。每段开头都要空两格。

4. 结尾：可以写表示感谢、表示祝颂的话，也可以写"请领导批准"等语。也可以没有结尾。

5. 署名和日期：在结尾下一行（没有结尾则在正文下一行）的后半行，写上申请人姓名或申请单位（要盖章），在署名后面或下面，写上写申请书的年、月、日。

写申请书应注意以下几点：

1. 要写清楚向谁申请、申请什么和申请的理由，这样才便于组织研究处理。

2. 要求加入党、团组织的申请书，应根据党章、团章精神阐明自己的认识并表示决心，要写明加入组织的动机，同时汇报自己的思想、学习、工作等方面的情况，包括自己的优缺点，如第一次交给组织的申请书，则还要附上自己的经历。

3. 语言要准确，文字要朴实，交代要简洁明了。切忌浮夸冗长、故弄玄虚，没有实际用处的话说多了，反而会冲淡申请书的主要内容。

"申请书"写作示例如下。

开业申请书

市工商局：

我是待业青年，2002年高中毕业后一直在家闲居。我不甘心坐享其成，也不想过悠闲无聊的生活。我抓紧时间刻苦钻研无线电知识，拜老工人为师，学习无线电修理技术。现在，我已掌握了修理国产和进口电视机、收音机、录音机技术，并已取得了电器修理专业技术合格证书。为了减轻国家负担，给社会作点贡献，也为了改变依靠父母养活的状况，我申请开办个体户无线电修理门市部。请考核我的技术，批准我的要求，发给营业执照。

　　开业后，我保证遵守国家的政策、法令，维护市场秩序；按章交纳税金，如实反映修理情况；服务热情周到，让顾客满意；价格公平合理，不高于国有单位价格。

　　此致

敬礼！

申请人　于宜俭
2006年3月5日

第二节　贺信　感谢信

"信"类应用文，包括一般书信和介绍信、证明信、公开信、感谢信、表扬信、慰问信、贺信等。它们首尾的款式基本相同，都需有"称呼""正文""结尾""署名"这样几个部分。其区别主要表现在应用对象和内容上。一般书信的应用对象十分广泛，与长辈、同辈、晚辈之间，个人与单位之间，都可通过书信来谈生活、工作、学习情况，谈对问题的看法。另外，抒发感情，请别人代办事情也可作为书信的内容。而其他"信"的应用对象和内容都是特定的，如：介绍信是派遣人员去外单位联系工作、洽谈事物、参加会议、了解情况时所使用的信件，对派遣人员起介绍和证明作用。证明信是证明某人身份、经历等情况以及证明某些事情真相的专用书信,它一般以组织名义写。公开信是一种公诸于众的书信,或刊登在报刊上,或广泛散发给公众。感谢信是个人或单位因为工作或某方面得到别的单位或个人的关怀、帮助、支援而表示谢意的一种信。与感谢信易混淆的是表扬信,这种信是用来表彰某些单位、集体、个人的先进思想、风格和事迹的。感谢信主要是用来感谢别的单位、别人对自己的帮助;而表扬信在表扬好人好事时,不一定专指帮助自己的人和事,凡是自己亲眼看到的新人新事新风尚,都可以成为表扬信的内容。贺信是对集体或个人在事业上取得的优异成绩,或者某个单位举行重要会议、庆祝活动时,单位或个人表示祝贺的信。在祝贺信结尾处,如对下级,要写给予勉励的话;如对同级,要表达学习的愿望。

贺　　信

凡召开具有纪念意义的大会或个人或集体在某一方面取得了优异成绩,领导机关、兄弟单位及友人向大会或个人、集体表示祝贺的信,叫做贺信。

贺信要写明祝贺什么,为什么值得祝贺,并提出希望,感情要热烈真挚,富有新意,切忌浮夸老套。结尾要写上表示祝愿的话:"祝大会成功!""祝您健康长寿!"等。

贺信首尾的款式与一般书信基本相同,也需有"称呼""正文""结尾""署名"这样几个部分。

"贺信"写法示例如下。

 自能写作

邓小平致夏庇若同志的贺信

亲爱的迈克乐·夏庇若同志：

在您来华工作三十五周年和七十五岁诞辰之际，请接受我的热烈祝贺和敬意。

三十五年前，当新中国刚刚诞生的时候，您远涉重洋，投身于中国人民的革命事业和建设事业。您同中国人民一起参加了抗美援朝斗争。您为宣传社会主义中国和发展、改进新华社的对外报道，为提高英文版《毛泽东选集》的出版质量，作出了可贵的贡献。您在十年浩劫期间蒙冤受屈，然而您对中国共产党和中国人民的热爱和信赖始终不渝。您不愧是坚贞不屈的国际主义战士和中国人民久经考验的真挚朋友。

我衷心祝愿您健康长寿！

邓小平

1985年1月18日

感 谢 信

感谢信是个人或单位因为工作或某方面得到别的单位或个人的关怀、帮助、支援而表示谢意的一种信。感谢信的作用是使被感谢的一方受到鼓舞和鞭策，感谢的一方受到教育和激励。

书写格式是：第一行的正中写上"感谢信"或"致×××的感谢信"。信的内容是表达感谢的原因和感激的心情。应热情洋溢地写清在什么时候、什么原因，得到了对方哪些帮助。要把被感谢的人物、事件准确精当地叙述清楚；赞扬对方的好思想、好作风，可贵的精神及客观影响，并表示向对方学习的态度和决心。感谢的话要情真意切，符合双方

的身份。不论是写给单位或个人的感谢信,都要把单位名称或个人姓名写清楚、写准确。

"感谢信"写作示例如下。

感 谢 信

××部队全体指战员:

  我县今年遇到了特大洪水灾害。在万分紧急的情况下,你部全体干部战士发扬了无私无畏的战斗精神,同我县人民并肩战斗,赢得了抗洪斗争的胜利。你们这种助人为乐的精神是值得我们学习的。为此,特向你们表示衷心的感谢!

  我们决心在党中央的领导下,努力搞好工农业生产。以实际行动报答你们的关怀,为早日实现祖国的四个现代化而努力。

  此致

敬礼!

××省××县人民政府
×年×月×日

第三节　规则　计划　总结

规　　则

  规则是某个单位和领导机构根据实际需要订立的要求所属成员自觉遵守的道德规范和行为准则。

  制定规则的目的,在于维护劳动纪律、学习纪律、公共秩序和保护公共利益,并逐步养成人们遵守纪律的良好习惯。

规则的特点如下:

1. 一般都是为达到一个目的,针对一件事或一个问题而订立的。

2. 用条文写成,要求简单、明确、具体,最好一条一个内容。条文的语气更要肯定,明确指出必须怎样做,不准怎样做,有的还要写明对违犯者如何处理。

3. 规则带有一定的强制性和约束性,一经公布,就应照章办事,不得违犯。

规则的格式写法一般分三部分:第一部分是标题,标明规则的性质;第二部分是条文,分条写出大家应该共同遵守的要求;第三部分是具名和日期。

"规则"写作示例如下。

借 书 规 则

1. 借书时间:每周星期一至星期五下午的3点至5点。

2. 凭借书证借阅,必须填好借书卡片,办好手续。

3. 每人每次借书不得超过三本(特殊情况例外),借阅期限每次以十天为限,必要时续借以七天为限。

4. 必须爱护图书,如有损坏或遗失,应按规定赔偿。

5. 借书证只限本人使用,不得转借他人。

北京××中学图书室
2006年3月1日

计　　划

　　计划，是事先对一定时期工作的安排和打算。计划的种类很多。制定计划一般没有固定的格式，但不论什么计划，都应当包括三个部分的内容，即做什么(任务和要求)，怎么做(方法和措施)，什么时候做完(进程和时序)。一份计划，只提任务，不提措施，计划就会变成口号；只提出措施，不提任务，计划就会失去核心。

　　计划大多采取分条列项的形式，也有的采用表格形式，有的兼用这两种形式。一般有以下几部分：

　　1. 标题写在第一行正中，字体稍大一些。一般包括单位名称、使用期限、计划内容、计划的种类。如果认为计划不成熟，或者还没有经过正式讨论通过，或未经上级批准，则可在标题的后面或下面用括号加注"草案"和"供讨论用"或"初稿"等字样。如果是个人写的计划，名字不写在标题中，写在正文后右下方的日期之后。

　　2. 正文。它是计划的主体部分。一般先写前言，后写计划的主要内容。前言，要简短地说明上级领导或全局的要求，制定本计划的重要性及指导思想，本单位或本人的基本情况以及制定计划的依据。计划的主要内容，包括计划期内要达到的具体目标、指标、要求、措施、步骤、方法、完成日期等。有的还有附表、附图及解释说明。对执行计划，如有具体检查、评比与奖惩办法，也可写上。

　　为了使人清楚、明白，计划的正文一般要分项分条。目的、任务与步骤、办法可以结合在一起写，也可以分开写。

　　3. 制订者和日期，在正文右下方，署上制定者的单位名称和个人姓名，并写明年月日。如果在标题处已写清单位名称，这里就不需重

复。

"计划"写作示例如下。

第十八中学
绿叶文学社05—06学年第二学期活动计划

为了落实学校关于积极开展课外学科小组活动的决定,全面提高文学社成员的文学素养,我社制定活动计划如下。

一、任务和要求

1. 通过各项活动,进一步调动同学们学习语文的兴趣,提高读写听说能力,培养文学新秀。

2. 把读书、实践、练笔三者紧密结合起来,增长知识,丰富积累,写好作文。

3. 继续办好文学社刊——《绿叶》,保证每月一期。

4. 健全组织,积极开展活动。

二、措施

1. 本学期举办两次文学作品欣赏会,两次写作技能讲座(聘请语文组辅导老师负责)。

2. 组织赏花游园会并出一期《绿叶》赏花散文、诗歌专刊(社委会负责)。

3. 与兄弟学校文学社团加强联系,互相交流建设经验,共同提高建设水平(社委会负责)。

4. 积极参加本学期全国"长城杯"、华东区"泰山杯"中学生作文比赛。每位文学社社员至少写一篇比赛作文,从中推荐10篇作文参赛并力争获奖(社委会负责)。

5. 积极争取学校、团委、学生会的支持,多方筹集活动经费(社委

第七章　会写一般的应用文

会负责)。

6. 做好发展新社员工作(社委会负责)。

2006年2月3日

附:活动日程表如下:(略)

总　　结

总结是对某一时期的学习和工作,进行一次全面系统的分析、研究和评价,以便发扬成绩、克服缺点、提高效率。

总结的种类很多,主要有综合总结、专题总结和个人总结。

总结的内容一般包括以下几个方面:

1. 标题。要反映总结的范围、时限、内容、名称。

2. 基本情况。概括介绍全面情况,主客观条件,原有基础和发展趋向。

3. 成绩和经验。这是总结的中心和重点,要实事求是地肯定成绩:成绩有多大,表现在哪些方面,是怎样取得成绩的,有什么经验。要做到材料翔实、言之有物、条理清楚、脉络分明,能给人留下深刻印象,使人受到启迪。

4. 存在问题和今后的打算。在总结中要找出缺点,看到存在问题,还应针对存在问题提出今后的改进意见和努力方向。

具体写作总结的过程中,可以先编写总结提纲。在提纲中要明确写些什么问题,哪些是主要问题,哪些是次要问题,每一问题的中心内容和主要意思是什么,每一大问题中,还有哪些小问题。所有这些问题,都要很好地组织和安排。然后根据提纲进行具体的写作。写作中应当注意以下几点:

1. 交代要简明。写总结必须叙述情况,但又必须简明扼要。

2. 背景要鲜明。这就必须有比较。比较方法是写总结的基本方法。通过纵向的比较,能看出工作的发展变化和成绩的大小。通过横向的比较,能看出先进落后。只有通过纵横向的比较才能使背景鲜明。

3. 条理要清楚。

4. 剪裁要得体。材料有本质的,有现象的;有重要的,有次要的。要在写作时"量体裁衣",去粗取精。

5. 详简要适宜。总结中的问题有主次轻重详写略写之分,该详的要详,该简的要简。

"总结"写作示例如下。

我是怎样学作文的

我体会,要提高作文能力,必须听、说、读、写全面发展。

我从小就爱听电台里播放的讲故事节目。大一些了,渐渐地对播送诗歌散文的文学节目也产生了浓厚的兴趣,把它作为自己的一大享受。这使我对文学有了最初的爱好,不知不觉地把那些"听来的事情"倾注在自己的文章里。

说,是口头表达的一种方式。学生的语言不同程度地体现了他的文学水平。我爱说,尤其是在我兴味浓郁的时候,那美丽的蓝天白云,飞翔的鸟儿,那摇晃的碧芽嫩枝,粼粼水波……多么富有诗情画意啊!我激动了,禁不住喃喃自语。春天来到了,我盼望着秀丽的江南春色,忽然想起了宋代著名诗人王安石的名句"春风又绿江南岸",也就情不自禁地轻声抒发对春的由衷的赞美之情。之后,我按当时的思绪写下了短文《春风》。所以,《春风》与其说是我写成,倒不如说是我"说"成的。

第七章　会写一般的应用文

俗话说,"读万卷书,行千里路"。我爱读书,什么都乐于读,我喜欢鲁迅、巴金的小说,朱自清、冰心的散文,郭小川、艾青的诗歌,一些世界名著我也读。有的书读许多遍都不厌倦,比如鲁迅的《故乡》《阿Q正传》等,冰心的《小橘灯》,尤其是朱自清的《春》《绿》《荷塘月色》这三篇散文,我更是喜欢,记不清曾经朗诵过多少遍。我琢磨着这些出自大师手里的优美散文的细腻、委婉、深沉、含蓄的美。

我的散文《清潭水》正是在读了朱自清的《荷塘月色》和《绿》后写下的。这些文章写来挺轻松,我完全被清清的潭水,粉色的花朵,柔和的微风所陶醉,是全然用"情"来写的。那一个晚上,我完全忘却了一切甚至忘了自己是在写文章。

勤写是写作的根本。"写"要从观察开始。生活是丰富多彩的,观察生活,题材自然不会显得单调,文章也会更富于生活气息。相反,如果不面向生活,不去观察生活,认识生活,那么即使是再勤奋的人也会觉得无从下笔。总之,有生活才有题材,才能写好文章。我对一人、一物、一草、一木都那么的热爱。我坚持写了一些观察日记。进中学两年来,我练习写作,共写了六七万字。初二寒假中也写了近万字的观察笔记和文章,人、事、情、景、物都写,我观察力求细致,练笔力求深入,并做到读写紧密结合。读了杜甫的《兵车行》和乐府诗《东门行》,我分别改写成课本剧《咸阳桥头》《东门行》,我改写的课本剧《东门行》还被选在省重点中学作文选上。

以上是我学作文的一点体会。今后我要更加努力地多听多说多读多写,进一步提高写作水平。

第四节 公约 合同 诉状

公 约

公约是机关团体、人民群众,经集体讨论,在自觉自愿的基础上,制定的共同遵守的行为规范。

人民群众为了维护劳动纪律或公共秩序,或为了公共利益,更好地贯彻党的方针政策或有关指示,保证学习、生产、工作任务的胜利完成,经过集体讨论,把约定要做到的事情或不应当做的事情,应该宣传的事情或必须反对的事情,明确地写成条文,大家共同来遵守。如拥军公约、学习公约、卫生公约、服务公约、计划生育公约,等等。公约一般的格式分三部分:

1. 标题。标明公约的名称,说明公约的性质,也可以加上地区或单位名称,如《北京市人民拥军优属公约》等。

2. 正文。分条写出公约的具体内容,也就是参与订立公约者要遵守的事项。有的在条文前先简明扼要地说明订立本公约的目的。

3. 结尾。在右下方写上订立公约的单位名称与日期。如标题上已写单位名称只需写清日期。

订立公约应注意的事项:

1. 事前充分酝酿讨论,使群众对党和政府的有关方针政策或指示有正确认识,并要充分考虑本单位的实际情况。

2. 要充分发扬民主,让所有订立公约的人都提意见、出主意,然后把意见集中起来,写成条文,大家通过,才能成为正式的公约。要避免由个别人或少数人包办代替。

3. 条文要力求简明、具体，便于记忆、执行和检查。

4. 公约定好后，要抄写清楚，贴在大家容易看到的地方，以便相互监督、共同遵守、真正落实。

5. 在执行公约的过程中，随着形势或情况的发展与变化，应及时修改补充。

"公约"写作示例如下。

首都市民文明公约

为加强首都社会主义精神文明建设，进一步提高首都市民素质，增强首都意识，在以江泽民同志为核心的党中央领导下，把首都建设成为现代化国际大都市，特制定本公约。

一、热爱祖国　热爱北京　民族和睦　维护安定
二、热爱劳动　爱岗敬业　诚实守信　勤俭节约
三、遵守法纪　维护秩序　见义勇为　弘扬正气
四、美化市容　讲究卫生　绿化首都　保护环境
五、关心集体　爱护公物　热心公益　保护文物
六、崇尚科学　尊师重教　自强不息　提高素质
七、敬老爱幼　拥军爱民　尊重妇女　助残济困
八、移风易俗　健康生活　计划生育　增强体魄
九、举止文明　礼待宾客　胸襟大度　助人为乐

本公约于1995年来，经公众参与讨论修订而成，凡在首都北京生活的每一个人应自觉遵守。

首都精神文明建设委员会
1996年3月

 自能写作

学 生 公 约

为使我们更多更好地掌握现代科学知识,提高我们将来建设祖国的本领,使我们真正成为21世纪的一代新人,特制定本公约:

一、刻苦努力,勤奋学习,全面发展,不偏废学科。

二、专心听讲,积极思考,勇于提出问题,及时完成作业。

三、坚持学习,不随意旷课落课,不无故迟到早退,保证学习时间。

四、自觉遵守校纪校规,不影响他人学习,保证正常学习秩序;讲究卫生,保持整洁安静的学习环境。

五、尊敬师长,团结同学,互相帮助,共同提高。

初二(1)班全体同学

2006年3月1日

合 同

合同是当事人(单位与单位之间、单位与个人之间、个人与个人之间)双方为共同达到一定的目的,取得一定的结果而确立的某种法律关系的协议。因此,订立合同是一种法律行为。它的作用在于保证当事人双方必须履行各自的义务,并享有各自的权利。订立合同的原则是:(一)必须符合我国有关的政策、法令规定,从而使合同具有合法性;(二)必须是议事人双方自愿达成的协议;(三)当事人必须是具有代表权的人,单位则必须有法人代表参加。

一、合同一般包括以下内容:

(一)标题。合同的标题要求醒目,反映合同的性质和内容,如产销合同,经济承包合同,等等。

第七章 会写一般的应用文

(二)正文。

1. 合同代表人,如是单位之间签订合同,要先标明单位名称及法人代表姓名。如是个人之间签订合同,则应互标姓名,并要注明甲方和乙方。

2. 签订合同目的和双方协议的事项。这部分是合同的中心,应详细写明所签订合同项目的数量、质量、时间、材料和价款等。还要写明双方所承担的义务或经济责任,验收的办法,双方共同遵守的原则,等等。

3. 签订合同的单位和法人代表签名和盖章,以及签订的日期。有监证机关的还要写明监证机关及法人代表的姓名。

(三)合同的附件。如果有图纸、说明书的,还要在合同书上标明附件一、二等。

合同的内容必须明确、具体。措词用字应力求简洁、准确。字迹要清楚,标点要正确,用毛笔或钢笔书写,数目字要大写。如需开列各种物品、数量、规格者,可以附表。为防止伪造、加页,可在两页之间加盖骑缝章。

二、合同的种类很多,按照合同的内容和作用可分为以下几类:

(一)购销合同。凡是把产品、商品以期货形式出售或调拨生产单位为内容的合同,都称为购销合同。它的形式有供应合同、采购合同、预购合同等。

(二)加工承揽合同。这是供方根据需方要求而签订的合同,包括加工合同、订货合同、修缮合同等。

(三)基本建设合同。这是承揽合同的一种。但它必须根据国家批准的计划、设计标准所规定的基本建设程序和计划任务等文件而签订。主要包括勘察、设计和建筑、安装合同。

(四)租赁合同。这是供方(出租人)把财物提供给需方(承租人)在一定时期内使用,承租人向出租人支付约定报酬(即租金)的合同。在合同中应当明确规定租赁财物的名称、数量、用途、租赁期限、租金数量、租金交纳期限和经济责任等条款。

(五)借贷合同。这主要是工业、农业、商业企业和农村乡区,在生产过程中和商品流转过程中,因临时性或季节性的需要,与银行或信用社签订的借贷现金合同。建设单位为完成国家审批的基本建设项目,与银行签订的基本建设资金凭证,也叫借贷合同。

(六)保险合同。这是投保人和保险人之间关于财产保险和人身保险的合同。

(七)科技协作合同。这是科研单位之间(国家、省、市县级,均包括在内),技术部门之间或与生产单位之间为协同完成某种科研项目、技术革新项目、产品研制项目而签订的合同。

(八)师徒合同。这是确定师徒关系,并规定师傅和徒弟在学习技术、艺术等方面的权利和义务的合同。对双方按时完成教学任务并取得好的教学效果都有保证、监督作用。

三、写合同的要求:

(一)目的要明确。为了保证实施计划、完成任务、促进生产,必须按照法律办事,必须符合国家的方针政策,必须贯彻平等互利、协商一致、等价交换的原则。任何一方不得把自己的意志强加给对方,任何单位和个人不得非法干预。

(二)内容要具体、明确。概念准确、条款清楚,不能模棱两可、含混不清。字迹要工整,须用毛笔、钢笔书写,标点符号使用正确。表示货款和物品的数目字要大写。

(三)项目要完整。合同中所列各项都要按要求填写清楚。如果需要,可另加附件。但在合同结尾要写明附件的名称、件数,并附上附件以保持合同的完整性。

(四)要保持整洁。签订好的合同,任何一方不得随意涂改。

"合同"写作示例如下。

修 建 合 同

立合同单位：

利群中学(以下简称甲方)

北京市建筑一公司第二大队(以下简称乙方)

甲方委托乙方建造校舍,经双方代表协商,订立合同如下：

1. 甲方经区教委批准,扩建四个教室,由乙方按照甲方所给图样建造(附图纸一份)。

2. 全部建筑费(除材料外),根据国家建筑定额计算,议定人民币××万元整。

3. 修建费分两期付清。动工时付40%,其余待工程验收完毕时付清。

4. 全部工程规定在三个月内完成。自×年×月×日开工起至×月×日止。乙方要在规定期限内将新建房屋交甲方验收。

5. 材料由甲方及时按质供应。所造房屋保证在××年内不倒不塌,否则由乙方负责修理。

6. 本合同一式四份,双方各执一份,呈报双方上级备查各一份。

立合同人：

利群中学(公章)
法人:刘志强(盖章)
北京市建筑一公司二大队(公章)

法人:张洪生(盖章)

2006年2月1日

诉 状

诉状,就是刑事案件或民事案件的当事人(包括当事人的诉讼代理人和有诉讼请求权的第三人)依法向人民法院提出诉讼请求的书面材料。

我国的刑事诉讼法和民事诉讼法(试行)都规定,人民法院审理案件,"以事实为根据,以法律为准绳"。与此相适应,书写诉状就必须遵循真实与合法这两个基本原则。

所谓真实,就是书写诉状必须尊重客观事实,如实反映案件的本来面目,不允许歪曲和捏造。任何案件之所以涉讼,都以一个或数个违法行为或含有争议的事实为基础。人民法院判断是非曲直,作出合法裁决,首先需要查明事实真相及争议内容。提起诉讼的人,大都希望人民法院从实际出发,依法秉公论断。那么,诉状作为人民法院受理案件的一个根据,它所阐述的案情,就一定要翔实可靠。

所谓合法,就是书写诉状必须严格依照法律规定,有充分的法律根据。"有法可依,有法必依,执法必严,违法必究"是加强社会主义法制的根本要求。对于诉讼当事人来说,关键的问题是守法。守法观念反映在诉状中,除了真实之外,体现为两个方面。一方面是诉讼请求必须符合法律原则和有关规定,而不能与之相悖。以离婚诉状为例,其内容必须符合婚姻法规定的离婚条件,最主要的是"感情确已破裂"。如果夫妻感情尚未破裂即轻率提出离婚,显然与法律规定不符。婚姻法还规定:"女方在怀孕期间和分娩后一年内,男方不得提出离婚。"如果男方超越法

第七章 会写一般的应用文

律规定,在此期间内提出离婚,就是不合法的。另一方面是要符合法定诉讼程序。比如,对于不同案件和不同裁判文书,法律规定了各自的上诉期限。如果超过了法定期限再提出上诉状,人民法院就不再视为上诉,只能以申诉来对待,一审判决或裁定就已经生效了。

诉状的写作内容主要应包括以下几部分。

一、标题。应写明"刑事诉状"或"民事诉状",但不写编号。

二、首部。依次写明下列事项。

(一)原告的身份事项。分两种情况:

1. 原告是具有民事行为能力的公民,应依次写明:原告、姓名、性别、年龄、民族、职业、工作单位和住所、邮政编码。

原告是未成年人的,应在原告下一项写明:法定代理人、姓名、性别、同原告的关系。

如是上述原告的委托代理人,应在其下一项写明委托代理人及其身份事项。

2. 原告是法人或者其他组织的则写:原告、单位全称、地址、邮政编码。下一项写明:法定代表人姓名、职务、住所、电话。

(二)被告的身份事项,与原告各项相同。

三、正文。包括请求事项、事实和理由。

(一)请求事项。写明原告人在有关民事权益争议中的要求,如要求赔偿损失、清偿债务、履行合同、归还产权,要求与被告离婚,要求给付赡养费、抚养费、扶养费,要求继承遗产等。请求事项应当写得明确、具体,切忌笼统、含糊;提出要求要合法、合情、合理。

(二)事实。主要写明被告行为的具体事实或当事人双方权益争执的具体内容,包括时间、地点、原因、经过、结果等;还要写明被告所应承担的责任,尤其要把被告行为所造成的后果和应承担的法律责任,以及当事人双方争议的焦点和实质性分歧写明白。原告如在争执中也有一定过错和责任,也应实事求是地写清楚。叙述事实一般以时间为顺序,突出主要情节和关键部分。在叙述事实的同时或在叙述事实以后,要提供证据以及物证、书证等证据的来源和证人的姓名、职业、住址等。

(三)理由。根据民事权益争执的事实和证据,写明提出请求事项的理由和法律依据。理由的给出要论证严密,说理中肯,恰当地引用法律条文。

四、结尾和附项。

(一)结尾。写明本诉状所提交的人民法院名称;具状人签名盖章,注明具状的年月日。

(二)附项。写清本诉状副本几份,物证几件,书证几种。

写作诉状,应力求结构严谨,文字简练,表达确切,内容完备。切忌以下三点:第一,离开诉讼主题东拉西扯,使人不知所云;第二,使用含糊不清、模棱两可,可作多种理解的词句;第三,追求华丽词藻,使用不恰当的形容词及滥用高级词汇。

"诉状"写作示例如下。

民事起诉状

原告:刘××,男,78岁,回族,无业

住址:北京市××区××街××号

代理人:张××,男,44岁,汉族

单位:天平律师事务所,律师

地址:北京市××区××街××号

被告:刘××,男,50岁,回族

第七章 会写一般的应用文

单位:北京市塑料制品厂,干部

住址:北京市××区××街××号

被告:刘××,男,47岁,回族

单位:天津市皮鞋厂,工人

住址:天津市河西区××街××号

案由:赡养义务纠纷

诉讼请求:依法判令二被告履行对原告的赡养义务,每人每月给付赡养费200元。

事实和理由:

原、被告系父子关系。原告是78岁高龄的老人,已丧失劳动能力,又无生活来源,由原告之女赵××接其家中一同居住。原告看到其女家庭生活并不宽裕,便要求二被告承担一部分赡养义务,每人按月付给自己一定数额的赡养费,但二被告以原告有一些钱为借口,拒绝付给原告赡养费,致使原告的生活陷入严重困难的境地。

综上,原告认为,自己已丧失劳动能力,在生活上不能自理,赡养老人是儿女应尽的义务。而二被告拒绝对原告进行赡养,既为我国法律所不容,也是我国社会道德所不许,为了维护原告本人的合法权益,依据《中华人民共和国婚姻法》第十五条第一款和第三款的规定,特向你院提起诉讼,请求依法公正判决。

此致

北京市××区人民法院

具状人:刘××(签名或盖章)

×年×月×日

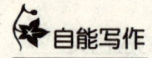 自能写作

☆自学能力强化训练

一、选择题

对"申请书"的格式说法有误的是（　　）

A. 在申请书第一行的正中要写上申请书的名称。

B. 正文要写清所申请的事情和理由。

C. 结尾一般写"祝你健康""祝你进步"之类的祝颂语。

D. 在申请书的右下方的上行写上申请单位名称和申请人姓名，末行写上申请的日期。

二、改错题

1. 下面一封信有6处错误，请指出后加以改正。

敬爱的叔叔：

我离开家乡来到北京已经整整半年多了。家乡的山山水水，常常引起我无限的眷念。特别是您的音容笑貌和谆谆教导，常常浮现在我的面前。

最近，我们全校同学讨论和听取了关于华益慰医生事迹的报告。华益慰的一生，代表了共产党人的崇高品质。我一定以他为榜样，把自己培养成一个高尚的人。

祝您

安康

侄儿王康

①

②

③

④

⑤

⑥

2. 据新华社消息,北京时间 2004 年 8 月 29 日凌晨在雅典奥运会上,中国女排克服重重困难,经过艰苦奋战,终于在 20 年后重获奥运团体冠军。她们良好的精神风貌给祖国人民留下了深刻的印象。此次成绩的取得是她们刻苦训练,不断进取,团结奋斗的结果。因此,北京市 222 中以全体同学的名义给中国女排写一封祝贺信。贺信全文如下:

欣闻中国女排在雅典奥运会上,顽强拼搏,取得了令世界瞩目的骄人胜利,在此,向你们表示最热烈的祝贺!

你们的胜利,是全体运动员团结奋斗、不懈进取、刻苦训练的结果。你们的胜利极大地鼓舞了正在进行四个现代化建设的祖国人民,同时也极大地振奋了我们广大中学生年轻而火热的心!

我们决心向你们学习,祝你们再接再厉,为祖国和人民争取更大的荣誉!

北京市 222 中全体同学 2004 年 9 月 1 日

请指出这封贺信存在哪些问题,并改正过来。

3. 下面的阅览室规则有 5 处错误(包括标点、错别字、用词不当、格式不符合要求等),请用修改符号标出后改正过来。

阅览室规则:

为了充分发挥阅览室的作用,使咱们都能在安静的环境中学习,特订立如下规则,请大家自觉遵守。

(一)阅览室开放时间:每天下午 2 点到 6 点。

(二)本室所有报刊、杂志一律不得携出室外。

(三)爱护图书,不得污损;如有污损,则应酌情赔尝。

(四)保持室内安静、整洁的环境,不得高声喧哗。

2006 年 3 月 1 日
阅览室

三、填空题

下面这篇应用文是北京中学初一(1)班王艺同学于 2006 年 9 月 3 日写的,格式上还不完整。请你首先判定这是一篇什么应用文,然后按其写作要求在下面横线将缺少的部分补写完整。

_____

_____:

  为了丰富学校的课外生活,锻炼自己动手动脑的能力,开拓自己的知识视野,我申请参加学校课外科技活动小组,_____。

_____
_____

四、写作题

1. 根据自己学习各门功课的情况,写一篇学习总结,要符合总结的要求,能总结出几条规律性的东西。

2. 请你代替班委会写一份期末工作总结。

3. 从自己的实际情况出发,拟定一个课外阅读计划。目的要明确,措施要具体,注意计划的格式。

4. 写一份个人一周的学习、体育、娱乐计划。

自能写作
ZI NENG XIE ZUO

第八章 其他形式的作文

初中生除了要练习写好记叙文、说明文、议论文和应用文以外，还要注意其他方式的作文训练，如仿写、缩写、扩写、改写、续写、网络作文等。

这几种作文练习都是以考查、锻炼学生综合分析问题的能力为主的。所以，它们最基本的要求是共同的，也就是清楚、准确。

清楚：即要求在做练习时思路要清晰，要抓住中心，不能跑题。

准确：即要求练习结果必须忠实于原文内容，不能走样。

第一节　仿写

不少同学有一种惧怕作文的心理，把作文看作"大难事"，针对这种状况,采用仿写法来练习写作,不仅能化难为易,还往往起到"出奇制胜"的功效,从而提高作文能力,实现语文学习的目标。

练武有套路,习字有字帖,书法要临摹。一个初学写作的初中生,自然也离不开模仿,这是传统教学中的精髓,也是学习写作的一条基本规律。

什么是仿写?仿写就是照样子写,即以某一篇文章为范文来进行阅读分析,并从中学到一些写作方法,运用到自己的作文中去。这样,同学们作文时有法可依、有章可循,就不会望题兴叹、惧怕写作了。要想写好仿写作文,必须首先细细领悟范文的思想内容和写作特点,并从中寻找出适合自己的材料与思想的表达方式。古人谓学文有三偷,浅者偷其字,中者偷其意,高者偷其气,这种"偷"就是模仿。"偷其气"就是模仿中的创新。因此,从本质意义上讲,仿写是知识的迁移,是对范文的借鉴,是在理解范文的基础上进行的一种再创造,绝不能将它与机械模仿、抄袭范文等概念相混淆。此外,还要明确仿写是根据需要有重点地借鉴模仿,不可能面面俱到。如果追求尽善尽美,往往会弄巧成拙、事与愿违。

现行中学语文教材,无论是记叙文、说明文还是议论文,都有可供同学们作为仿写的示范性的文章。同学可根据老师的"引导"和教材的"启发",逐步学到一些写作方法,掌握一定的写作规律,促进写作能力的提高。

张志公先生说:"模仿,是学习的必经之路。不仅初入学的孩子爱模仿,中学生、大学生,以至早已离开学校的成年人,都在有意无意之间模仿自己认为好的事物。"

鲁迅先生也谆谆教诲我们:"凡是已有定评的大作家,他的作品,全部就说明着应该怎样写。"

叶圣陶先生更是反复强调:"语文教材无非是例子,凭借这个例子

第八章 其他形式的作文

要使学生能举一反三,练成阅读和作文熟练的技能。""作文与教材不是互不相关的,通过教材来启发作文,通过作文也钻研了教材。"

而中学语文教材这些"例子",是在历史的长河里历尽无数遍的淘洗而显出本色的金沙,是在时代的进程中经过千万人的鉴赏而筛选出的珍品。它们都各自显示出了其典范性、示范性和多方面的教育功能。就同学们作文能力的培养训练来说,教材这一"例子"是传授章法的范文,是认识生活的桥梁,是激发思想的触媒。我们可以从课文里边学标题,学开头结尾,学构思立意,学遣词造句,学各种人物描写的方法等。这样有的放矢,有章可循,看得见摸得着的写作训练,在写作时自然就会产生相对轻松之感。读与写结合,课文与作文同步,变抽象为具体,变空洞为充实,就可以使同学们在读与写的过程中,不仅能逐步提高各种文体的写作能力,而且对全面提高语言文字表达能力都是有力的促进。

当然,也可在仿写中进行生发。就是根据课文情节,合理想象,生发开去,延伸课文中的情节,再造细节,这比一般的仿写则更进一步了。例如,学习了《皇帝的新装》后可写《皇帝的演说》;学习了《变色龙》后,可作《奥楚蔑洛夫见到将军哥哥了》等。当然,不必限于课文,还可以找有关的文章作为范文分析,根据其中适合的材料进行片段练习。这样,我们就能逐步学会较好地处理材料与中心的关系和材料详略等问题。

学习仿写的过程中,我们既可以模仿例子去"照葫芦画瓢",更要注意由"仿"走向"创"。正如叶圣陶先生所说的"教是为了达到不需要教",仿写的最终目的,也正是为了不再仿写。简而言之,仿是为创新作铺垫。同学们从开始时的简单模仿到逐步创新,不可能一步到位,要逐步提高要求,使自己最终达到对各种写作方法的把握出神入化、运用自如的水平。要培养我们的进取精神和求异心理,使我们既能借助范文打开思路,而又不受范文的束缚;既能抛开范文引路独立立意、构思、谋篇布局,又在原来所学范文的启迪下写出标新立异的好文章,以达到"创新"的目的。当然,这只是我们的终极目的,是不可急于求成,更是不能一蹴而就的。

总之,运用范文指导我们进行仿写是一种行之有效的作文方法,仿写在作文过程中起到启迪文思、指点迷津的作用,也是使复杂的思维对象条理化、抽象的写作思维过程具体化的一种有效方法。因此我们也可以说,它是一把将同学们引向广阔的写作天地的金钥匙。

我们就以《春》为例来看一看如何学习仿写的吧。朱自清先生的《春》是一篇文质兼美的文章,很适合作为仿写的文章。我们在这篇文章里,学到了要动用各种感觉器官,不但要用眼看,还要用耳、用鼻、用嘴去感受事物,最重要的还得用心去感受。那么,用同样的方法观察春雨,会得出什么结果呢?有个同学写了这样的一篇比较好的作文。

春　雨

春雨淅淅沥沥,如丝如缕飘落在大地的每一个角落,织起一张无涯的绿茸茸的地毯,整个大地一片嫩绿。

雨雾迷漫,雨珠儿串成一个大珠帘,如烟如云地笼罩了一切。快乐的小燕子,在雨雾中穿来穿去,莫不是淘气地想用尾巴剪断这雨帘?

雨滴像颗颗珍珠,一把把轻柔地撒在河面上,平静的水面泛起了圈圈涟漪。机灵的鱼儿跃出水面,睁大眼睛,欣赏这无边的美景。

春雨绵绵,洒在梧桐树的叶子上,沙沙沙,像少女在轻抚琴弦,又像蚕宝宝在吞食桑叶。

春雨落在桃花上,在胭脂般的花瓣上滚动着,聚集着,花瓣上便有了千颗万颗珍珠在闪烁。

第八章 其他形式的作文

嘀嗒、嘀嗒,春雨落在人们的心坎上。

哦,春雨!你是春姑娘的使者,将生命的种子飘飘播洒,荒凉的大地,随之生机勃勃,散发花草和泥土的阵阵芳香,沁人心脾;你仿佛是乐师灵巧的手,播动人们的心弦,让荒芜的心灵萌生绿色的希望。

淅淅沥沥,淅淅沥沥……我愿化作一滴春雨,滋润人们的心田。

还有一篇习作例文,也是在学完朱自清的《春》后仿写而成的。

我眼中的秋

在一片金黄色的世界中,传来了一阵阵铜铃般的笑声,只见一群孩子在这丰收的、美丽的、使人快乐的季节里笑着、闹着……

秋天的草虽然马上就要结束自己的生命,但还是没有失去它自身的美丽——绿里带黄,就好像绿毯上洒上了点点稻谷,又好像碧波中划动的条条金船。

秋天的树显得格外高大,树上的叶子就像金黄色的小鸟在扇动金黄色的翅膀。树下似一块巨大的调色板:红色的,黄色的,白色的,蓝色的……各色野花就好似调色板上的各色颜料。秋天,这伟大的画家,它用这些颜料画出了高高的蓝天、轻轻的云、快乐的红领巾,还有这金黄色的一切……

秋天的风和其他季节的风不一样:春天的风中还有几丝寒意,夏天的风里带着热气,冬天的风似小刀刮人的脸,只有秋天的风好似母亲的手轻轻地为你拭去脸上的汗珠,带着清新的花香,混着泥土味,还带来了鸟鸣和笑声。这时,大树和小树就好像被风儿弄痒了似的哈哈(哗哗)地笑了起来。

无数座的山好似一座座谷堆:金黄色的,高高地插入云霄。我看到满山还没有红的枫树时,仿佛一刹那间谷堆变成了火焰,同时又想起了

"停车坐爱枫林晚,霜叶红于二月花"的诗句。柿树上的柿子也熟了,就像一个个红灯笼挂在树上。在群山中有一汪清清的碧水。它一刻也不停地变换着花样:一会儿水平如镜,一会儿似片片鱼鳞,一会儿又像条条曲线。站在远处只见这水就像是一片绿色的天,水中的点点波光就好像天上的颗颗繁星。在这样的水中还倒映着座座金山。这真让人分不出是山中有水,还是水中有山……

草地上,树林间,水塘边有坐着的,有躺着的,有跑步的,有玩闹的……无论是大人还是小孩儿,无论是男人还是女人,在这时候都快乐起来,变得像小鸟似的……

在我的眼中,秋天总是一个美丽的,丰收的,使人快乐的季节!

学生的习作从模仿开始,这一点是不容置疑的。"熟读唐诗三百首,不会作诗也会吟",其中恐怕少不了模仿之功吧。仿写作为一种作文类型,对于初学写作者来讲,甚至可以说是必经之路。读写结合的含义之一就是学以致用,学习范文的构思方法和写作技巧,至于某些佳词美句完全可以照引无误。一篇文章要想有点分量,就要有闪光的思想、闪光的语言。但是,如果我们暂时还闪不了光怎么办呢?那就可以通过仿写来学会"借光"。退一步讲,引用古今中外名人名言乃至平民百姓的俗谚俚语,也不失为一种积累词汇、学习修辞的好办法。这里存在的问题是划清模仿与抄袭的界线:后者是不问青红皂白,全盘窃取他人文章,冒名为己所有,应在禁绝之列;而前者是经过消化吸收,借鉴他人的写法为己所用,照猫画虎画的终究是虎而不是猫,我们不仅不反对反而提倡。因此我们按《课程标准》的要求有序列地进行单项片段练习,如人物描写的各种方法,对话的各种形式,说明的各种顺序,论证的各种类型等,以加强写作基本功,是很有必要的。

模仿的实质是同学们在拿起笔来写的时候,从各个方面接受规范

第八章 其他形式的作文

语言的熏陶。可从句的仿写开始,采用每次几分钟的小练习;然后是片段的仿写,稍加铺张连缀就能成篇。其他的如构思立意的仿写,某种写法的仿写等,都可以经常练习。比如写记叙文,怎么开头?打开课本看看,有不少篇记叙文都是开篇就把时间、地点、人物和事件的开端等相关要素说清楚了。同学们如果选一个适合自己的开头仿写一下,就胜似憋了半节课还开不了头。有不少同学,能把《从百草园到三味书屋》等课文的句式、句群拿来套用,就贴切地表达了自己的意思。这些练习,就像幼儿学说话似的,能够解决领悟语言文字的表达技能,解决词不达意、词不切意、言不由意等诸多问题。

　　同学们还可以结合课外阅读,自选范文加以创造性的模仿。这样做,就既沟通了课堂学习与课外阅读,又可以发挥学习的主动性和积极性。

　　学了朱自清的《背影》后,有位同学仿写了这样一篇作文。

我不再恨爸爸了

　　母亲的爱,细腻而温暖;父亲的爱,严厉而不外露。因此,我常常不理解父爱,甚至还有些讨厌父亲。

　　我的父亲是一个普通农民。我常常恨他没本事,没有钱。每次周日晚上返校,他总想骑车送我去。"别去了,反正我也得自己骑车,您去也没用!"我不高兴地回答。"我送你,免得你路上害怕。"他还是坚持要送我去。我真的烦了,朝他大喊:"谁用你管?你有本事开车送我去!"爸爸的眼神突然变暗了,脸色苍白。但他还是坚持每周都去送我。

　　这天晚上,又该返校了,雨还在下着。虽然是春雨,却仍有些凉意。我迎着雨骑车,雨就像一根根针斜刺到我的脸上,好疼。"小蓉,小心点,地面滑。"爸爸在后面不断叮嘱着。我一点也听不进去,只是在心里埋怨爸爸没本事。正这样想着,"哎哟!"我惊叫一声,随着车摔倒在地上。"怎么了?摔没摔着?"爸爸迅速跳下车,急切地问。"我的腿,腿好疼……"我呻吟着。"让我看看。"爸爸单腿跪在地上,双手小心翼翼地挽起我的裤腿。看到我的膝盖磕破了,他皱了皱眉头,关切地问:"怎么磕成这个样子?"我不肯说话,心想:"全怪你没本事,下雨天还要我骑车上学!"只见爸爸迅速从口袋里掏出卫生纸说:"先止住血。"他使劲将纸摁到我的腿上。"哎呀!"我刚要喊出来,抬头一看,不禁吃了一惊:爸爸全身都湿透了,雨水顺着脸往下流,嘴唇早已冻得发紫。我突然想起,家里唯一的雨衣穿在了我的身上,而爸爸……我心里一阵酸楚,眼泪禁不住涌了出来。爸爸那粗大的手掌按在我的腿上,我顿时感到了全身都有了一股暖意。我第一次动情地对爸爸说:"爸爸,我没事了,您回去吧!我自己能走。"可爸爸仍不同意,坚持要送我到学校。

他总骑在我后面,好像怕我出什么事他看不见似的。一阵风吹来,我冷得直打哆嗦。回头一看,爸爸就像风中的树叶,瑟缩着,摇摆着。我再也不忍心了。"爸爸您回去吧?您可是咱们家的顶梁柱,您要是病了……爸爸,回去吧!……"我一再央求,他终于答应了。

我骑车先走了。走出很远,猛然回头,爸爸竟还站在那里。看到他那高大的又已被生活重担压得微驼的身材,我的泪又来了……

我终于体会到父亲那从不外露的无私的爱,我不再恨爸爸了。是啊,世间钱不是万能的,爱才是最伟大的。我的心在呼喊:我永远爱我的好爸爸。

本文写了父女亲情,心理活动描写细致,真实可信,思想转变过渡自然,前后照应得好,特别是文章结尾的议论内容,不仅紧扣题目,也是前面描写内容的自然流露,起到了突出中心的作用。

本文语言通畅,恰当地使用了一些修辞方法,如"雨就像一根根针

第八章 其他形式的作文

斜刺到我的脸上","爸爸就像风中的树叶,瑟缩着,摇摆着。"这两句就是用了比喻修辞,形象、生动、感人。

结尾"我的泪又来了",学习了朱自清《背影》一文,但又不露斧凿痕迹。初中学生的作文,这种模仿是允许的,如使用得当,还能给文章增色不少。

第二节 缩写

缩写,指的是用比较少的字数写出与原文内容相同的一篇文章。一般地讲,缩写的文字不应超过原文字数的三分之一,否则缩写就没有意义了。

在做缩写练习时,除了一般地要求清楚准确外,还需要注意以下几点:

1. 一定要忠实于原文内容和原文的体裁,不能写成读后感。

2. 在全面地、准确地反映原文内容的同时,一定要突出原文的中心意思,不能写成流水账。

3. 缩写成的文章要首尾连贯,过渡自然,不能写成段落提纲。

在做说明文的缩写练习时,要注意抓住原文所要说明事物的特征和本质,以及用了哪些有代表性的事例来说明事物。在做议论文的缩写练习时,同学们在熟悉了文章内容之后,就要找出它的中心论点、分论点、论据和论证方法。在做记叙文的缩写练习时,要注意抓住记叙文的六要素和情节的发展。这样,在做缩写练习时,就可以全面、准确地反映这些要点。

由于字数所限,缩写后的文章在讲道理方面可能不如原文透彻,但仍要注意讲清道理;叙述可能不如原文生动,但仍要注意应有感情。

让我们举个例子来具体说明一下应该怎样进行缩写练习。

"追星现象"小议（原文）

追星现象现在在中国可以说是泛滥成灾了。"发烧友"们不仅崇拜他们的偶像从事的事业，很大一批人还热衷于搜集他们的出生年月、生肖属相，津津乐道于传诵他们的艳史绯闻。如果有谁在哪里露面，哪里必有成百上千的"发烧友"们争先恐后地去求签名，睹风采。据报载：香港一歌星到沈阳去开演唱会，机场上有上千名"发烧友"在恭候，有的人甚至是从百里以外赶来的。当他们在机场看到还有人举着"欢迎杨振宁"的横幅时，便纷纷上前询问："杨振宁是唱什么歌的？"

呜呼！中国青少年中文化素质真到了这种可悲的地步了吗？每天只被歌星、影星、体育明星占满了耳膜，唱着一些格调不高的流行歌曲，对知名的科技精英又如此无知。在他们的心中，只有歌星、影星等才是值得一谈的，值得崇拜的。于是乎，杨振宁博士成了唱歌的，如此下去，恐怕还会认为李政道博士是拍戏的，张学良该是张学友的哥哥，当然也是唱歌的了。

崇拜是一种从古至今普遍存在的心理，本也无可厚非。然而过分追求，颠倒主次，甚至把偶像一些缺点错误也当做圣物来狂热崇拜，那不但是不足取，而且是有害的了。比如号称"四大天王"之一的黎明，在北京开演唱会时竟然跑调了，可歌迷们对他的崇拜仍丝毫未减，有的甚至认为走调的那句是"神来之笔"，特精彩！"发烧友"们的盲目崇拜心理竟至于此，不是太荒唐了吗？

崇拜影视歌星本身并不一定不好，影视歌星自有其存在的文化价值，而且在一定程度上也丰富了人民的精神文化生活。但是，高度发展的精神文明只有在高度发展的物质文明的基础上才有可能实现。举一个最简单的例子来说,如果没有科技人才为这些歌星、影星创造出先进的音响设备、摄影器材,那么这些歌星、影星也就不可能以最美好的形象为"发烧友"们所崇拜。所以在崇拜歌星、影星时,更应该崇拜和学习那些科技明星,学习他们不为名、不为利,为国家富强、人民幸福默默奉献的崇高精神!

青少年时期是长知识长身体的黄金时期,是世界观形成的关键时期,过分热衷于追逐明星,津津乐道于他们的花边新闻和成功的荣耀,以致荒废学业,误入歧途,是十分有害,不足取的。我们应该抓紧当前的黄金时期,努力学习,提高自己的思想道德修养,努力学习文化科学知识,不断使自己充实完善起来,并最终完成由崇拜别人到被别人敬仰崇拜的质的飞跃,为人类文明、社会进步作出自己应有的贡献。

"追星现象"小议(缩写文)

追星现象现在在中国已经泛滥成灾了。"发烧友"不仅崇拜偶像,还火热地收集关于偶像的一切,甚至看见有人在机场欢迎杨振宁时去问杨振宁是唱什么歌的!

中国青少年的文化素质真的到了对科技精英如此无知而只有歌星、影星才是值得一谈的地步了吗?

崇拜是一种从古至今普遍存在的心理,然而过分追求,颠倒主次,甚至把偶像的错误也当做圣物来崇拜,那不是太荒唐了吗?

崇拜歌星本身并不一定不好,他们自有其存在的文化价值,但在崇拜他们的同时,更应该崇拜和学习那些科技明星,学习他们不为名、不为利,为国家富强、人民幸福默默奉献的崇高精神!

青少年时期是长知识长身体的黄金时期,如果沉迷于追逐明星,误入歧途,是十分有害的。我们应该抓紧现在,提高修养,学习知识,完善自我,为人类文明、社会进步作出自己应有的贡献。

《"追星现象"小议》一文的缩写把握住了原文的主旨和思路,而且语言简明概括。比如举例说明追星的盲目现象时,缩写者选择了最典型的问"杨振宁是唱什么歌的"例子,其他例子就省略了。再比如分析崇拜心理时既分析了崇拜心理的历史合理性,又明确指出过分追求的荒唐,所用语言不过五六十字。这一切是建立在准确理解原文的基础上的。虽然全文不过400字,但仍然令人信服地证明了"盲目追星是有害的"这一观点。

第三节 扩写

扩写正好与缩写相反,缩写要求对原文压缩,扩写则要求对原文扩展。扩写是在忠于原文的主题和主要内容的基础上,对原文进行补充、增添、发挥。扩写后的文章比原文更具体、更充实、更丰满。也就是说,作者有充分发挥描述能力、推理能力、想象能力的余地。扩写与改写也不同,改写可以对原文的主题从一个方面加以强调,对人物、情节既可以增添,也可以删削。而扩写只能增加原文没有的细节和某些内容,但不能改变和删削已有的情节和内容。

具体地说,在进行扩写时要注意以下几点:

1. 动笔前一定要吃透原材料,领悟原文的主题,找到事物的内部联系,准确地发现扩写点,推想出合理的枝叶,想象出可能出现的情景,使扩写后的文章成为不离原材料的再创造,扩写的内容符合原材料中人物、事件发展的必然性。

2. 要充分发挥想象力和创造力。扩写时,可以对原材料增加情节,要注意描写人物的外貌、语言动作、心理活动和人物生活的环境等。换句话说,就是用扩展的方法把原概括性的叙述变为具体的叙述,把概括性的描写变为具体性的描写。

3. 扩写是对内容的扩展和增添,但不是无重点地增加一些无用的细枝末节,不是故意把语言拉长,说一些重复啰唆的话。扩写的文章同样需要剪裁,做到重点突出,严谨完整。

4. 扩写不同于改写,要做到不改变原材料的主题、题材、体裁、结构、人称等。

扩写包括句扩成段,写作提纲扩成文,短文扩成长文等。我们先看一下句扩成段的写作示例。

原句是:

老爷爷笑了,对我说:"谢谢你!"

第一个同学把它扩写成:

老爷爷欣慰地笑了,感激地说:"谢谢你!"

这句话比起原句来,加了两个形容词"欣慰""感激",显得比第一句更有感情。

第二个同学扩写成:

老爷爷眼含热泪欣慰地笑了,颤抖着嘴唇激动地说:"谢谢你!"

这句话不仅保留了上一句的两个动词,而且又加上了外貌描写"眼含热泪"和动作描写"颤抖着",这就比第一句不仅更有感情,而且更为具体了。

第三个同学扩写成:

只见一位年迈的老爷爷,手持拐棍,颤巍巍走过来紧紧握住我的双手,眼里满含感激的热泪,欣慰地笑了。老泪纵横在他饱经风霜的脸上,使他的笑容犹如一朵经霜的秋菊。只见他的双唇因激动而颤抖,好一会儿,终于说道:"谢谢你!"

显然,扩充后的第三句表达方式较前两句和原句的表达方式有着更细致、更丰富的表现力。由于形象与语词结合得细密而紧凑,因而达到了如见其人,如闻其声的表达效果,其感染力自然比前三句要深刻得多。

下面再看提纲扩写成文的示例。《中国人是有骨气的》一文写作提纲如下:

第一部分:提出论点——中国人是有骨气的。

第二部分:运用正反对比的方法来论证中国人民是有骨气的。这部分又分两层。一层,列举我国古代和现代的事例,具体论证论点;二层,列举现在一小部分人丧失中华民族美德,毫无骨气的事例,进行对比论证。

第三部分:揭示原因。指出"骨气"的积极意义,总结全文。

扩写议论文,主要是扩充论据以增强说服力。本题需扩充的问题是事实论据,即古今中国人民有骨气的实例。这些实例是用来证明论点的,因而必须做到:

1. 真实准确。所谓"真实准确",就是事实必须确凿,不能是道听途说的,更不能掺假虚构。

2. 典型。所谓典型,就是论据既要有普遍性、代表性,能反映事物的本质和基本情况,又要与论点有必然的联系,而不是偶然的、个别的、片面的事实。只有论据典型,论证才能起到以少胜多的作用。

不过,论据再多也不等于理由充足。要使论据具有较强的说服力,还需要选用恰当的论证方法,充分利用论据进行论证。这是扩写议论文的一个重要环节。本题在论证中,除了事实论证以外,最好还要有对比论证。俗话说"不怕不识货,只怕货比货"。通过正反对比论证,什么样的人有骨气,什么样的人是民族败类,就一清二楚了。

第八章 其他形式的作文

扩写的习作如下:

中国人是有骨气的

无数历史事实证明,中华民族是有骨气的民族,中国人是有骨气的人。

自古以来,历史上许许多多"中国的脊梁",面对着封建君主的淫威,异族入侵的刀枪,高官厚禄的引诱,毫不动摇,决不弯腰。"虽是等于为帝王将相作家谱的所谓正史,也往往掩不住他们的光耀。"文天祥当面斥骂前来劝降的叛将吕文焕,最后在狱中不屈不挠,从容就义,实践了"人生自古谁无死,留取丹心照汗青"的壮志。徐悲鸿面对洋学生的诬蔑,勇于向洋学生挑战,勤学苦练,在多次竞赛和考试中一直名列前茅,使那位洋学生不得不承认中国人富有聪明才智。朱自清宁愿饿死,坚决签名拒绝美元和拒绝接受配售的美国洋面,表现出高尚的民族气节和不妥协的反帝精神。华罗庚得知祖国解放的消息,毅然决然地抛弃了洋楼、汽车,带着全家登上游船,回到祖国的怀抱……这些人的所作所为,真正地表现了富贵不淫、贫贱不移、威武不屈的大丈夫气概。他们的凛然正气将永远名垂青史,永远为人们所敬仰。

但,遗憾的是,在我们中间,现在却有一小部分人丧失了中华民族的美德。

他们像无脊椎的软体动物一样,毫无骨气。有的人为了个人能得到一点好处,在外国人面前点头哈腰,卑躬屈膝,大丢国格、人格;有的人认为一切都是外国的好,月亮也是外国的圆;更有甚者,千方百计拉关系,找门路,想移居国外……在这些人的眼里,什么国家的荣誉、民族的尊严,全是空话,他们想的是钱,想的是个人的享受。一句话,私欲膨胀,崇洋媚外的思想在作怪。长此以往,他们将会成为金钱的俘虏,人民的

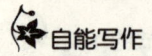

叛徒,被国人所唾弃。

"人不可有傲气,但不可无傲骨。"(徐悲鸿语)为了继承我国人民的爱国主义传统,发扬爱国主义精神,我们一定要加强爱国主义思想教育,提高优良的传统道德水平,扭转崇洋媚外的歪风,作一个堂堂正正的有骨气的中国人!

扩写后的《中国人是有骨气的》习作例文写得较好。文章开门见山,接着叙述文天祥、徐悲鸿、朱自清、华罗庚的典型事例来论证中国人是有骨气的人。论证中扩充的论据准确,与论点有必然联系。叙例也比较简洁,而且叙例以后还对事例进行了归纳分析,这样就跳出了"就事论事"的怪圈,加强了述事说理的力量。正面事实摆出以后,文章又联系现实生活中"一小部分人"丧失人格、毫无骨气的表现,进行对比论证,加深读者的认识。特别是最后揭示了少数人没有骨气的原因,并指出了危害,提出了克服的措施,更使文章对比鲜明,针砭时弊,具有较强的现实意义和说服力。

短文扩写成长文举例如下。

将下列一篇短文扩写成一篇1000字左右的记叙文。

鲁迅先生与人力车夫(原文)

一个寒冷的冬天。鲁迅先生从教育部回绍兴会馆,不慎把钱夹落在车上,人力车夫发现后急忙跑进会馆把钱夹送给鲁迅先生。鲁迅先生十分感激,拿出一元钱酬谢他。经鲁迅再三劝说,人力车夫这才收下,称谢而去。

本题是对记叙性的材料进行扩写。材料是一篇概括性的叙述。根据记叙文扩写的性质,本题的扩写要求是:在不改变原文中心和基本内容的前提下,发挥想象力,对全文进行增添、发挥、扩展,使扩写后的文章

第八章 其他形式的作文

更加充实、更加深刻。

这篇扩写的内容主要是发生在鲁迅与人力车夫之间的一件事，因此，人物形象化应是扩写的重点，要写出鲁迅在人们心目中熟悉的性格特征。比如，我们在扩写"一个寒冷的冬天"这句的内容就可以对环境、气氛进行直接描写，使寒冷的内容具体化。在扩写鲁迅和车夫的人物外貌时，对车夫的刻画就应比描写鲁迅要重得多，因为这是中心的需要，我们就不能平分秋色。

下面请看扩写后的习作。

鲁迅先生与人力车夫（扩写文）

隆冬的北京，寒风凛冽，大雪纷飞。

一天下午，身穿灰布长衫的鲁迅先生，夹着黑色皮包从教育部大楼走出来。

"先生，坐车吧？"一位人力车夫拉着车子站在风雪中间。

鲁迅先生见这位车夫约四十开外，穿一身单薄的破棉衣，戴一顶旧毡帽，被雪花染白了的眉毛底下一双凹陷的眼睛，好像在说："雇我吧，我在这里候客多时了！……"

"拉到绍兴会馆吧！"心里掠过一层乌云的鲁迅先生和气地对车夫说道。

那人力车夫飞也似的在雪地上跑。风雪迎面扑来。鲁迅先生这才看清：车夫棉衣裳后背开了一个口子，露出又黑又旧的棉团；一双又黑又瘦像干菜似的手，紧握着一颠一颠的车把……心里不觉又沉重起来。

绍兴会馆到了。鲁迅先生给足了车费，辞别了车夫，便进了屋。他抖抖身上的雪，坐到桌前，不时在稿纸上写着什么。忽然，门外一个声音喊他：

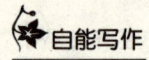自能写作

"先生……"

鲁迅抬头见是刚才那位车夫,便微笑着站起身,说:"坐!找我有事吗?"

车夫从怀里取出黑皮夹说:"这皮夹我想是先生失落在车上的,我给送来了。"说着便把皮夹递过去,"请先生当面点一点吧!"

鲁迅先生接过皮夹,打开一看,确是自己的,非常感激地说:"谢谢!钱不少,还有一些重要的文稿也在,真要谢谢你啦!"

说完,鲁迅先生边倒了一杯热茶,送给那车夫喝,边和他亲热地攀谈起来。

车夫见这位先生一点儿也不像平日见到的阔人,便毫无拘束地诉说起自家生活的困难……

鲁迅十分同情地倾听着,心里更加感动:他一家生活是那么困苦,可他拾到了钱夹却原封不动地送还失主,这是多么诚实正直的人啊!于是鲁迅从皮夹取出一元钱酬谢车夫。没想到车夫先是愕然,接着就连连摆手,说:"先生,老话说'人穷志不穷',拾到的东西理当送还失主,怎敢要报酬呢!"

鲁迅先生恳切地说:"你这就把我当外人看了!再说你跑我这里一趟,也耽误了拉车的时间,你拿这点钱去买点米回家吧!"

最后鲁迅先生好不容易说服了他,那车夫郑重地把这一元钱收下,放进贴胸的破棉衣里,走到门口,还回头看了看慈祥的鲁迅先生,好像在说:"他真是天下少见的好人呀!"

鲁迅先生深情地望着车夫渐去的背影,直到看不见了,才又坐到桌前的椅子上,展开那一束没有写完的文稿。

这篇扩写的文章,在原文的人物形象、故事情节具体化方面下了工夫,扩展的内容符合生活的逻辑,符合人物性格的特征。结构安排上也

做到重点突出、详略得当,体现了作者在整体构思上的用心。

它开始具体交代了故事发生的地点是北京,并把原材料中的"寒冷"具体化。同时增加对鲁迅先生的外貌描写。扩得合情合理,读来真实可信。接着又写了"站在风雪中间"兜揽生意的人力车夫的外貌,使原材料不太具体或未写到的人物形象丰满起来。这都是作者展开想象的彩翼"扩"出来的。但写到车夫在等待客人的艰难时却一句带过,把它留给读者自己去想象。这样详略得当,结构紧凑。

在写到鲁迅先生坐车的时候,作者通过鲁迅先生的眼睛,刻画了车夫的背影,写出了车夫的窘迫,鲁迅的同情,为下文作了铺垫。还有,写到车夫送还皮夹,鲁迅同车夫在书房倾谈的场面,作者扩写了对话,把原材料中"人力车夫发现后,急忙跑进会馆把皮夹送给鲁迅先生"这句话具体化。车夫的忠厚,鲁迅在某些细节上的平易近人和对车夫的感激都写得很逼真,合理地推想了故事发展的进程。特别是写到车夫诉说自家生活困难,作者巧妙地用一个省略号轻轻带过,以集中笔墨描写鲁迅的酬谢和车夫的辞谢,真是详略安排得当。

鲁迅酬谢和车夫辞谢,是本文扩写的重点。通过人物的对话、心理、行动描写,把原材料中鲁迅对车夫的感谢和车夫的辞谢更加具体化、形象化,使读者读了如在眼前。以鲁迅对车夫的评价和车夫"人穷志不穷"的对答,深化了原材料的中心意思。尤其是结尾,呼应了文章的开头部分,使结构更加完整。这个情节的增添符合人们熟知的鲁迅先生的生活习惯,对表现鲁迅的个性起了很好的烘托作用。

第四节 改写

如果说,缩写主要是把原作浓缩,那么,改写便是对原作从形式到内容进行某种改动的再创造。它的要领是：忠于原作又不拘泥于原作，大胆想象要合乎情理，恰当剪裁又加以补充，自由发挥创造。

缩写和改写都有原文作依据，都是在原文基础上进行集中概括，其基本功也都是作文的基础训练。只有做好说明文、议论文、记叙文这三种文体的训练，才能在这个基础上做好改写和缩写的练习。

缩写和改写又有不同之处。缩写，忠实原作是它的基本要求。原文的中心结构、顺序都是不能更动的，变动余地很小。缩写主要是结构的紧缩，字句的减少。在做缩写练习时，时刻要注意不能离开原文，不能添枝加叶，甚至原文的要点和警句都可以照抄下来。改写在某种程度上可以说是一种不能完全离开原文的再创造，在材料的取舍和安排上比较灵活。为了突出某项要求，还可以发挥形象思维的作用，添加某些细节描写。语言基本上是自己的。由此可见，改写比缩写在形式上所受到的限制是更少一些，也更灵活一些。

改写文章，这是初中生课堂作文练习比较常见的一种方式。在改写前，我们通常要认真阅读原文，分析原文的中心思想、材料安排、组织结构等，并细心体会对这篇改写的要求，然后根据要求先在头脑中进行构思，得出一个综合答案，然后再动笔书写。所以，经常做改写练习，不但能锻炼同学们的综合分析问题的能力，还有助于同学们形象思维活动的展开。至于改写的形式，也是多种多样的。归结起来，主要有变换文体和不变文体这两大类型。但是总体来看，不管什么样的改写练习，有几项要求还是共同的。

1. 中心要明确：在改写中要注意材料的剪裁和组织，务必使改写后的文章中心明确、一目了然。

2. 层次要清楚：改写后的文章不但要分段，而且段落之间的过渡也要自然。

第八章 其他形式的作文

3. 语言要准确：改写不同于缩写，一般不要照抄原文，但也要首先注意语言的准确性。

变换文体的改写，可以分为两种方式。

一种方式是要求记叙文、说明文、议论文这三种文体之间互相改写。做这种练习的时候只要参照这三种文体的写作方法各有侧重就行了。如说明文，重在把问题讲清楚；议论文则要侧重突出中心论点；而记叙文呢，就要有人物、有事件，注意记叙文的六要素。

另一种变换文体的改写方式是要求把诗歌改写成散文，一般对初中生要求则多是把课文中的古诗改写成白话记叙文。如《卖炭翁》《木兰诗》等这些古代叙事诗都是改写白话记叙文的好教材。

在把古代叙事诗改写成白话记叙文之前，首先要在字句上弄清原意，并弄明白这首诗在当时的背景下的时代意义。要想改写好，同时还必须发挥形象思维的作用，在改写中要根据原诗的内容展开想象。为了突出人物形象，可增添一些细节描写。所以做这样的改写练习，一方面在改写中熟悉了课文，加深了对课文的理解；另一方面，也是培养、锻炼同学们联想力和想象力的好办法。

我们还是借用江苏省滨海县初中学生的一篇改写作文作为范例来说明这个问题吧。这篇《木兰诗》后半部分的改写文字是这样的：

 《木兰诗》(后半部分改写文)

"木兰回来啦！"消息像长了翅膀，飞到了花木兰的家乡。

"阿姐，快点！"木兰的弟弟在厨房外大声地喊叫。他的手里，拿着一把磨得铮亮的菜刀。

"就好，就好。"阿姐嘴里衔着一根碧玉簪子，正从房间里匆匆走出。

"你就是梳妆打扮要紧。爸爸妈妈都到城外接姐姐去了。等会儿午饭赶不上……"

"别急,弟弟。来,你烧火,我炒菜!"大姐好像突然想起了什么事,神秘地说:"弟弟,等会儿木兰回来,你可别叫姐姐呀!"

弟弟睁大眼睛,领悟地"嗯"了一声。

说话间,木兰扶着父亲和母亲,早已到了家门口。

木兰的眼里闪耀着泪花。这个连负伤时也不轻易掉一滴眼泪的姑娘,望着居住多年的老屋和年迈的双亲,显得异常激动。她禁不住在心里说:"可爱的家乡,我回来了!"

木兰的父亲一边招呼护送闺女回乡的战友坐下用茶,一边和他们聊天。

弟弟听到说话声,立即赶来了。木兰的母亲知道姐妹们多年不见面了,少不得要谈几句,便自个儿到厨房去了。

小弟拉着木兰的手说:"听说你回来时,皇上召见了你?"

木兰说:"是呀!"

弟弟问:"你为什么不愿做官啊!"木兰望着大家笑笑说:"他想错了。我哪是为了做官才参军的?回家来,种田致富,不是更好吗?"

这时,阿姐也从厨房走来。木兰说:"阿姐,帮我把东阁门打开,我要换换衣裳。"她们便一同到房间里去了。

……

等木兰从房间里出来时,满屋的人都惊呆了。

此时,木兰已经解了盔甲,脱了戎装,换上了一套虽然旧一些但却很合身的女服。眉额上也涂上淡黄的面饰。俨然是一个女郎的打扮了。

木兰的爸爸对护送的客人说:"没想到吧!本来,征兵的时候,文书上点名要我,我年纪大了,她弟弟又小。她自己争着要为国立功。我想,一个女孩儿家,当兵打仗,多不方便。可她说:我有办法,女扮男装嘛!"

经爸爸一说,木兰更腼腆了。她羞涩地对战友们说:"兄弟们难得来,就多住几天!"

护送木兰的战友们,这时才从震惊中清醒过来,自语地说:"真不简单,一个女孩子竟能有这样大的志气!怎么相处了十二年,我们竟一个人也没有认出来呢?"

上面这篇例文是变换文体的改写,但更多的改写是不变换文体的改写。记叙文的改写是中学生最常练习的改写内容,也是很丰富的一种练习方式。可归纳为以下三种。

1. 变换人称的练习

记叙文的人称有第一人称、第二人称、第三人称这三种,它们可作互换的练习,但最常见的还是第一人称改为第三人称和第三人称改为第一人称的练习,其中又以前者为多。

2. 变换结构的练习

这里主要指记叙文的叙述方式的变换,及顺叙、倒叙、插叙的互相变换。一般的练习是把倒叙和插叙的文章改为顺叙的写法。这是很简单的,不需要什么文字上的润色,只需调整一下结构,改动几句过渡的话就行了。

3. 变换中心人物的练习

让我们以法国作家都德的《最后一课》这篇文章为例,来讲一讲怎样进行变换中心人物的练习。这篇文章是以小弗郎士为中心,通过他在最后一堂法语课上的所见所闻所感,反映了法国人民在国土沦陷时仇恨民族敌人、热爱祖国的悲愤心情。如果要求你仍然用第一人称,以韩麦尔先生为中心来写一篇在最后一堂法语课上的见闻和感受的1000字以内的短文,怎样写呢?

首先，中心人物变了，中心内容也略有变化。改写后的中心应该是：以韩麦尔先生为中心，通过他在教授最后一堂法语课的见闻和感受，来反映法国人民在国土沦亡时仇恨民族敌人、热爱祖国的悲愤心情。所以开头五段与这个中心无关，可以完全省去。如果改写后的文章仍然以小弗郎士为主，或小弗郎士和韩麦尔并重，显然都是不对的。但是，改写后的文章中的人物应与原文一致，即主要人物仍是小弗郎士和韩麦尔，还可以提到郝叟等镇上的人。

其次，要注意语言的变化。原文是以一个小学生的口吻写的，语言简洁、幼稚；改为以韩麦尔先生的口吻写，语言就要更多地注意准确、生动。

第三，还要注意结构的变化。如原文中描写小弗郎士心理活动的文字就要略去，或通过其他形式来表现。可以增加韩麦尔先生的心理活动的描写。但是基本情节却是不能变的，如在最后一节法语课上，韩麦尔先生提问小弗郎士的对话，韩麦尔先生讲课的内容，以及下课前在黑板上写的"法兰西万岁"几个大字，这都是在改写后的文章中必须要反映出来的。

第五节　续写

续写首先在读。读是基础，续是主体。续写优劣与否，很大程度上取决于读的好坏。只有细心认真地读懂原文之后，才能充分理解原文的思想内容；也只有理解了原文的行文脉络及作者所要表达的思想感情，才能掌握原文的写作特点和语言风格。在读懂原文的基础上，还应仔细审视题干中的具体要求，如表现手法、表达方式、字数多少等。读后是写，写的关键是要与提供的续写材料文体一致、中心一致、思路一致、对象一致。也就是说要按照要求围绕中心作合理想象。续写人物,则按人物的性格发展的逻辑,想象人物的活动与结果;续写事件,则按事件本身的发展逻辑和所供材料的语脉,想象事件发展和结局。同时,写人物的活动和事件的发展不要单一化,要尽量写出层次,体现一个过程,"文似看山不喜平"。

下面看一则寓言的前半部分,然后做续写练习。

有一群鸟雀要飞来了,捕鸟的人布了一张大网在林中等候,结果网到了不少鸟雀。有一个人在旁边仔细地观看,发现每一个鸟的头只钻进一个网眼,他心里就想,捕鸟何必那么麻烦的要把许多网眼联结在一起呢?

于是他就……

这是一则寓言,所以首先要把握寓言的中心(寓意)。黑格尔说:"一只手如果和身体分离,它就失去了存在的意义。"网眼离开大网就失去了功能和作用。"他"不懂得事物是有联系的,而是孤立地看问题;"他"急功近利,不懂得欲速则不达;"他"有侥幸心理,不懂得偶然当中包含着必然……"他"的想法必然行不通,"他"的做法必然失败。想到了这些,续写内容也就出来了。

于是他就把自己的想法对捕鸟人说了,捕鸟人是一个很有学问的隐士,他想:对这种人讲道理未必听得进,还是让事实来教育他吧。捕鸟人任他按自己的设想,把大网剪成一个个网眼,分挂在各处。二人静候在林中,不久,一大群鸟飞过来了,好几只鸟触圈了,可是圈儿一摆,鸟儿擦圈而过,结果一只鸟也没有网到。他看着那些晃动的圈儿,似乎明白了什么。

如果是对整篇文章的续写,它就要求习作者充分发挥联想和想象,顺着原文的思路,去延续和发展原文的故事情节。因此,续写的前提是

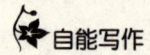

十分熟悉原文的基本结构,深刻理解原文的中心意思。例如丹麦作家安徒生的《皇帝的新装》,就首先要明确本文的中心是:借皇帝这个典型形象,来揭示封建统治者虚荣、虚伪、愚蠢及顽固不化的本性。然后进行合理的想象和推理,才能写好本文的续写文章。下面请看一篇续写习作。

皇帝回宫以后

"岂有此理!我是一国之君!谁敢嘲笑我!你,把所有嘲笑我的人都给我抓起来!"受骗的皇帝参加完游行后,非常气愤,正指着一名骑士大声喊叫着。看他那样子,简直快要疯了。

又气又累的皇帝回了宫,一头扑在床上,并命令所有的人都出去。躺着躺着,便迷迷糊糊地进入了梦乡。他边睡还边说:"岂有此理,你们这些愚蠢的人!"

突然,他觉得自己胸前有什么东西在跳。一翻身,"哟,这不是我的心吗!它怎么蹦出来了?"皇帝揉了揉眼睛,想看得更清楚些,"没错,它确实是我的心呀,可……"正在皇帝不解之时,那个红红的东西竟然说话了:"不错,我就是你的心。可我现在不属于你了,因为你背叛了我,现在我要走了。再见!"说着,那心就要跳走。皇帝连忙追问:"等等,我哪里背叛了你?""你还有脸问我?我问你,你在织布机上看见什么了?""我……我……""你什么也没有看见。而你那张嘴却偏要把那并不存在的布料描述得那样细致。你说,这是不是背叛我?"皇帝没有话说了。心接着说:"像你这种皇帝,是最愚蠢的。不但你自己愚蠢,还要让所有的百姓跟你一起愚蠢;百姓说了真话,你还要镇压他们……好了,说你也没用,你就要入地狱了,再见。""喂,等等,等等!"皇帝大声地喊着。

……

"等等,等等!"皇帝还在喊着,脑门上净是汗。过了不知多长时间,他睁开了眼,用手擦了擦汗,又摸了摸前胸,这才发现,原来自己做了一场梦。

皇帝回想着这场梦,突然大喝一声:"嘉奖所有说真话的人!"

就这样,爱穿新衣的皇帝再也不总待在更衣室了。他命人抓住了那两个骗子,还制定了一条法律,专门制裁那些说假话的人。从此,他和他的臣民们永远过着真诚而幸福的生活。

本文虽然不长,但文句通畅,语言表达和谐自然,注意尽量与原文保持一致;并且充分发挥了想象力,立意也有新意,是一篇较好的续写习作。

第六节 网络作文

《全日制义务教育语文课程标准》明确提出:"应当密切关注当代社会信息化的进程,推动语文课程的变革和发展。"目前,计算机已经进入了许多家庭,网络发展迅速,网络资源越来越丰富,并在不断更新。在人类全面进入电子时代的今天,互联网的利用已成为一种普遍的社会现象。网络也已成为当代初中生的一门必不可少的功课。它不仅给充满求知欲的同学带来了巨大的信息量,而且能全面更新同学们的受教育方式及互动与沟通方式,使同学们的生活空间得以扩展,生活色彩变得斑斓。所以说,如果能正确地加以引导,网络也是非常有助于青少年成长的,也符合课标对我们的教学要求。

网络作文是一种新的写作方式

"文章合为时而著,歌诗合为事而作。"随着网络的兴起,网络作文应运而生,并已经成为21世纪的作文新殿堂。什么是网络作文?只要是以互联网为媒体,通过网络互动方式,进行写作、修改与传播的作文都算网络作文。

与不能满足社会需要及压抑同学个性发展的传统作文相比,网络作文有着无可比拟的优势。首先,网络巨大的网上资源为同学进行网络创作提供了快捷的服务,可以多种手段编辑呈现材料和成果。其次,网络作文给同学以充分的自主,提供了个性化的写作空间,便于同学创造;最后,网络作文能突破时空的限制,做到贴近生活、关注社会、注重实用、形式灵活。

目前,网络作文以其不可阻挡的气势和迅速发展的规模成了新时代作文中的新贵。随着计算机和网络的高速发展,在社会风气的鼓舞和网络写手的感召下,初中生的网络写作也风起云涌,目不暇接;再加之如E-mail、BBS、网上聊天、手机短信息等网络写作品种层出不穷、百花齐放,网络作文呈现出一派"乱花渐欲迷人眼"的景象。网络作文的意义至少有如下几个方面。

1. 它唤醒了同学们的读者意识。文章失去了读者,也就没有多大存在的意义;写作的人心中没有明确的读者,文章也很难有针对性。教育心理学告诉我们,如果对写作不能产生需要,那么就很难写好文章;相反,有了写作的需要,有了表达自己心中思想的欲望,就会产生一种内驱力,就会以满腔的热情去写好文章。网络作文,一改过去老师是唯一的特殊读者的现状,同学、朋友、家长、编辑以至网民等都可能是作文的读者。同学心目中有了"读者",就会产生"鱼鲠在喉,不吐不快"的写作欲望和激情,全身心地投入写作。

2. 它激发了同学们的自主意识。传统作文,只是写老师布置的作文,是遵命作文,是应付作业的被动作文。网络作文,成了同学自发的、

第八章 其他形式的作文

自主的作文。网络作文给同学以充分的自主,提供了个性化的写作空间,便于同学创造。在进行传统作文与网络作文的比较之后,你会突然发现,现在要在网上写自己想写的作文时,写作热情空前高涨,对待文字也是非常地认真和负责,甚至你都不敢相信,那文章是你自己写的。

3. 它培养了同学们的责任意识。一方面依靠网络全方位的信息场,关注国计民生,关注国家、民族、社会、人生,关注政治、军事、经济、文化、体育诸方面,有了网络,你想一心只读考试书也已经不可能了。天下兴亡,同学有责。另一方面,明白了自己的作文不再是应差应试的作业,而是公之于众的文章、信息,发送上网的作文,就有读者,就会传播,就会有人评价。虽是虚拟世界,但展示的却是真实人生。因为人们会由文及人。所以,许多同学的责任意识愈来愈强。部分不负责任的同学用假名登录说不负责的话,时间一长,就无人理会,遭到大家的蔑视,也会因为没趣和冷落而改变自己的随便和不负责。当你一不小心发现自己突然"长大"的时候,那也许正是源于"网上冲浪"呢。

4. 它改变了同学们的评价意识。传统作文,写完后,同学唯一的评价人是自己的语文老师,最在乎的就是老师的评价。如果老师有作文评价水平上的不足,同学也很难发现;如果老师有审美上的亲疏好恶,同学也无法改变,只能听之顺之。而网络作文呢?计算机和网络是作文的平台和环境,不用传统的稿纸或作文本;作文评价是开放的、动态的和多元的。从网络作文教学的角度来说,同学是网络作文的主体和中心,教师只是作文教学活动的组织者、指导者、帮助者和促进者。网络作文更在乎的是同学之间的评价,语文老师以外的其他老师的评价,甚至是家长的评价,社会人的评价。再说同学自己既是被评价者,同时又是评价者,对别人文章说东道西,已成为家常便饭。随着老师评价权威的丧失,同学自我评价的意识在不断增强,审美鉴赏能力也在不断提高。

5. 它提高了同学们的信息处理能力。有了网络的支持,根据写作需要,敲击关键词,凭借搜索引擎的强大功能,查找相关信息成了一件非常简单的事情;但所得信息动辄成百上千,这时就不得不学会快速浏览筛选、分类下载、处理整合,将最有效的资源信息使用到文章中去。经过长期高难度、高效率的查寻、接受和处理信息的锻炼,同学的阅读能力、处理信息的能力将会得到极大的提高。

6. 它从根本上解决了同学们对作文无兴趣的老大难问题。兴趣是最好的老师。这是爱因斯坦的名言,也是教育真理。网络作文可以让每一个同学都爱上作文,甚至痴迷作文。网上作文是在自由状态下写作的,它可以直抒胸臆、原汁原味、朴素自然,生动地表现当下中学生的时尚、情趣、智慧、追求等,可以充分地展示个性。所以,网络作文可以让每一个同学都爱上作文,甚至痴迷作文。现在许多同学已经养成了每天都要写一篇网络作文的习惯,这对同学的练笔是很有好处的。

网络作文的题材和体裁

综观现在初中生网络作文的写作情况,从题材的角度大致可以分为以下几类。

1. 叙述电脑与人的关系。这类题材的作文大多叙述了人与电脑间的真实故事,或抒发对电脑网络的特别感情,或表达作者在网络实践中所领悟到的独特人生感受。

2. 描绘网络英雄。在这类文章中,有的同学写到了比尔·盖茨,有的同学写的是身边的老师、同学、家长,甚至自己在网络实践中的"英雄"角色。有些文章立论有时虽然有些偏颇,但只要能够足以引人深思,激发人们去探讨,这就足够了。

3. 叙写网事。有谈上网体验或经验的,也有谈网络对人类社会的影响的。前一类作文绝大多数篇目记叙了网上聊天、网上交友,甚至网恋的经历,其中有纯真的记忆,也有受挫受骗的经历,因为事情真实,所以大多叙述清晰、情节别致、描写细腻、感情真挚;后一类作文以讨论中学生上网利弊居多,大多思路清晰、有理有据、各抒己见、以诚感人。

4. 想象与联想。借电脑网络为桥梁,展开丰富的联想,表达作者对自然、社会、过去、现实、未来的感悟,还有的是对未来生活的大胆设想,表达对新生活、美好生活的追求与向往。这类题材的文章多带有科幻、童话、寓言的色彩,而且均能立足于现实,想象丰富、联想合理,其中不乏很有创造力的佳作,表现出作者思维的活跃与敏捷。

当然,网络作文的题材还远不止这些,因为网络的空间是那么的阔大,同学心灵的空间是那么的无垠,加上科学发展的日新月异,文章题材的不断翻新变化与融合,作文的出新也就是理所当然的了。

至于文章的体裁,有记叙体、议论体、说明体、散文体、小说体、戏剧体、诗歌体、童话体、寓言体、书信体、日记体以及科幻体,等等。不同文体的运用会收到不同的表达效果。如书信体使人感觉亲切,如谈家常,真切自然;日记体如同心灵独白,让人感到真实;小说体则故事性强,生动形象,有吸引力;科幻体联想丰富,理想与现实对比鲜明,发人深思。网络作文究竟采用哪种文体较好则要具体问题具体分析,一是看题材适合于什么文体,二是看本人擅长什么文体。网络作文实践中是不欢迎生搬硬套、装腔作势、哗众取宠的文风的。

网络作文的语言

网络作文由于主人公之间的交往主要是在网上进行的,没有面对面交往的直观性和顾忌心理,对话描写大胆、直接、精练、机智,思维灵活跳荡,加之双方的外貌神态、举止风度均在网络的虚拟中或对方的揣度中,这样就给人一种朦胧之美,给读者留下一片广阔的想象空间。尽管这些特点并非网络文章所独有,但是,它仍有足够的理由值得被关注。网络语言中还有一类属辅助性代号,诸如字母、数字、符号,别有内涵的词语,等等,它的使用范围是一些网民,其使用目的是为了上网的快捷方便。如果在平时和考试作文中大量运用这种语言,则是不恰当的,它势必让网络外读者感到莫名其妙,有损文义的表达甚至文章的传播。其实,网络作文的语言要求应该同其他作文一样,以表意准确、行文流畅为准则,切不可刻意扮酷、哗众取宠。

网络作文要注意的几个问题

网络作文应该注意以下几个问题。

1. 加强网络道德建设。常听人这样描述:现实生活用真名说假话,虚拟世界用假名说真话。其实不然,虚拟的网络世界用假名说假话说狂话说疯话甚至说脏话说反动话的也不乏其人。课程标准明确要求,作文教学要培养学生负责任地表达自己的观点。因此我们一定要把好网络作文之舵,每一个同学都应自觉遵守网络的游戏规则。提倡网络文明,不剽窃,不恶语伤人,不看不健康的网页,不玩无聊的游戏,不写制造垃圾的文字,不说无原则的捧人或骂人的话。

2. 慎重选择作文学习软件,灵活使用作文学习软件。有些作文学习软件比较好地利用了网络的展示功能、表达功能和记录功能,设计新颖、使用简单,并可以通过不断变换例文让同学反复训练,因此,它可以直接用于作文课的教学实际。不过,相对来说,这种学习软件相当于一个虚拟的环境。虚拟环境是预先设计的,而现实环境则随时在改变中,比如写环境的污染,可以把有关环境污染的词语,以至描写环境污染的文章全部收入软件信息库,但是却无法把环境污染的真实变化、把个人对这种变化的细微感受预先设计成标准表达预先编进虚拟的网络,并由网络来评价哪一种描写更好。到目前为止,大多数作文教学软件,都无法超越这样的障碍:即网络软件的简单程序与复杂作文过程的矛盾,不变的软件储备与变化的社会生活的矛盾。因此,这种软件在教学应用中的局限性是十分明显的,除非将来解决了电脑的思维问题,实现人机联网——这是将来若干年以后的事情了。

在加强网络作文的同时,不能忽视传统的作文,不能忽视同学的汉字书写,更不能忽视向传统文本的学习与吸收。可以这样说,在今后相当长的一段时间内,传统作文还是作文的一部分。不能用了键盘丢了钢笔,用了文档忘了书写,要做到键盘与钢笔齐飞,电脑和人脑共存。对于作文写作能力的提高,不是靠一招一式的创意、一朝一夕的改革就能见大成效,非下长期的工夫不可,其中要同学多读、多写这些传统做法,仍然是提高同学作文水平的必由之路。利用网络辅助作文教学的主要价值,还在于多角度地进行引导同学多读好书,激发同学多写作文的实践活动。

博客——一种全新的网络交流方式

"博客"一词是从英文单词 Blog 翻译而来,Blog 是 Weblog 的简称,而 Weblog 则是由 Web 和 Log 两个英文单词组合而成。Weblog 就是在网络上发布和阅读的流水记录,通常称为"网络日志",简称为"网志"。Blogger 指撰写"网志"的人,所以撰写"网志"的人和撰写"网志"的这种行为,很多时候也被翻译成"博客"。这样,"博客"一词,就既可作为名词,分别指代"网络日志"和撰写"网志"的人;也可作为动词,意思为撰写"网志"的这种行为。

实际上,"博客"就是一个网页,通常由简短且经常更新的帖子构成,这些帖子一般是按照年份和日期倒序排列的。作为"博客"的内容,可以是你纯粹个人的想法和心得,包括你对时事新闻、国家大事的个人看法,或者你对一日三餐、服饰打扮的精心料理等,也可以是在基于某一主题的情况下或是在某一共同领域内由一群人集体创作的内容。日记是带有明显的私人性质的,而"博客"则是私人性和公共性的有效结合,它绝不仅仅是纯粹个人思想的表达和日常琐事的记录,它所提供的内容可以用来进行交流和为他人提供帮助,是可以包容整个互联网的,具有极高的共享精神和价值。简单地说,"博客"就是以网络为载体,简易、迅速、便捷地发布自己的心得,及时、有效、轻松地与他人进行交流,并集丰富多彩的个性化展示于一体的综合性平台。

"博客"是继 E-mail、BBS、IM 之后出现的第四种全新的网络交流方式。你可以利用"博客"轻松地表达自己的想法,发布自己的心得。"博客"不仅仅是一种单项的发布系统,它还有着极其出色的交流功能。在以往的几种网络交流方式中,BBS 过于公共化,而 E-mail 和即时通信工具 IM 则有很明显的私人性质,"博客"的出现则将公共性和私人性很好地结合起来。你在"博客"发布的言论,会得到持相同观点者的支持,也有可能得到持相反观点者的反驳。这些支持或反驳的言论,会使你在思维方面有一个更好的提升。同时,你也可以参与其他"博客"的评论,去认识更多的朋友,通过在"博客"上认识的朋友,你可以很方便地扩大你的交流范围。在这里,每个人都是编辑和记者,广大的网民则通过网络搜索和互相连接,选择自己觉得有价值、有针对性的博客持续关

第八章 其他形式的作文

注。

"博客"提供了非常方便实用的个性化功能,可以将你与众不同的个性尽情地展示出来。通过"博客"提供的模板更换功能,你可以很方便地选择自己喜欢的模板,给自己的"博客"换上中意的"服装"。同时,你可以很自由地编辑自己的"博客"言论,张贴自己满意的图片、照片,甚至你可以将自己的声音、视频等多种信息慷慨地与大家分享。你可以在自己的博客里自由地书写自己关注领域的话题,书写那些不足以连缀成长篇大论却又不吐不快的灵感、观点,与趣味相同的访客们探讨、交流。博主们根据自己的需要和意志决定写不写,写什么,怎么写,而无须看网站脸色。一些博客因此成为相关领域专门研究的重要信息源和讨论园地,或传统媒体稳定的稿源。

"中国博客网"将"博客"进行了21种分类,并在频道上用"博客"目录的方式展现给我们,它包括个人空间、情感绿洲、原创文学、娱乐休闲、经济金融、大话天下、公司企业、电脑网络、求知广场、体育竞技、旅游自然、政法军事、生活百科、养生之道、少儿乐园、科学技术、社会文化、艺苑寻芳、网络游戏、班级集体、综合参考等。这样,我们在开通自己"博客"的时候就能很方便地选择能代表自己"博客"风格的分类;在查找"博客"与浏览日志时,也就可以更快更准确地通过"博客"分类来查找和自己拥有同样爱好的"博客"了。

为了让同区域的"博客"更容易地找到对方,"同城博客"现有30个省市、自治区的"博客"分类,包括北京、上海、天津、重庆、广东、广西、河北、河南、湖北、湖南、山东、山西、陕西、浙江、江苏、四川、福建、辽宁、吉林、黑龙江、内蒙古、云南、新疆、甘肃、贵州、海南、宁夏、西藏、青海、安徽,再加上港澳、海外其他地区,实际上一共是33个。通过"同城博客",我们可以根据自己所在区域很方便地查找同城博友及浏览他们的日

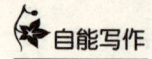

志。

网络作文展示(一)

请看中央教科所作文个性化平台网站(http://www.gxhpt.com)上的"网上论坛"中的一组文章。

谁来解答我的困惑?

编辑老师:你们好。

我是一位作文个性化研究实验班的同学。我对作文个性化十分地感兴趣,也写了许多抒发了真情实感的个性化的作文,受到了老师的多次表扬。可是,当我高兴地把这个消息告诉我的家长时,妈妈却批评起了我,说:"你不要看你现在受到了表扬,等将来中考的时候,可不要瞎胡写啊!考试还是要写规矩文,才能得高分。"听到这里,我困惑了。我想提出下面几个问题向您请教。

1. 考试是一定要写规矩文,才能得高分吗?
2. 练好个性化作文,会对中考有什么不好的影响吗?
3. 平时练好个性化作文,有什么好处呢?

请您在百忙之中一定要抽出时间来解答我的困惑。谢谢!

此致

敬礼

学生:佚名
2003.12.9

请大家来解答

佚名同学在作文实践中有了困惑,提出了几个现实中的问题,我们想,这可能也是参加实验的班级正在或曾经遇到过的问题。你是怎样认

第八章 其他形式的作文

识这些问题的?你是怎样解决这些问题的?你还有哪些新的问题?还是请参加实验的广大老师和同学们一起来讨论吧! 我们也欢迎已经考上高中的同学回过头来看一看,根据你的实际体会,平时的作文个性化训练和中考作文的关系是什么?从下期开始,我们就要摘登老师和同学们的来稿。欢迎大家踊跃参加。

《作文个性化平台》编辑部

2003. 12. 10

我也有同样的困惑

我是一名初一的同学。佚名同学的困惑我也有。我们一进入初中,语文老师就给我们训练怎样审题、怎样立意、怎样选材、怎样剪裁、怎样组织材料……堂堂讲,篇篇练,烦死了!真想写点自己想写的文章,可是我们老师说:"现在的练是为了将来中考的战。中考评分是有规矩的,现在不练好,临阵磨枪就晚了。"真的是这样吗?什么时候练规矩合适呢?每篇文章都按规矩写,真的就能提高中考作文成绩吗?

同学:金亦生

2004. 2. 5

个性化作文训练提高了中考成绩

读了佚名同学的来信,我也想谈一点自己的意见。这里我讲一个辅导差生练习写作文的真实故事,愿与大家共同研讨。

一位平时很老实又能吃苦的同学就是不喜欢作文。别人作文时他从来趴桌不写。有一次老师问他:"你到底是怎么想的,能不能聊聊哇?""好。""今天我允许你不写作文,也不扣你的分数。"他眼睛一亮:"那干吗呀?""你撕下一张作文纸,写一写为什么不会作文,然后我们就有内容可聊了,好吗?"很快,他就写完了。

下一次作文讲评课上,特意请他将这篇交上来的材料念了一遍:

我为什么不会作文呢?

作文!真比吃苦干活还要难上难。干活儿我不含糊,作文可真要我的命。上学期七篇作文有六篇没写,只写了一篇还是凑合上去的。所以上学期语文成绩不及格。

从以上情况不难看出,我的作文水平很低。玩儿来玩儿去,把作文玩儿完了。老不会写老写不好,老不写当然就更是老不会了。

今后怎么办?练吧!

读完这份材料,老师当众给评了"优等"成绩。他疑惑不解地问:"我上次并没有作文啊。"老师回答:"你写了心里话,这就是作文。作文并不神秘,谁都可以写好。你这篇作文以设问句开头,引起读者注意,很有特色。全篇段落合理,层次清楚,又没有病句,写得挺有感情,这就是一篇好文章,为什么不能得到'优等'的成绩呢?"这位同学听到这里,长长地"嗯——"了一声,说:"看来我也会写作文了。"

以后再上作文课,他还真是有的可写了,甚至超过了其他的一些同学。什么原因呢?他摸到了写作要写真事、说真话、抒真情,才有感染力的规律。一次春游后又上作文课时,老师刚把题目写到黑板上,这位同学的作文就开了头:"哈!我又来到了颐和园,门前的狮子张口笑着迎接我的到来。……"其他的许多同学有的正在思索着如何开头,也有的虽开了头但还在写着废话,诸如"鸟儿在树上叽叽喳喳地叫着……"或是"老师们在学校集合队伍,准备出发",这时,他已经切入正题了。

正是由于他在老师的带领下,一直结合个人特点进行作文个性化训练,不仅提高了平时作文的兴趣,而且积累了不少中考需要的写作素材。所以这位同学中考作文也取得了优异的成绩。这个例子,不正说明了平时的作文个性化训练对提高中考成绩的重要作用吗?

语文老师　扈钟莳
2004.2.3

网络作文展示(二)

对 牛 弹 琴
——论网络作文

寒蝉

　　一年下来,不下十次经历过网络写作。从生疏变得熟悉,由蹩脚练得纯熟。但初次上机的感觉却越来越浓郁,像粗盐提纯的实验——随着玻璃棒的搅拌,状如璞玉的粗盐便在坩埚中渐渐浓缩,直至提升出雪白的晶莹。就在此时,这感觉才首次以语言的形式映现在大脑——"对牛弹琴"。

对牛弹琴,面向死板的屏幕

　　面对着死板的屏幕,要我敲出一篇冗长的文章。眼前只有word里的一片素白,看着一个个方正的宋体字像跳蚤般闪出,我感觉像是在对牛弹琴。牛,农家的牲畜,耕地的工具——要多俗就有多俗;琴,乐器的奇葩,骚客的爱物——想多雅就是多雅。当面对"牛"这种俗物,要你弹出绝美的琴曲,这几乎是对琴的亵渎——哪儿还谈得上什么灵感!即使有,也在想到"牛"的一刹那被抹杀。这就是我的感觉:网络作文,如对牛弹琴,这是一种刁难!

对牛弹琴,带着坚韧的信念

　　摸索着键盘上的每一个方格,我的心中如热血狂涌。世上无难事,"难事"往往只是自己主观假想的屏障。用键盘谱写乐章,岂是天险?困境,往往激励人奋起,如对牛弹琴。牛,人类的奴隶,只知食草;琴,世人

的奇创,响穷天籁。当面对"牛"这种奴隶,要你创出绝美的乐曲去感动它。这很困难,但并非遥不可及!这就是我的感觉:网络作文,如对牛弹琴,这是一种考验!

对牛弹琴,满足虚荣的心灵

注视着文章下面长长的回帖,偶尔看到的赞美之词总会得到极大的满足:只要是人都会有虚荣心,当写出文章来,当然希望得到别人认可。在现实中,对于我这种水平的人,得到称赞的可能很少。而在网上,当成百上千的人浏览后总会有人留下赞词。我心中窃喜,如对牛弹琴:我犹如一个平庸的琴手,我的琴曲不被人们所赞颂,所以我对牛弹琴。没有牛知道我是谁,来自何方。当我面对漫山的牛群,总会有一些牛很给面子地扬起头来嘶鸣,以表示对我曲词的喜爱。这时我欣喜兴奋,毕竟我的曲并非一无是处。这就是我的感觉:网络作文,如对牛弹琴,这是一种慰藉!

对牛弹琴,手碰受伤的情思

心中阴雨的日子,我会在网上敲下一段文字。抒发我的不快,倾诉我的苦恼。接着,下面便会有一些人回帖来安慰,许多陌生的朋友都用自己的经历或见解来疏导你。虽然都是些不认识的人,但那温暖的春风顷刻便让伤口愈合。我感动,如对牛弹琴。当心湖被沉沉的阴霾所笼罩,我对牛弹琴。丝丝伤痛漫在琴弦响动的哀思中,牛儿抬起头来望着我,眼中满是同情和劝解。无声无息中,我的忧怨一扫而光,旋律也变得欢快起来。之后,与来时一样悄然离去,没有一丝痕迹,也没有人会知道我这软弱的一面。这就是我的感觉:网络作文,如对牛弹琴,这是一种调剂!

在这假名真话的世界,在这放浪形骸的幻境,我解放灵魂的枷锁,让心灵超脱出现实。焚毁了"为艺术而艺术"的象牙塔,我选择了网络作文——空山新雨,幽草青青;闲来无事,对牛弹琴。

部分跟帖如下:

"对牛弹琴"用全新的文字、全新的心情诠释了网络作文。(小龙)

作者把网络作文注释成"对牛弹琴"真是一种让人叫绝的写法!(星云)

越是能把看似白开水的东西写得有滋有味,越是一种才能、越能让人佩服。(哲骞)

能把虚拟的网络写得这么真实生动形象,确实需要有很深的文学功底。这样的文章,当然是好文章。这是一首网络的歌,这是一首网络的诗,这是一丝网络的春风。(汉风)

面对着屏幕,对牛弹琴,牛是虚的却是实的,琴是实的却是虚的,虚虚实实就是网络。(天雁)

看完之后,我受到了极大的震撼,你的构词造句能力实在很强,对比手法也用得很巧妙,这的确是一篇好文章!但"我感动,如对牛弹琴"这句话,好像与前后文搭配有欠缺。(萧萧雨)

网络作文展示(三)

网络上,文思飞扬

福建省厦门市集美中学初三学生　李锐超

网络的世界,真的是千变万化。我们信息技术实验班的同学对这一点的体会尤其深刻。例如,语文课上,同学们紧握鼠标,轻轻一点,各种各样的信息资料瞬间"飞"进我们的眼帘;物理课上,我们在老师的带领下走进"虚拟实验室",原本枯燥乏味的文字突然变成了生动活泼的图片和动画,同学们的思维一下子被激活,学习气氛也渐渐浓烈起来……但自从我进入网络班以来,留给我印象最深的活动,还数那次"临场作

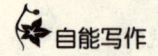

文"。

"临场作文"想必大家都不会陌生。但我们的"临场作文"却有其不凡的特点。首先,审题、写作、修改都是在电脑上完成,而不是传统的一笔一画,白纸黑字。其次,作文完成后,还要把其发送到我们网络班的专用论坛"南薰乐园"上,这就方便了学习的互动性和交流性;而且,这次活动是以公开课的方式进行的,来了不少老师呢!

语文老师黄老师共享了一些供我们进行现场作文的对象图片,又大略地交待了一下写作内容,"临场作文"便开始了。来了这么多观摩的老师,大家的心里都不免有些紧张。这时,耳边突然回荡起一阵优美而熟悉的旋律。啊!这不是《秘密花园》中的曲目吗?在这美妙的音乐中,我的心情逐渐缓和平静下来。

我选中的图片是一个孩子的背影,他坐在轮椅上,面朝前方不远的一片大海。他双手微微向前伸展,似乎要拥抱这片大海。我想了想,把作文题目命名为《拥抱希望》。作文思路渐渐清晰后,我终于开始了这场"网络写作"。

一开始,我有些不太适应这种"写"字方式,思绪一度被打断。可是很快,我开始进入一种创作状态,美妙的文字从我的指间欢快地泻出,我也忘记了周围的一切。只感觉我在《秘密花园》的伴奏下,同文字翩翩起舞;在键盘敲击的啪啦啪啦声中,与文字窃窃私语……突然,音乐戛然而止,我的作文也浮出水面。

我兴致勃勃地把自己的作文发到了网上,同时也仔细阅览了同学们的作品。它们当中,有的让我莞尔一笑,有的也带给了我深刻的思考……

这次活动,在我的人生阅历上又留下了一个新的印记,同时也使我得到了一次新的锻炼。然而更加重要的是,我又一次体会到了网络学习

第八章 其他形式的作文

的优越性。信息时代的我们,在网络上快乐而自豪地飞翔,乐此不疲。

网络作文展示(四)

无法投寄的道歉信

长河

对两个人,我一直念念不忘。

一位是某个餐馆的老板,多年前在那儿吃饭,在吃下第一口京酱肉丝的时候,牙周病让我很不舒服,于是一直摇头。摇头,是因为牙疼,不是京酱肉丝,可是我注意到老板瞄到我摇头,表情也因此变色。老哥,真的不是菜的问题,是牙疼,现在想想,当时应该跟他讲清楚,甚至道个歉的。

另外一位,则是位在夜市卖水果的小贩,那天他正手忙脚乱的时候,我问:"这甜包是什么水果?"他立刻表现出一副被捉弄的表情,不悦地回道:"是包甜,从右边往左边读,不是甜包。"

这位卖水果的朋友,我也应该向你道歉,在你最忙的时候,提出一个愚蠢问题让你以为我是来捣蛋的,老兄,真的很抱歉。

诸如此类无法投递出去的歉意,真要细数,还真的不少。相不相信?有些甚至连对象都没有。

无法投寄的道歉或者感谢信这么多,媒体要是有心,不妨开辟一个版面,专门让那些想道歉或者感谢的人发表他们的心声。

一个这样的版面,也许会有如下的启事:

"我的祖父前几天过世,临终前,他要我们找到当年给他7、9、13、18、32、41这组号码而让他中奖的恩人。因为您,他这两年得以过着优渥的生活。恩公,不管您在哪里,谢谢您。"

"先生,那天在车站的厕所里,因为太急,尿冲出来的时候竟然溅到你的皮鞋,真的不好意思,请接受我的道歉。"

也许有人会说,这类的启事,没有清楚的对象——几乎都没有名字;没有清楚的事迹——扶老人过街、慷慨解囊,好像大家都做过;没有清楚的时空——七年前的夏天、那天——拜托,写跟没写都一样,登了也是白登。因为谁谢谁,谁跟谁道歉,谁搞得清楚啊?

说这话的人,明显忽略了一件事:因为我们这个社会缺的,就是感恩、自省、谦逊、念旧这一类的美德;而刊登这些启事,正是让社会重拾这些美德一个具体而微的做法吧。

由以上四组网络作文的实践,我们可以看到老师和同学网络作文的积极性和创造性。的确,互联网给我们带来了新的知识、新的信息、新的时代精神、新的行为方式。为了更好地推动网络知识的普及,更好地引导初中生正确地认识网络、利用网络,并在网络中获取新的知识、培养新的能力、创造新的价值,写好网络作文是一种很好的可利用的形式,它既是为了整理、深化、积淀已有的知识和能力,更是为了勃发出无限的创造力和想象力。让我们乘信息化、网络化的春风,写好网络作文,一起冲破人生的万里浪吧!

☆自学能力强化训练

一、仿写练习

1. 读鲁迅的《从百草园到三味书屋》,写《玩得最开心的一次》,训练说话要真实,要实在。

2. 读鲁迅的《故乡》,写《闰土的肖像》《×××的肖像》《我的自画像》,训练外貌描写。

3. 读鲁迅的《社戏》,写《藏在心底的秘密》《回忆我的童年》,学会写心里话。

4. 读冰心的《小橘灯》，写《我的小制作》，要求写清过程,训练说话要有条理。

5. 读都德的《最后一课》，写《难忘的一课》《放学路上》，要求写得具体,训练细致观察的能力。

6. 读安徒生的《皇帝的新装》，写《听来的故事》，注意想象力的培养。

二、改写练习

将诗歌改写成记叙文：读白居易的《卖炭翁》，将其改写为《卖炭翁的故事》。

三、续写练习

1. 读莫泊桑的《我的叔叔于勒》，以《于勒发财返乡之后》为题，写一篇续写文章。

2. 读冰心的《小橘灯》，以《20年后的小姑娘》为题，写一篇续写文章。

3. 读白居易的《卖炭翁》，以《炭被抢走之后》为题，写一篇续写文章。

四、网络作文练习

在电脑已经悄然走进千家万户的时代，网络写作就顺理成章地成了我们学习生活的一部分。在可以用假名说真话的网上，在键盘替代了纸笔的时候，你快乐吗？你感受到了与传统写作的巨大差异了吗？你有过网上写作的烦恼与困惑吗？请以"网络与作文"为话题，结合自己的网络写作实际，写一篇自拟题作文。可以谈看法，可以发感慨，可以说感受，当然更可以讲故事。

推荐网址如下：

1. 作文个性化平台:http://www.gxhpt.com/
   中央教科所"十五"科研规划重点课题"中小学生作文个性化发展研究"有关的作文。
2. 作文岛:http://www.zuowendao.com/
   有作文辅导与作文点评。
3. 校园文学:http://www.okqq.net/
   校园文学等各类文章等资源。
4. 中华作文网:http://www.zuowen5.com/
   含基本素质、主要题型、体裁模式、写作技法、范文评点、复习应试、作文素材等。
5. 作文之路:http://www.haha2000.net/
   中小学生作文写作交流。
6. 写作世界:http://www.whsky.com/
   文学与实用写作大世界!学习创作、作家教学、交流交友的温情地带。
7. 中小学生作文网:http://www.zuowen.com/
   作文辅导、网上学习、文摘,教师、学生交流作文经验的场所。
8. 作文网:http://www.zuowen.net/
   作文教学探讨,发表习作。
9. 中华少年文学网:http://www.eetop.com/
   少年作文网站。
10. 中国作文大王网:http://www.zwdw.net/
    中小学作文交流网,并举办网上作文大赛。
11. 我的书屋:http://mey-11.biogcn.com/
    发表以小说为主的文学作品。

12. 中国学生博客中心:http://xs.bokee.com/

各年级各种兴趣爱好的学生利用互联网新兴的"零壁垒"的博客技术就日常的生活感悟、学习心得、课堂内外的经验和感受,同学与师生关系,业余兴趣爱好等发表自己的见解。

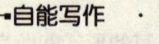
自能写作
ZI NENG XIE ZUO

第九章　更上一层楼
——学会修改作文

不断地修改自己的作文,是写作态度严肃认真的表现。修改能力是初中生作文必须具备的一种能力。有了这种能力,就能够达到叶圣陶先生所要求的"自能作文,不待老师改"的水平了。这是终其一生,受用无穷的。

第一节　修改作文的准备

要想修改好自己的文章,首先我们要掌握常用的修改符号及其使用方法,这是修改作文的必要准备。

鲁迅先生在《答北斗杂志社问》中说:"写完后至少看两遍,竭力将可有可无的字、句、段删去,毫不可惜。"修改,就是把错的改正,把不好的改好。这里有两个问题值得注意。

第一,的确是错的才改,的确是很不好的才改。

第二,拿起一篇作文,得先通读一遍,对它有个看法,然后动手改。在改正的过程中,应把正误方面的修改和好坏方面的修改,或者说把改正和润色区别开。如果这篇作文里基本的语言错误还很多,那就可以着重从正误方面来看,好坏问题先不多管,但求通顺而已;如果本来已经相当通顺,那就可以在一些紧要处去多推敲一下,把一些平淡的话改得好一些,有力一点。

应当养成自己修改作文的习惯。两种作文特别适于自改,改后再交。一种是写得潦草马虎,不太用心的作文:卷面很乱,有许多不当有的错别字、不当有的病句和不合事理的话。再一种是写得好的作文:文字通顺没有什么错误,并且有一定的意境,只是发挥得不畅,或者还有某些缺点。这种作文基础好又喜欢作文的同学,自改比让别人替他修改更能满足他的需要。有些作文可以三番五次地自改。写完作文,先搁起来,搁上一两个月再自己去检查、修改。同学自己发现了一两个月前的作文有某些缺点和错误,自己修改了,而老师肯定了他的修改的时候,同学将会清楚地看到自己的进步,增强学习的信心,并且巩固了学习的收获。

第二节 修改作文的步骤

一般地讲,老师发下上次的作文后,因为有了充裕的时间,所以就可以在文章的内容、结构方面作较大的修改了。这个修改的过程,实际上是我们作文水平更大提高的过程。修改,甚至重写这篇作文,可以重点从以下几个方面来考虑。

调整文章结构

文章的组织结构,又叫篇章结构,是文章组织材料的方式,直接影响到表达的效果。从"立规矩"开始,到"成方圆"结束,要筹划把有关材料组织成一个有机的统一整体,成为一篇完整的文章。

结构要服从中心的需要。结构尽量要做到完整、严谨、自然、统一。完整,指文章结构首尾照应,前后连贯。严谨,指文章结构组织严密,过渡自然,连接紧凑。自然,指文章结构主次分明,详略得当。统一,指文章结构形式和谐,通篇一贯。

一篇文章写完后,首先要检查篇章结构是否完整,条理层次是否清楚,安排详略是否得当,段落过渡是否自然。若有这方面的毛病,则需重新修改调整。

充实文章内容

目前在初中生作文的内容方面存在的问题主要是空泛,有骨没肉,缺少真情实感。我们常常看到这种情况:老师在黑板上写出作文题后,有的同学紧皱眉头、搜索枯肠,像挤牙膏似的写出几句话,也多是形容词的堆砌,缺少具体内容;也有的同学不假思索,提笔就写,不着边际地神侃一通,写完后还不知写的主题是什么,仍然是缺少具体的描写。像这样的文章,在修改时就在充实文章内容上下些工夫。

第九章　更上一层楼——学会修改作文

比如有的同学在写《园丁赞》这篇作文时，开始只是空洞地写了老师辛苦地备课，一直到深夜；写老师耐心教育同学，到磨破嘴皮。发回作文后，见到老师的评语是："由于缺少平时的细致观察，所以文中缺少具体事例的叙述和描写，结果文章就缺少感人的力量。"这位同学见到批语后，就开始处处留意、细心观察、认真思索，慢慢地他注意到：有的老师患有胃溃疡病，胃被切除了三分之二，仍然带病坚持上课；有的老师已经发烧到摄氏39度，医生给开了假条，他还瞒着同学坚持讲完课再回去休息；有的老师不厌其烦，耐心细致地做好后进生的思想工作；还有的老师几年如一日，每周收同学的日记和课外练笔详批细改，从未间断……这些具体的事例在他的头脑中浮现后，就发现可供选择的写作材料不再感到贫乏，这些老师在他的头脑中也不再是预制好的模特，而是一个个有个性，活生生的人。由于这些事情曾经感动过他，当他这时用"老师像辛勤的园丁一样把我们这些幼苗培育成人"这一中心把这些材料综合串联起来时，改出来的文章也一定会是内容充实，能使读者受到深深的感动了。

丰富人物形象

写记叙文时对人物要进行具体生动的描写，这是初中生容易忽略的一个问题。比如写记叙文《记一个刻苦学习的同学》，这篇作文往往会出现以下几种情况。

1. 空洞议论。人物还没出场，先空洞地讲一通刻苦学习的目的和意义。如果不看题目和下文，真会使读者以为这是一篇议论文。

2. 只是一般的事例。如遇到学习上的问题一直思考到深夜呀，学习紧张时电视不看，球也不玩只是做题呀，等等。这都是些别人用过不

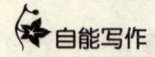

知多少遍的事例。

3. 唱高调的对话。有同学写一位刻苦学习的同学对自己进行帮助时说过这样一段话:"你这种对待学习的态度是非常错误的。我们学习不是为了个人的眼前利益,更不是为了应付老师,而是要放眼 21 世纪,学到更多的本领,成为国家的栋梁之材。"我们且不说它不合人物身份;语言也太啰唆、冗长;即使老师教育同学也不会如此说,何况同学之间的对话,则更不现实。

像以上这几种情况,对人物都缺少生动具体的描写,应作较大的改动。

修改文章语言

写作力求使用简明、连贯、得体的语言,这是《课程标准》对我们提出的明确要求。

语言是写作的基本材料。书面语言只有做到简明、连贯、得体,才能正确表达自己的思想。但从同学们的日常作文中,常常看到语言不通,用词欠妥的毛病。有的一篇作文甚至病句多达十几处。像这样 600 字左右的文章,即使审题立意正确,也会因词不达意而搞得面目全非,实在难得高分。因此,作文训练中语言表达基本功的训练实在是一个不可忽视的大问题。那么,我们应该怎样有步骤地进行这项训练呢?

首先,要不断地积累和丰富写作的词汇。

词汇是语言的材料,没有词汇便没有语言,好像没有砖瓦木料便没法盖房一样。有了丰富的词汇,使用时还要注意认真推敲、精心锤炼。一要注意词语的搭配,二要注意书面词与口语词的感情色彩,三要注意词义的差别。

第九章　更上一层楼——学会修改作文

其次要学会使用一些修辞方法。初中生主要应掌握比喻、拟人、夸张、排比、对偶、反复、设问、反问这八种修辞方法。如果我们根据表达的需要,有意识地把课堂上学到的这几种修辞方法适当运用到写作中去,则有助于语言的生动形象,给文章增光添彩。

修改语言文字的要求是:一改通,二改好。改通,即改掉有毛病的地方,做到语句通顺,用词准确,合乎规范。改好,就是要使遣词造句更加精当,好上加好。

语言文字方面的毛病,往往表现在病句里。修改病句,大体可以采用四种方法:增、减、调、换,即增补或删去某个字词,调整某处词序或改换某个字词。

另外还要注意,修改作文的病句绝不同于修改一个孤立的句子。修改时,一定要顾及前后语句、有关段落,以至整篇文章。只有这样,才能真正做到语言的简明、连贯、得体。

第三节　修改作文的方法

美国当代作家柯德威尔说:"我的作品不是写出来的,而是改出来的。"名家尚且如此,我们初中生又有什么理由漫不经心,文不打稿,一挥而就,上交了事,却又抱怨找不到写作成功的诀窍呢?其实,打开这扇神秘大门的钥匙就在你的手中。自己修改作文,就是提高作文水平的有效途径之一,其主要方法有:

(一)写作中的自改

下笔前的作文构思或拟写提纲,一般很少是一下子便可获得最佳方案而全无漏洞的,因此有必要将提纲和方案进行反复推敲,不断充实、完善,直至找到自己最满意的方案为止。

写作过程中要瞻前顾后,边写边改,重点对一些字、词和一些句子进行推敲,力求在文中不出现错别字和病句,力求句子间衔接自然,前后照应。

作文写好后,至少要通读一遍,改掉那些因一时疏忽而误用的标点、错别字。同时还要细心琢磨,对文中的中心意思、结构安排、用词造句等进行反复斟酌,认真修改。语感是最好的老师。写完作文后,如能放声朗读一下,就更容易发现写作中出现的各种问题了。

(二)同学间的互改

将自认为已改好的作文与同桌交换批改,就可跳出小我的思维定势,同学间相互取长补短。将自己的构思与别人进行比较,便可学到别人的一些长处,启动自己的思维机器,提高习作水平。

(三)师生评改后的再修改

对老师、同学已作评改的作文,更要再仔细推敲、修改。对老师、同学评而未改处,要认认真真地根据所评内容而自改;对老师、同学改而未评处,则要反反复复地琢磨,力求想通为什么要这样修改;对老师、同学评而又改处,就更要仔细思考,力求理解了。

☆自学能力强化训练

一、语言基本功训练

1. 下面的文句都有语法的毛病,请说出病因,并加以改正。

(1)这次活动使我受到了很大的收获。

(2)在他那幼小的心灵里点燃了仇恨的种子。

(3)他们的手在窗口外边不断地欢呼。

(4)首都师范大学是培养中学教师的队伍。

第九章 更上一层楼——学会修改作文

(5)没有适当的工作方法,主观愿望是好的,也绝不会取得好的成绩。

2. 下面的文句不够简明连贯,请将改好的句子写在文后的横线上。

(1)原来,有两个同学在课堂上大动干戈,奶奶上前劝解,眼镜被碰落在地上。

_____

(2)奶奶夺过报纸,两手举着,戴上眼镜,仔细端详,幸福的笑容堆在她那满是皱纹的脸上。

二、语言拓展训练

有个同学在题为《为了母亲的微笑》的作文中针对自己的缺点写了下面一段文字:"为了母亲的微笑,我决心不再玩电子游戏,不再看武侠小说,不再违反课堂纪律,不再骂人。"这段文字虽然叙事清楚,但平铺直叙。没有生气,不像作文,而像是在写检讨。如果我们对同一件事情,同一个意思试着用不同的语言形式表现出来,在原来的基础上换个说法,就会使语言生动、有趣,文段自然也就活了起来,往往能收到奇妙的效果。本题可有几个参考答案,请试着写出一两种。

三、修改文句训练

1. 阅读作家杨朔对《荔枝蜜》一文的修改片断,说说修改稿与原稿有哪些不同之处?修改后的文句好在哪里?

原稿:

荔枝蜜的特点是成色纯,养分大。住在温泉的人多半喜欢吃这种蜜,滋养精神。

修改稿:

荔枝蜜的特点是成色纯，养分多。住在温泉的人多半喜欢吃这种蜜，滋养身体。

2. 阅读叶圣陶先生对《花房写生》一文的修改片段，说说修改稿与原稿有哪些不同之处？修改后的文句好在哪里？

原稿：

虽然有些树木都才吐新芽，但是榆叶梅已经开满枝头了，牡丹刚刚生出了一寸多长的芽子。

修改稿：

有些树木才吐新芽，牡丹刚刚生出了一寸多长的芽子，可是榆叶梅已经开满枝头了。

3. 有位同学在写《什么样的青春最美丽》一文时，连续对这篇文章的开头一段作了两次修改。请你阅读完他的原稿和两次修改稿后，分别说一说这位同学为什么要作这样两次修改？

原稿：

献给祖国、献给人民的青春最美丽。

为人民献身的人，他们的青春永放光彩。我们回想一下，有多少革命烈士为了祖国解放，为了人们能过幸福生活，为了祖国建设，献出了自己的宝贵生命。

第一次修改稿：

俗话说："一年之计在于春，一日之计在于晨。"这是因为春天是最富有生机的季节。然而对于人类来说，青春时代不正像春天和早晨那样生机勃勃吗？青春是美好的，也是短暂的。那么什么样的青春才是最美丽的青春呢？我认为献给祖国献给人民的青春才是最美丽的青春。

第二次修改稿：

青春是人最美好的时光，它像蓓蕾初绽的花朵，美丽、旺盛、芬芳！

第九章 更上一层楼——学会修改作文

每一个人都应该有意义地度过它。

青春最美丽。然而,什么是真正的青春呢?

4. 下面的习作例文片段赞美了家乡夏夜的可爱,抒发了自己对家乡的热爱之情,立意不错。可是,小作者在描写时犯了一个大错误,即前后描写矛盾,违背情理。请你指出病点,说明病因,并加以改正。例文片段如下:

静谧的夏夜,繁星满天,明月高悬。晚饭后,我们几个小伙伴在老槐树下讲故事。远处,拖拉机在轰响;近处,抽水机在"哗哗"地抽水。啊,家乡的夜晚多么迷人。

四、修改文章训练

下面这篇文章有一些毛病,按文后提示,分别加以修改或补充。

在晚上自行车发生的麻烦事

上学期有一天,下午上体育课,下了体育课之后,我已精疲力尽了,可是又要出板报。等出完板报,天都黑了。我累急了,心想:赶快回家吧。于是,我来到车棚,取了我的车,出了学校的门,想快点骑车回家休息,好消除我的疲劳。可是不巧,没骑十几米,只听"啪"的一声,车带放炮了。这车过去就放过炮,补过几次,现在又放炮了,真是的!天黑了,想找个修车的也找不着,怎么办?天都黑了,我又累又饿。这该死的车,偏偏这时候放炮,可叫我怎么办?真是急死人了!

正在这时,后面有个叔叔骑车从身边过,他见我很为难的样子,就敢快下了车,问我:"小同学,你怎么啦?"我说:"车带放炮了。"他蹲下身来,仔细看了看我的车带,然后说:"要是别的毛病,我现在还可以帮你修一修。可带子放炮了,一时就没有办法。"说完,他思索一下,问我:"你家离这儿远吗?"我回答说:"比较远,骑车大约需要差不多半个小时左右的样子。"听了我的回答,他便很果断地说:"这样吧,你骑我的车回家,把你的车给我,明天一早咱俩在换回来。"我说:"那怎么行,不能让您走回家呀。"他笑了,说:"这有什么?我当过兵,走走路没问题。别耽误时间了,天晚了,你大概还没有吃晚饭吧。"他这么一说,我的肚子还真的"咕咕"叫了起来。唉,也好,就骑他的车先回家吧。于是我说:"谢谢叔叔!"他笑了,问清了我学校的名子之后,就把他的车送过来,一拍我的屁股,说:"快,骑上,走!"

第二天一早,我骑着叔叔的车上学,远远地就见那位叔叔扶着我的车,笑嘻嘻地站在校门口等我。我迎上去,和他换了车。我用手捏了捏车带,鼓鼓的,肯定是叔叔帮我修好的了。我正要好好地感谢他一番,他确抢先说:"快去上课吧,别迟到了,再见!"说完,只见他一抬腿就骑上了车,就骑着车飞快地箭一般地就骑远去了。

1. 这篇文章的标题不够贴切简洁。请你再拟一个恰当的标题,写在下面横线上。

_____

2. 文中有6个错别字,请把它们圈出来,将正确的字依次写在下面的横线上。

_____

3. 第2、3两段中,有两个句子不够简明通顺,请用横线标出来,并将改好的句子写在下面的横线上。

① _____
② _____

4. 文章开头一段写得太啰唆,请你在下面用比较简明的话重写一

第九章 更上一层楼——学会修改作文

遍,字数要求 100 左右。

　　5. 给这篇文章补写一个结尾段,要求:能写出真实的内心感受;语言通顺、简洁;字数 150 左右。

自能写作
ZI NENG XIE ZUO

第十章　继续攀高峰
——中考应试作文训练

第一节　命题作文训练

　　命题作文,即给考生一个完整的题目,让考生按某些要求在一定的时间内完成,这是最传统和普遍的一种形式。这种形式的命题,由于同学自幼就在练习,做起来较为习惯而自然。在作文题后面,一般都要提出诸如内容具体,中心明确,写出自己的亲身经历和感受;结构合理,详略得当,语言通顺;在叙述、描写的基础上,恰当运用议论、抒情的表达方式;字体工整,正确使用标点符号,不写错别字,书写格式规范等要

第十章 继续攀高峰——中考应试作文训练

求。写作时要注意看清楚。

命题作文,审题不存在太大困难。写作时要注意题目的提示,不要超出规定的范围。但是这种类型的作文,考生不容易把握写作的方向,很容易跑题;而且考生经常拿现成的范文来应付这类型的作文考试。因此,从大趋势上看,这种形式的作文题将会逐步减少。

近年来,中考的命题作文显示了两个方面的特点,一是减少了审题障碍,二是淡化了文体。这样,有利于考生真情实感的抒发,也有利于考生写作能力的发挥,为其展示才华,张扬个性提供了较为广阔的空间。以 2006 年全国各省市中考作文题为例,就有山西省的"发生在身边的事",吉林省的"真挚",陕西省的"和你在一起",浙江省的"假如世上没有了书",南京市的"其实很简单",天津市的"生日",长沙市的"放心吧,有我们在",南宁市的"牵挂",厦门市的"歌",长春市的"说句心里话"等。

命题作文的文题大致有如下三种形式:

1. 文题是一个词。如"尝试""礼物""友谊""朋友""亲情""选择""收获""变",等等。这类文题在写作范围上呈"大""宽""虚"的特点。

2. 文题是一个短语。如"读书的快乐""生活的启示""生活中的一朵小浪花""一首难忘的歌""我和班集体""当老师不在的时候""我的快乐与烦恼""生活的苦涩与甜美",等等。

3. 文题是一个判断。如:"我告诉你一件事""家庭给了我温暖""我喜欢这样的语文课""我要说声谢谢你""我的未来不是梦""我为母校添光彩",等等。

命题作文的考查重点是:

当前作文教学与语文试卷中千人一面的现象,说假话、空话、套话的弊端相当严重,已经引起语文教学界内外的强烈反应与重视。因此,各地作文命题都在做两个方面的努力。一是让试题更加贴近同学生活，尽可能使每个考生都有内容可写、有话可说，而不再瞎编乱造或照搬抄袭；二是在要求中明确提出要写真情实感，写出个性、新意与创造性。有的试卷在评卷注意事项中提出，凡是作文有新意、有创造性，而且表达流畅者，可以给满分。作文试题的这种改革既是针对当前教学中出现的偏差，又是适应素质教育深入发展的需要，对提高21世纪中华民族的创造性与竞争力有着积极意义。无疑，这一改革势头也会继续保持下去。

题目示例和写作指导如下。

题目示例一：我承受住了这次挫折

写作指导：

三年的初中生活即将结束，你在前进的道路上，不会是一帆风顺的。你在要求进步的过程中，在学习科学文化知识的探索中，在小发明、小制作的过程中，在家庭生活和处世方面，在课余爱好和个人兴趣方面等，都可能经受过各种挫折，但往往战胜了这些挫折后，就促进了你的成长和进步。你可选取经受的某次挫折作具体叙述，并写出自己的感受。

题目示例二：我成长中的一件事

写作指导：

这篇文章要求用自己所经历的事反映"我"的成长。"成长"一词是题眼。"一件"是关键。这篇文章的选材范围是比较广泛的。学校、社会、家庭中可供选择的事例很多，但是能否找到最能反映自己如何成长的材料，是写好这篇文章的关键，也是构思这篇文章的难点。因而，要认真地回想一下自己成长的方方面面：思想品质上、学习上、生活中，等等。联系自己的切身经历，选择一件最能反映自己是如何成长的事情来记叙。写这个题目,最容易犯的错误是把握不好重点,写着写着就节外生枝,带出许多有关自己成长的事,把文章写成了"我在成长中",或者没有重点地泛写集体的事,把文章写成"我们在成长中的一件事"。因此,应加以注意。

题目示例三:温暖

写作指导:

这个题目与"友谊""情谊"既有共同点,也有区别。能体现友谊或情谊的材料一般可以体现"温暖",但能体现"温暖"的材料未必就能说是友谊、情谊。如魏巍《我的老师》中写蔡老师处理"小'反对派'"伤害"我"的那件"小事",给了"我"多么大的温暖,却不能说是体现了"我"与蔡老师的友谊、情谊。写好这个题目的关键仍然是在题目留给的广阔空间里选择自己最熟悉、最难忘、最想写又最好写的内容来写,写得越有趣、越有意义、越有新意越好。题目留给的写作范围很宽,依然可从人、时、地、事、因果等方面思考。如从"人"的方面思考,"温暖"可以是他人给你的,也可以是你给他人的,还可以是他人给他人的。这"他人"可以是个人,也可以是集体,还可以是党,是祖国;可以是亲人,可以是朋友,也可以是邻居,甚至陌生人等。从"事"上思考,温暖可以是身体上的,心理上的,也可以是物质上的,或者精神上的。如果你选的材料既是身体上的温暖,又体现心理上的温暖,文章就会深沉得多,有意义得多。

题目示例四:帮助

写作指导:

要写好这个题目,首先应考虑什么是帮助?帮助的内容有哪些?帮助就是替别人出力、出主意,或者给别人以物质上或精神上的支持。由于题目没有修饰语和限制语,留给大家的写作空间便非常广阔。既可以写同学之间、师生之间,也可以写邻里之间、亲友之间;既可以写熟人之间,又可以写陌生人之间;既可以写我与他人,又可以写他人与他人;既可以写物质上的,也可以写精神上的;既可以写校内的,又可以写社会上的……如果你写的内容既有物质上的帮助,又包含有精神上的帮助,那读起来就特别的厚重。

题目示例五:礼物

写作指导:

"礼物"的含义较为广泛。既有物质上的,又有精神上的;既有大的礼物,又有微不足道的礼物。物质上的礼物,大至百万财富,小至一件衣物,一只钢笔,一张饭菜票,一张贺卡等;精神上的礼物,如一句鼓励的话,一个道理,一段情,一种精神等。既有给人幸福、欢乐的礼物,也有让人警醒、教人自新、催人奋进的礼物;既可写他人给自己的礼物,也可写自己给他人的礼物,或他人给他人的礼物;既可写正常情况下的礼物,也可写意想不到的礼物;既可写一般的礼物,也可写特殊的礼物……总之,由于题目没有修饰和限制语,留给你的写作空间非常广阔,可写的内容多种多样。从主题方面考虑,可以通过写礼物表达"友谊""情谊""温暖",也可通过写礼物表达"帮助",甚至可通过写礼物表达一个含蓄的主题,给读者留下一个想象的空间。

题目示例六:师生情

写作指导:

题目中"师"的概念应作广义理解,不要狭义地认为从事幼儿园、小学、中学教学的老师才是"师"。"三人行,必有我师","能者为师",选材时,凡能让人增长才干和知识,使人明白事理,催人健康上进的都可纳入"师"的写作范畴。这个题目有限制语"师生",因此只能选择师生之间的材料写,而文眼在于表达一个"情"字,这个"情"可以是"友情""亲情",也可以是"温情"。这个"情"可以通过物质上的帮助来表现,也可通

第十章 继续攀高峰——中考应试作文训练

过精神上的帮助来表现。所写的"情"不能太一般化,而要在"深情"的"深"字上下工夫写好,这样的内容才能更突出主旨,更有血有肉,更能情真意切,也更能打动读者。要特别指出的是,如果所写的材料是学校中的老师和同学,就不能选材一般化,表达模式化,而要在选材有新意上下工夫,表达要抓住特色,这样才不会落入俗套,才算得上是好文章。

题目示例七:情谊

写作指导:

初看这个题目,和"友谊"似乎相同;其实它们既有相同点又有区别。首先,情谊是指人与人之间互相关心、爱护的感情;而"友谊"则指"朋友之间的交情"。因此"情谊"的写作范围比"友谊"宽得多。其次,"情谊"的侧重点在突出一个"情"字,而"友谊"的侧重点在扣紧一个"友"字,这一点在审题时要特别注意。第三,"情谊"的写作范围比"友谊"宽,凡适合写"友谊"的材料都适合写"情谊",而适合写"情谊"的材料却不一定适合写"友谊",如父母子女亲人间的情谊写到"友谊"中,无论如何是不恰当的。友谊是建立在朋友基础上的感情,而亲人之间的感情便只能是情谊。

题目示例八:我承受住了这次挫折

写作指导:

你在世上已经生活了十几年,前进的道路上,不会是一帆风顺的。你在要求进步的过程中,在学习科学文化知识的探索中,在小发明、小制作的过程中,在家庭生活和处世方面,在课余爱好和个人兴趣方面等,都可能经受过各种挫折,但往往战胜了这些挫折后,就促使了你的更快成长和进步。你可选取经受的某次挫折作具体的叙述和描写,并写出自己的感受。

第二节　半命题作文训练

半命题作文,就是在命题中,不把题目完整地写出来,而是留有一部分让考生根据写作意向去填写、补充。因此,半命题作文既有命题作文的限制性,又有自拟题目作文的自主性;既能考查考生按要求作文的能力,又能为他们提供展示自己写作才华的广阔空间。它给考生带来的方便是:较命题作文灵活一些,扩大了写作范围。它给考生带来的不利因素是:它把作文题中最重要的词语留给考生去填写,倘若词语搭配不当,不仅会造成病句,也容易使作文内容偏离写作的中心。写作时应特别加以注意。

写作半命题作文,首先要填补完整题目(简称"补题")。一般而言,半命题作文要求补填的内容往往是写作的中心内容。在完成补题的同时,实际上也就确定了写作的素材。材料的选择直接关系到文章的成败,考生必须从自己已有的生活经历中选取最具个性特点的材料,写出自己独有的生活,这样才具有创造性。

半命题作文的这一优势,使它在历年全国各地中考试题中占相当比例。仅以近两年的各地中考作文题为例,半命题作文题就有如下几种形式。

1. 补开头式:"_____触动了我的心灵"(江西省)、"_____的滋味"(云南省)、"_____需要我"(北京市)、"_____让我陶醉"(盐城市);

2. 补中间式:"讲给_____的事儿"(大连市)、"在_____中成长"(成都市郫县);

3. 补两头式:"_____挺胸_____"(江西省)、"_____

越来越_____"(广西桂林)、"把_____带给_____"(湖北荆州);

4. 补结尾式:"我找回了_____"(河南省)、"我的_____"(吉林省)、"珍惜所拥有的_____"(安徽省)、"感受_____"(广西壮族自治区)、"我美丽,因为我_____"(长沙市)、"心灵深处的_____"(厦门市)。

半命题作文给考生提供了写作上的自由,但这种自由又是有限制的,并非完全意义上的自由。一般来讲,半命题作文的自由体现在如下几个方面。

1. 提供了选材上的自由。如文题"发生在_____的新鲜事""我有一个好_____""_____,在我心中久藏""_____这样教育我""在_____的影响下""我又想起了_____那句话""假如我是_____""别开生面的_____"等。写这类半命题作文,在选材上的空间很大,有利于考生选写最熟悉的人,最熟悉的事,如"_____这样教育我",就可从"爸爸""妈妈""老师""邻居"等许多曾"教育过我"并给自己留下深刻印象的一件或两件事中选取文章的素材。

2. 提供了立意上的自由。如"想起这件事心里还很_____""那天,我真_____""争_____""我最喜欢_____""我的_____习惯""我懂得了_____""感受_____"等。这类文题,在立意上的指向都较宽,如"我懂得了_____",可从"珍惜友谊""珍惜时间""尊重别人""关心同学""孝敬长辈""理解他人""战胜自己""万丈高楼平地起的道理""学好语文的重要性"等方面立意,有利于考生写自己感受到的最有意义的人生体验和生活感悟。

3. 提供了选材与立意两个方面的自由。如文题"我想让_____

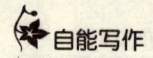 自能写作

更_____""_____真_____""一次_____的_____"
"_____对我好_____"等。这类文题,选材与立意的自由度都很大。如"_____对我好_____"这个文题,就可衍化出"爸爸对我好严厉""老师对我好关心""同桌对我好刻薄"等文题,且文题中的主语和谓语可以根据考生的实际作多种调整和组合,保证了考生有话可说、有事可写、有情可抒。

　　写好半命题作文的关键是要补好题目。而从近几年来全国各地的半命题作文答卷上来看,考生的补题能力很差,束缚了自己的写作能力,造成不应有的失误。下面再为同学们介绍一下半命题作文的补题思路。

　　1. 首先要放飞思维,找好角度。面对半命题作文,同学们应当开动脑筋,放飞思维,从不同角度,仔细地想一想,可以补充哪些内容。如"给_____的一封信"这道题,同学们就可以放开思维想一想,这封信要写给谁,要写些什么内容,要表达怎样的意思。同学们可以结合国际形势,给联合国秘书长安南写一封信,呼吁维护世界和平;可以给雅典奥运会世界冠军写一封信,祝贺他们的成功;可以给爸爸妈妈、爷爷奶奶、外公外婆写一封信,表达自己的心声;还可以给古今中外的名人——孔子、李白、爱迪生、牛顿、普希金、安徒生等写一封信,畅谈自己的梦想……下面的补题都是不错的:"给人类的一封信""给诸葛亮的一封信""给梧桐的一封信""给'非典'先生的一封信""给妈妈的一封信""给四季的一封信"……这些补题充分表现了考生们能够放飞思维,全方位地思考问题。

　　2. 其次要展示优势,择优选择。思维打开了,可补的内容就丰富了,接下来就是展示优势,择优选择补题。需要指出的是,同学们千万不能让各种补题迷住双眼,要知道,放飞思维,找好角度仅是走进考题;而

第十章 继续攀高峰——中考应试作文训练

展示优势,择优选择则是从中走出。"_____的我"这道题,可拟的补题有:"关注祖国命运的我""渴望自由的我""克隆的我""十六岁的我""寻找温暖的我""成长中的我""想回家的我""虚伪的我""与音乐相随的我""可怜的我""超越时空的我"……同学们在思考出以上的补题后,应该根据自己的具体情况,扬长避短,发挥自己的写作优势,选择自己最有把握的题目来写。如果你对音乐有兴趣,并又有相当的领悟,就可以选择"与音乐相随的我"为题;如果你平时注意了解国家大事,就可以选择"关注祖国命运的我"为题;如果你觉得身边没有很好的材料,那就写自己,可以写"渴望自由的我""成长中的我""想回家的我""虚伪的我",等等。

"择优"就是选取最能表现自己文学功底的题目。同学们可以选择含有与时俱进主题的题目,可以选择有深刻寓意的题目,可以选择别开生面的题目。阅卷教师见到这样一些耳目一新的题目,从心理上会产生亲近感,会对文章有一个良好的印象,这样,分值自然就高了。比如"我发现_____"这道题,有位考生以"我发现棋如人生"为题,写自己酷爱下棋,从棋的输赢得失中感悟到人生的顺逆进退的哲理,总结出"人生就是一局棋"的道理,这篇作文独辟蹊径,蕴涵哲理,因而获得了满分。

总之,面对半命题作文,同学们只要能够放飞思维,打开思路,充分发挥自己写作上的优势,就能拟出最佳的题目,收到良好的写作效果。

题目示例和写作指导如下。

题目示例一:_____又来了

写作指导:

这是一个带有一点文学色彩的题目,以记叙为主,但要有一定的抒情性。如填"暴风雨",既可以写自然界的暴风雨,更可以赋予暴风雨以象征意义,写人生、写情感,以散文的笔法叙述事件、渲染情境、抒发感情。再如填"春天"。既可写自然之春,也可写改革之春、发展之春、心情之春、企业之春、学校之春、家庭之春。写这篇文章,要有较为丰富的想象能力,灵活的联想能力。

题目示例二:我又一次_____

写作指导:

写"我第一次_____"这个题目比较容易,只要选择一件有意义的事来写即可,"我"第一次经历的事给人的印象总是很深的,比如第一次戴红领巾,第一次被老师表扬,第一次学会做饭等。可是写"我又一次_____"这个题目的作文,就要在审题方面多下一些工夫,在"又"字上做文章。本文必须写一详一略的两件事,前一件事要略写,要和后一件事有关;后一件事要详写,要写具体,还要写出与前一件事的联系。本文的写作重点应放在记叙上,切忌以议论、以谈体会代替具体的记叙。

题目示例三:我真想_____

写作指导:

这是一个有很大的发挥余地的填充式作文题,构思范围很广,凡是你很想实现的目标、很想做的事、很想说的话、很想见的人、很想去的地方等,都可以写。如可填"成为一名军人""成为未来学家""去趟北京""走上领奖台""哭""对爸爸妈妈说""去趟月球"……根据所想内容不同,可用写实性写法,也可用幻想式写法,既可写现实,也可写未来,且宜写成较强抒情味的记叙文。

题目示例四:我心中的_____

写作指导:

这个题目应写成融叙事、描写、说明、抒情、议论多种表达方式为一

第十章 继续攀高峰——中考应试作文训练

体的散文。选材范围比较灵活,行文格式不拘一格,只要能扣题,有真情实感即可。如空格处填"歌""太阳"等,则考虑要用联想、象征的手法,要赋予"歌""太阳"以特别的含义,把叙事与抒情结合起来写。有的可以写实多一点,如空格处填"祖国""老师"等,把你心中所想的对象写出来就行,但这两种又各不相同,如写"祖国",尽可以抒发自己的爱国激情,歌颂祖国的美好,用彩笔描绘祖国的蓝图;写"老师"可以写过去对自己教育印象最深的好老师形象,抒发对老师的敬爱怀念之情。

题目示例五:我那时候真_____

写作指导:

这是一道回忆性作文题,回忆过去的自己,写出过去某段时间(那时候)的性格特点或生活特点即可。如填"天真""快乐""调皮"等,要通过叙事,体现所填词语反映的特点。既然是回忆过去,便要顾及"那时候"的年龄特点、时代特点,不可以今日实际写彼时的自己,形成虚假形象。

题目示例六:_____的时候

写作指导:

该题选材范围也很广,横线处所填词语只需要将题材限定在一个较小范围即可,所填词语要能设置一种特定的情境,确定一个写作的角度,如填"走过老师窗前",即选定以写老师为主的材料,在老师窗前所见所想,特定情境让你体察老师的辛勤劳动、刻苦钻研、耐心教导,等等。再如填"看着这张照片""走近那座塑像"等,都是以写他人为主的。如填"走上领奖台""听到发令枪""小发明成功"等,都是以写自己为主的。这道题目,要求所写作文带有较强抒情性,要写出自己在特定情境中的所想所感,无论是写他人或是写自己为主,都有"我"的浓重色彩。

题目示例七:我又想起了_____那句话(横线上可填爸爸、老师、同学……)

写作指导:

审题时,要抓住三点。一抓"话","那句话"应该点明,"那句话"不论是谁说的,都要是对自己(作者)影响较深,触动较大的。是不是影响深、触动大,则不能概念化,而要用"事"来说话。所以文章应当以记事为主,"那句话"是统帅这"事"的灵魂,或线索;话的内容可以是给作者正面影响的,也可以是提供反面教训的。二抓"又想起","那句话"不是"今天"才说的,是"想起"的,说明写的部分内容必须是过去的。并且是"又"想起,要体现出不止一次想起,那么这句话便应该是很有意义的话,是与作者生活关系很密切的一句话。三抓填空处,这空处给考生留下了很大选择余地,提示中列举了"爸爸""老师""同学",但这只是列举,从题目分析,选填"广告上的""××书上的",或填某某名人、某某电影(电视、戏剧……),这都未尝不可。

第三节 自拟题作文训练

自拟题作文,就是要考生根据一定的材料,按要求写出题目,然后作文。自拟题作文较为常见的形式是给文字材料作文和给画面材料作文这两种。它的要求是:考生拟题时不能超越材料限定的范围,只能从某一角度或某一方面去确定。

如果给的是文字材料,审题时首先要读懂材料。材料作文提供的材料,是命题的载体,读懂材料,就是要明白文字和材料的含义,从而为确立中心服务。如果材料未读懂或理解有误,在作文中未涉及命题所提供的材料,就会使审题失误,从而导致写作的失败。

其次要明确要求。材料作文的要求有时在材料之前,有时在材料之后,是写作的限制条件。这些要求,大致是文体要求、拟题要求、篇幅要求等。只有明确了这些要求,写作时才不会开"无轨电车"。

还要写出新意。材料作文的写作,力争能做到"人无我有,人有我优",亦即要在"新"字上下工夫。在角度的选择,文章的立意,表达方法的运用,篇章的布局上要勇于打破常规、标新立异。

如果给的是图画材料,就要或说明其内容、揭示其事理,或记叙表现出来的故事情节,或再现其场景,或描摹人物的情态和心理,或概括画面所蕴涵的寓意。然而不管是哪种形式,都离不开以下三点要求。

1. 正确审图。图画不像文字材料那样可以直接地揭示中心,表明作者的写作态度,而是将这一切都含蓄在图画之中,让读者通过直观、形象的画面,去领悟图画所揭示的深刻的思想内容及其广泛的社会意义。所以要想弄清楚作者的意图,必须先深入研究图画的内容,弄清图中有几个人物,人物之间的关系如何,细致地观察人物所处的环境以及人物的表情、动作等。当然,若是所给图画为多幅图画,则不仅要仔细地观察每一幅画面,还需要将这些画面联系起来,认真地分析这些画面之间的关系,做到整体把握。这样,才能写出高质量的作文。

2. 合理想象。图画是凝固的一瞬,要想写好这篇作文,就应该考虑其六要素,也就是要想象故事发生的时间、地点、人物矛盾、前因后果,想象故事发生、发展的过程,从而使故事有一个完整的故事情节。与此同时还应注意的是在想象图画中的故事情节时,必须由图画本身拓展开去,想象出一些合理的细节,使文章生动、形象又有力地表达中心。

3. 重点突出。想象叙述故事时,必须突出重点、详略得当。能表现中心的地方,如人物的某些动作、表情、语言、心理等,应侧重描写,不能平铺直叙、平均用力,当然更不能出现如选错描写的对象,在次要人物身上花大量笔墨或加入多余的与主题无关的情节等。

题目示例和写作指导如下所示。

题目示例一： 我们的学习生活中，学习用具是我们的助手，是我们的朋友。请你选择其中的一种用处写一篇文章，或记叙描写，或夹叙夹议，或说明，或抒情……文体不限，题目自拟。

写作指导：

审题中应注意"助手""朋友"这一信息，借此表达自己在学习过程中的感受，要注意的是不能就事论事，要能够以小见大，体现出自己对人生的理解。可以通过学习用具的变迁，体现改革开放的成果。也可从学习用具的变化中，引发议论，或谈改革开放，或议人类智慧……根据所给的材料来看，定文体时就要尽量避开比较难下笔的说明文，采用自己比较容易下笔的记叙文、议论文等文体。文章的立意要高，主要通过议论和抒情来点明题旨，但又不能盲目拔高。

题目示例二： 自拟题目，写自己的生活片段。

写作指导：

本文要求写亲身经历的事，不要虚构，要写得清楚、具体。下笔之前要好好地想一想，有哪些事富有教育意义并且给自己留下最深的印象，从中选一两件很想告诉同学和朋友的，写下来。要避免以下两种倾向：一是什么都想写，写起来过于琐细；二是认为人家都知道，不必写了，写起来过于简略，干巴巴的，不具体。

如写"童年趣事"这个题目，就要在"趣"字上面做文章。童年的事很多，选择其中有趣的事来写，不光自己觉得有趣，别人读起来也会觉得有趣才好。

再如写"记一两件新鲜事"这个题目，就可考虑你来到新学校，同新老师、新同学生活在一起，有哪些新的见闻？从中选写一两件事告诉别人即可。

第十章 继续攀高峰——中考应试作文训练

题目示例三：现在的同学，课外阅读材料十分丰富，仅就杂志而言，就举不胜举，有《少年文艺》《故事会》《英语画刊》《演讲与口才》……请以你自己课外阅读的杂志结合自己的生活体验，写一篇文章。文体不限，题目自拟。

写作指导：

作文可以从单一的杂志写，也可将几种不同的杂志综合起来写。可以写某一种杂志对自己的影响，自己对课外阅读的兴趣培养和收益；也可以写某些人从应试角度出发，不同意课外阅读占太多的时间的看法以及自己对课外阅读的看法；还可以记叙阅读小组、文学社等课外阅读活动。总之，从记叙的角度上看，抓住课外阅读对自己语文素质培养的作用，渗入自己课外阅读时的体会来写，就是上乘之作。切忌写成介绍某种杂志的文章。如写议论文，可从素质教育中课外阅读的作用入手；也可从"开卷有益"和"开卷未必有益"入手，讲明中学生要有选择地阅读的重要性和必要性；还可以对两种不同的，甚至相对立的课外阅读观进行剖析。议论要从杂志(课外阅读)引发出去，才能切合题意。

题目示例四：校园的课余生活丰富多彩，有体育活动、有文娱活动、有文艺社团活动、有社会实践活动、有远足、有郊游……请你选择其中一种（或几种）结合有关的生活经验和思考认识，写一篇文章。文体不限，题目自拟。

写作指导：

课余生活是同学生活中的一个重要组成部分，它既可以陶冶情操，又可以增加知识、培养能力。审题时一定要注意"有关的生活经验和思考认识"这一信息，这一方面制约了选材上的范围，即要有一定启发，有一定的人生体验的事，另一方面提示了立意要有深度而不能就事写事，要通过自己的体验，用议论、抒情的方式，表达一种最高境界的体验。试比较"记一次郊游""记一次篮球比赛"等题目与本题的差别,就会悟到题材虽相似,但立意却不尽相同。

题目示例五: 社会公益劳动是中学生活的一个组成部分,你一定参加过搞卫生、植树这类活动,其间必有你印象深刻的、至今难以忘怀的一幕,或者有对你启迪深刻的一次。请你针对中学生社会公益劳动,写一篇文章,内容与中学生社会公益劳动有关即可。题目自拟,文体不限。

写作指导:

中学生参加过的劳动很多,有家务劳动,有班级搞卫生,有校包干区卫生,有植树造林,有为离退休老干部、敬老院做些力所能及的事,但审题时一定要注意题目对选材的限定——社会公益劳动。既然写社会公益劳动,就要把自己和社会联系起来,把自己放在社会环境中(如敬老院)。这样才能跳出小我,有好的立意。如写议论文,则可以从劳动观念、劳动习惯、社会责任感方面入手,抓住一点,谈深议透。可采用一事一议的形式,较容易下笔。

题目示例六: 你一定参加过体育活动,打篮球、踢足球、游泳、跑步……请你选择其中一种,结合自己的生活经验和思考认识,写一篇不少于600字的记叙文,题目自拟。

写作指导:

写本题关键是要把体育活动和自己对生活的认识结合起来,或写体现奥运精神"更高、更快、更强",或写自己毅力、恒心的培养,或写在体育活动中"战胜自我"的人生真谛的体验,或写"胜不骄,败不馁"的正确态度……总而言之,应该从体育活动中挖掘出"思考认识"来,这个思考认识,必须给人有所启迪。在行文中主要通过抒情和议论来升华主题。同时,要注意拟一个能突出中心的好标题。

题目示例七：认真观察题为《唯"标准"观》的漫画，展开合理想象，写一篇记叙文。

写作指导：

展开合理想象是写好这篇作文的关键。首先要交待这堂语文课的内容，老师提问、同学踊跃答题时的情景；然后运用漫画提供的情节，叙述、描写两位同学上黑板答题时的心理活动，语文教师展示"标准答案"时同学惊讶的神态以及争论，还要写出老师的固执。最后可适当议论，指出机械地运用"标准答案"会扼杀同学的创造思维，不利于培养创造性人才。

题目示例八：请你仔细观察画面，认真思考，以"放飞我吧"为题，写一篇不少于660字的文章。

写作指导：

写好这篇作文的关键是学生必须正确把握寓意。要做到这一点，第一是要看懂图。画面上小鸟被一根绳子拴住使我们联想到现在的独生子女在家庭生活中的情况。他(她)们大多在家庭中娇生惯养,父母对他们关爱有加,处处事事不松手、不放心,久而久之,就会影响他们人格的健全发展,影响他们独立生存能力的形成。第二是要审好题。题目《放飞我吧》,题眼是"放飞"和"我"。这是一个祈使句。"我"向谁请求呢?在写作时,心中要添加主语,如"父母",向父母请求。"放飞"是动词,它体现人本思想,体现学生要求生动、活泼、主动发展的愿望,体现探索、创新的精神。第三是要把图和题综合起来思考。画面与题目告诉我们,文章应从两个角度选材:一方面可以选取生活中家长束缚、限制"我"所产生的不良结果,用材料表达"我"需要放飞的愿望;另一方面,可以选取生活中"我"独立做好某件事的材料,向家长证明"我"能飞的事实,从而表达请放飞我的心愿。总之,所选材料应能表达"放飞"的愿望,这样才能切题、切合画面的寓意。如果只审图,不审题,就容易只写另外两只小鸟或只写父母。如果只审题,不审图,就不容易把握寓意。

题目示例九:阅读漫画《只为一毛》,展开合理想象,写一篇不少于300字的寓言故事。

写作指导:

首先可以给画面上的两只公鸡起个名字,一个叫"小克",一个叫

"小刚"。在行文运笔时,要依据画面,用顺叙法叙述事情的原委和经过,合理展开情节。第一幅是故事的开端,"小克"看见地上的一根毛怀疑是"小刚"碰掉的。于是责问"小刚",而"小刚"矢口否认;第二幅是故事的发展,两者怒目相向、争执不休,摆出争斗的架势;第三幅是故事的高潮,两只雄鸡斗得火花四溅、昏天黑地;第四幅是故事的结局,两只"脱毛鸡"看到满地鸡毛,悔恨而归。在行文中,要运用语言、动作、心理等描写方法,最后可用一两句话点明画旨——人与人之间应友好相待,如果为一点小事而各不相让,结果只能是两败俱伤。

第四节 话题作文训练

近年来,出现了一种新的作文考试形式——话题作文。所谓"话题",就是谈话的中心。话题作文就是从命题者设计"材料"中引发一个既有开放性又有约束力的话题,展开联想、想象,想写什么,就写什么。话题不是题目,只是文章内容、主题的载体。话题作文完全体现了中考作文所强调的人人有话可说的基本要求,便于激发习作者的发散性和创造性思维,从而做到触类旁通、举一反三。可以这样说,话题作文是个很有意义的突破,在今后的考场作文中将会占有较大的比重,据我们对2004年全国各省市中考作文题的统计来看,约有近半数的考题是选取的话题作文形式。对此,我们必须高度重视。

为什么话题作文在短短的几年时间里能成为大家基本认同、推广速度很快的主要题型呢?这是由它的导向性、灵活性、宽泛性这三个特点决定的。比如以"微笑"为话题写一篇文章,这个话题本身就具有导向性,人的面部表情"微笑"就给你确定了写作内容的着眼点。灵活性,是指表达方式的运用,你可以自由选择。可用记叙方式写"微笑",也可以用议论方式写"微笑",还可以用说明方式写"微笑"。宽泛性,是指材料运用不加限制,古今中外的材料,只要你熟悉,只要符合写作需要,你都可以运用,用不着为"没什么可写的"而犯愁。

与以往的全命题、半命题之类的作文题相比,"话题作文"的这三个特点为什么在考试方面有其显著优势呢? 一是它的导向性与考试命题的限制性相一致;二是它的灵活性、宽泛性与培养同学创新能力这一考试改革要求相一致。就同学们这一方来说,它有利于我们充分发挥自己真实的写作水平。以前,有的同学爱写议论文,而对考试题目是记叙文这一情况就犯愁了。现在只给话题,不直接命题,就不存在这种情况了。

话题作文由于要求宽松,写作范围宽泛,没有审题障碍,看起来比较好写。其实,正是由于话题作文只提供了一个说话的范围,而中心的确定、题目的拟定、材料的选择、表达方式的运用则由同学自由选择、自由发挥,所以它远比命题作文和材料作文更能考查出同学的写作能力。这也就是近几年不少省市的中考比较青睐于以"话题"为内容来考作文的原因所在。

话题作文的本质是鼓励创新。话题作文是让同学在同一个谈话中心下,叙述各自的不同生活经历,表达各自的不同生活体验,抑或发表各自从不同角度、不同立场产生的观点与见解,等等,甚至可以虚构故事,描述想象和联想。作文话题既不限定文章的选材立意,也不规定表达方式或体裁运用,从而为同学最大限度地施展写作才能、表现个性和努力创新提供了可能。

话题作文本身就是一个创新,因此它也要求同学作文时应当有一定的创新意识。话题作文的显著特点就是开放性强,主要体现在主题开放(题目自拟)、文体开放(文体不限)、思维开放(大胆想象)等方面。它鼓励同学在切合话题的情况下,敢于创新,敢于写出新鲜独特的内容。这样一来,文题要求中的所谓"抒写经历""发表见解""编述故事""展望未来"等就可以宽松自由地选择了,同学平时写作的长处和个性就有了一个充分展示和发挥的天地。

就选拔性考试的终极目的而言,话题作文更有利于优秀人才的选拔;从考试的导向功能讲,话题作文的形式更有利于打破长期以来让同学写千篇一律的作文的局面,避免了同学思维的阻滞以及空话假话大话充斥同学作文的弊端。可以预言,今后几年的中考,这种命题形式还会更加走俏,越来越完善的各类话题作文,将会走进各地中考语文的试卷。

下面请看两篇较好的考场话题作文。

有 书 的 日 子

天津市一考生

有书的日子,天高,地宽。百无聊赖之时泡一杯香茗,挑一本好书,掩在小屋的一角,独自抛开窗外的霓虹的俗气,感受属于自己的宁静。

不知从何时起,书已经走进了我的世界。我爱读书,爱读有意思的书,爱读有意义的书,爱读适合自己的书。少时曾被三毛的天真逗得捧腹大笑,曾为白雪公主的幸福拍手叫好,更让乱七八糟的怪兽吓得夜里不敢入睡;长大了,我开始被湘北的顽强深深鼓舞,为轻舞飞扬的命运偷偷掉泪,也被神秘岛上的故事激动得义愤填膺。有书的日子,我常常感到沉甸甸的充实。

有书的日子里,我开始打开了窗,走到了外面的世界,感受到了新的气息。我亲眼看到迎春花的第一只苞蕾引来蜂蝶;榕树苍虬的枝干撑起了蓝天;枯黄的落叶被白皑皑的冬雪埋起。我突然感到,这多彩的世界不也是一部书吗?它教我们学会发现,学会欣赏,学会创造。

有书的日子里,我长大了。如今,三年的初中生活到了尾声。回首这三年的生活,有解出难题时的欣慰,有艺术节拿奖时的兴奋,有代表全年级发言时的紧张,有体育课上疯跑的放纵;也有考试失利时的无奈,有运动场上失败时的遗憾,有老师家长关注下的压力,有离别在即为同桌流下的泪水。我痛苦着,也快乐着。我渐渐明白,生活原本就是一本永远敞开着的无字书,作者就是你自己,读者也是你自己。你写下的是成功,读到的就是喜悦;你写下的是失败,读到的就是痛苦。若你写下了全部,你最终读到的一定是幸福。

有书的日子天高,地也宽。无论天离我有多远,路的前方有多难,我都会像现在这样,义无反顾地与书一生相守。

这篇考试作文的题目是:请以"书"为话题,写一篇不少于600字的文章。文体不限,题目自拟。

"书"这个话题的范围是很宽泛的,作文主要内容只要与"书"相关,都符合要求;可以记叙经历,讲述故事,抒发情感,发表议论,展开想象等。

《有书的日子》是一篇个性鲜明、不可多得的优秀作文。它的主要特点是把"书"的概念扩展了,把有字的"书"和无字"书"都包括进来,特别是在读这本无字的大书中获益匪浅,在读中对外面的多彩的世界、对一年四季的变化,感受到新鲜的气息,使自己"学会发现,学会欣赏,学会创造"。

作者对书的认识和感受没有停留在"感受读书的宁静"上面,没有满足于爱读"有意思""有意义""适合自己"的书的标准上,而是表现作者把读书与生活联系在一起的读书方法上。这比光写"为什么爱读书""读什么书"和"怎样读书"的三部曲式的写法更胜一筹。本文作者充分利用话题所留下的广阔的想象空间,让自己的思绪纵横驰骋,将题目的内涵予以充分而合理的开拓。文章处处都在关照"书"这个话题,随时又能跳出羁绊,表现出较强的对文章的驾驭能力。无论是沉迷于书的世界,爱读书,读好书,还是阅读生活,感悟人生,作者似乎随意地信手拈来,却又显得那么真实亲切,层层渐进,流转自然。"有书的日子天高,地也宽。无论天离我有多远,路的前方有多难,我都会像现在这样,义无反顾地与书一生相守。"结尾这段话更是含蓄蕴藉、发人深省,给读者留下了无限的联想和想象的空间。

阳光的季节

厦门市一考生

这是一个很特殊的季节,习以为常的是夏日的炎热,阳光有点太过热情。但这个季节里掺入了几丝离别的味道。大概,我一辈子都不会忘怀。

不是秋天,谈起伤感很难。其实年少的心,又如何能体会"悲哉,秋之为气也"的感慨,不过自作多情罢了。一旦到了夏天,还哪来的忧愁,早把毕业抛在脑后,冲凉吹风去了。然而,阳光灿烂的季节却突然下了几场暴雨,把我的心情从晴朗拖入阴晦。天在那儿泪水汪汪,但我依然是一脸平静。"别开玩笑了,下几场雨,你以为就能赚走我的眼泪吗?"我不屑地说。

我问自己是不是很喜欢开玩笑,以至于把三年的日子也当成了玩笑。记忆里一片模糊,因为这与聪明与否没什么关系。唯有"成长"是这段岁月看得清楚的标题。我竭尽全力地回想,漫无目的地回想,回想三年的收获与错过,最后,甚至伸出手指数起三年来换过的口头禅,实在是无药可救。

同桌的女生一脸坏笑地说:"终于可以不和你坐在一起了。"我有点愤愤不平,不知在多少次考试中,我施以"援手",才让她的成绩一直很有看头。谁知好不容易不必再靠我了,就这样得意忘形。"前事不忘,后事之师",《战国策》里说得分明,她却不当一回事儿。细想一下,何谓《战国策》恐怕她也说不明白,其他的就算了吧,当我庸人自扰。

可是,心中仍有一点不是滋味的感觉。

很欣赏屈原的《天问》。一百七十多个问题,从传说到现实,从远古到当世,一一向天问过,是何等的奇思。明知不会有回答,依然问得潇洒豪迈,悲怆惊俗。我也试着向天发问:"没有了暴雨连天,夏季是不是会因为只有阳光而单调?没有离别伤感,成长是不是会因为只有欢笑而缺乏完美?夏季还是夏季,成长还是成长。那么我快乐着,痛苦着是不是就可以心满意足?所有得失,是不是可以付之于过往?对于未来,我于是无愧于心。"有一句话这么说:"天固不可问,聊以寄吾意耳。"这实在很让人欣慰。屈原笑了,"天问"不仅仅是他的感慨,更是后世许多人告慰心灵的高亢与激昂。

"无为在歧路,儿女共沾巾。"带走我的眼泪,收下我的祝福,时间沉积,不会忘了这阳光的季节。

"知了——知了——"喋喋不休的蝉,你知道些什么呢?

"知了——知了——"唉,讨厌的蝉鸣。

幸好,阳光一直灿烂。

这篇考试作文的题目是:晴朗之时人们赞美阳光,黑暗之中人们渴盼阳光。灿烂的阳光有着巨大的艺术魅力,古往今来"晨曦""夕照"入诗入画的不可胜数。万物生长靠太阳,阳光给大自然和人类社会带来了勃勃生机。阳光还丰富了人类的精神世界,它让我们产生丰富的联想和想象,激励我们去追求美好的事物……不同的人对阳光有着不同的感

第十章 继续攀高峰——中考应试作文训练

受。请以"阳光"为话题,文体不限,自拟题目作文。

这篇作文可以描述经历,或抒发情感,或表述说明,或阐述观点,考生可根据实际情况加以选择。

本文的作者是一位阳光的季节里走出的阳光少年,淡淡的离愁在他的调侃之中也变得轻松起来。《战国策》《天问》和诗句"无为在歧路,儿女共沾巾"的恰当引用,不仅为文章添彩,而且也展示了小作者良好的文学功底。这不仅是一场心灵的对话,也是古今血脉相通的体现。在每个人的成长过程中,都会有彷徨迷茫、离别伤感之时,挥挥衣袖,将得失付之于过往,勇敢面对未来。少年心事当凌云,在小作者的笔端,怅惘的心绪化为了灿烂的阳光。

尽管话题作文具有导向性、灵活性、宽泛性这三个特点,又具有开放性强、倡导自由表达等优点,但因其是新题型,考场上还是有部分同学出现了种种失误,失误主要表现在以下几个方面。

1. 偏离题意。话题作文降低了审题难度,但是并非没有限制,并非不要审题。其实,扣题对于任何形式的作文来说都是基本要求。同学写话题作文出现偏题有两种情况:一是本末倒置,将话题材料中的某个枝节当成了话题的主体,导致"跑题",导致作文与话题题旨貌合神离。话题作文鼓励发散思维,旨在激发考生大胆想象,用全新的视角多方位地审视社会。但并不是说话题作文可以游离于话题之外,不要限制和约束。避免游离于话题之外的方法是:理解话题的内涵、范围和重点。正确把握题目中所给的关键性字眼的本义、引申义、比喻义。严格遵循考题中注意事项的各项要求。

2. 胡思乱想。有些考生在写作文时故意与题意唱反调。明明要求以"答案是丰富多彩的"为话题,却偏偏写成"正确的答案永远只有一个""答案始终是唯一的",这不是唱反调吗?当然也就得不了理想的分值。话题作文虽然提倡创新思维,鼓励大胆想象,但想象不是不受任何条件限制的,更不能胡思乱想。展开想象应该注意三点:一要受作文题意和主旨的统率,自始至终为表现主旨服务。二是思想健康,给人以启迪。三要以现实生活为依托,合情、合理、合"法",想象的内容虽是虚构的,但应该是可能发生的,能自圆其说的。

3. 墨守成规。话题作文比起命题作文、供料作文,在拟题和结构上自由度要高得多。一部分同学对此却未加注意。更多的同学则将话题作文当供料议论文来写,开头引述材料,再提炼论点,联系实际,从正反两方面引证例证,最后作总结。因为拘泥模仿,一看就令人生厌;又因为照抄原材料已占去了不少篇幅,自己的东西太少,自由想象的天空被挤占得十分狭窄,这就从形式和内容两方面都违背了鼓励创新、倡导个性的主旨。这样写得好的也只能得个"保险分",绝对不可能"冒尖"。

4. 构思趋同。考试作文是成千上万人写同一话题的文章,造成的结果就是构思趋同现象严重,同时也反映出部分同学平时的写作训练比较死板,作文思路还没有完全放开;还有的同学只会照抄照搬某些范文,写出的习作有抄袭之嫌。要力避趋同,就要在立意选材、谋篇布局上多动脑筋,多下工夫。具体来说,如果写议论文,应学会换一个角度看问题,要追求新的发现、新的境界,哪怕只有一点也是好的;如果写记叙文,要能够洒脱地面对一些重大题材、热点问题,做到以小见大、举重若轻,在平淡叙述中赋予深刻的含义。作文的结构要力求有创意。话题作文提倡"三自"原则,即题目自拟、文体自选、立意自主,鼓励同学们解放思想、张扬个性,写出极具个性化的作文来。事实上,中考作文要想得高分,立意不创新是根本不可能的。

5. 缺少激情。许多同学感到考场作文没东西可写,主要原因之一就是缺乏激情,不能以激情来培育作文这朵心灵之花。因此,他们虽然

第十章 继续攀高峰——中考应试作文训练

搜索枯肠、绞尽脑汁,写成的作文却感情平淡、语言枯燥、难以动人。事实上,只有在激昂的热情中,才能驰骋思维,丰富联想,挥洒自如地展示个性,以妙笔铸成佳作。在考试中,写记叙文,要注意精心选材,讲究以情动人,所选的材料首先要感动自己;写议论文,要爱憎分明、淋漓酣畅,语言可以适当地带一点"杂文"味儿,活泼、潇洒一点。

题目示例和写作指导如下所示。

题目示例一:爱,是一种崇高深挚的感情;爱,是人类永恒的话题;爱,在我们身边无处不在。人与人、人与社会、人与自然之间会有许多爱的情感,从中你会有许多爱的感悟。请以"爱"为话题写一篇不少于600字的作文,文体不限,题目自拟。

写作指导:

作文命题采取话题作文的形式,内容更是同学极为熟悉的——抒写爱、感悟爱、赞美爱、思考爱。同学应该按照要求,围绕"爱"字落笔,做到选材合理、中心明确、语言通顺、结构完整。

需要注意的问题是:由于有的同学不善于观察生活,积累作文素材,所以写爱可能仅局限于家长、老师、同学之间,就造成了内容雷同,缺少时代气息的问题。如果能够在选材方面下一些工夫,就会写出备受青睐的文章。

就这道题目来说,试题要求中提出文体不限,但如果选择写记叙文,和其他文体比较,相对来说还是比较容易一些的。

题目示例二:生活中,人人需要掌声。取得成绩和荣誉,掌声会给人以褒奖,给人以激励,给人以再创造的活力;面对困难和考验,掌声会给人以信心,给人以勇气,给人以奋进的动力。应该说,掌声就是一种肯定,是一种鼓励,也是一种尊重。因此,我们要学会鼓掌:为别人鼓掌,为自己鼓掌,为丰富多彩的人生而鼓掌。请围绕"掌声"这个话题,自选角

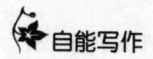自能写作

度,写一篇文章。文体不限,题目自拟。

写作指导:

写作这篇话题作文,同学们应围绕话题衍生成文。可考虑写你的体验和见闻,也可写你的见解和认识。由于角度自选,同学有话可说,有事可写,便于抒写自己的感受和见解。只要注意瞄准生活热点、细节,精于表达自己的感受,就会出现洋溢着生活气息、贮满真情的佳作。如"我为中国女排喝彩(鼓掌)""我为自己鼓掌",等等。

当然,写作中也要注意一些不容忽视的问题。这篇话题作文虽也看似贴近生活,但"掌声"所蕴涵的意义对初中同学来说有些抽象,或者说初中生生活面窄,对事物缺少真切的感受,很难有独到的见解。再加上不少同学对话题作文的特点和规律把握不准。话题作文虽在中考语文试卷中"一统天下",但在教学中尚属"新鲜事物",教师缺乏充分的研究,同学缺乏有针对性的练习,于是可能会出现或拘泥于话题提示,选材单一,或把话题当题目,泛泛而谈,或偏离话题要求自说自话的情况。其次,选材老套,缺少创新。说到"掌声",就局限在"演讲比赛、运动会、毕业联欢会、考试成绩进退步"这四方面,思路单一狭窄,选材雷同,表达牵强生涩。所以写作时应避免创新意识淡薄、受考试求稳的束缚、不敢张扬个性的情况。

题目示例三: 在生活中,有许多的人和事物使我们感动。同时,我们的一些行为也可能感动别人。请以"感动"为话题,文体不限,自拟题目,写一篇不少于600字的文章。

写作指导:

这道话题作文的写作领域十分广泛。生活中让我们感动和被感动的事比比皆是,可以说,此题为广大应考者提供了"海阔凭鱼跃,天高任鸟飞"的自由写作天地,可以充分张扬写作个性,展示写作才华。

第十章 继续攀高峰——中考应试作文训练

写作时应在准确审清题意的基础上,注意突出情感转变的过程。这是文章的重点。"感动"必须是经过一定过程的,可以说,这是一种条件关系或因果关系。这就要求考生在情节结构上多作一番考虑,在跌宕起伏的过程中做到有层次、有波折,达到"感动"这一目的。写作时要弄清被感动的对象,分清主次关系。最好选一件别人帮助、关爱自己,或自己帮助、关爱他人的事件。事件要紧贴社会生活热点,突出一个"新"字。

写作时还应注意在"情"字上做文章。冰心曾说过:"要对读者真实,首先要对自己真实,要把自己的真情实感写出来。"只有把自己的真情实感坦露在读者面前,才可能与读者产生情感上的交流,心与心的撞击,最终升华到"感动"这一情感深层次上。

题目示例四: 俗话说"靠山吃山、靠水吃水",但结果往往靠不住,"坐吃山空""望洋兴叹"的情景总时有发生;而在我们的现实生活中,大事的成就,或小事的做成,靠的是坚忍不拔,靠的是踏实苦干,靠的是勤奋学习,靠的是团结合作,靠的是……请以"靠"为话题写一篇文章,可以写你的经历、体验、感受、看法和信念,等等。立意自定、文体自选、题目自拟。字数不少于600。

写作指导:

这篇话题作文的题目、范围、体裁皆自定。从提示语看出,"靠"是"依靠"之意,文章要阐述的主题是"成就小事或大业,不靠天地,而靠人力,靠自身的努力"。可以正面立意,也可以反面选材立意。文章可以用第一人称写自己的经历、体验、观点等,也可以用第三人称记叙、议论、抒情。而选择第一人称的优势更明显些,感受、体会的流露会更真切些。这个文题的体裁基本在记叙、议论两大类中选择。如写记叙文,材料的选取必须恰当而有新意,写出不同于别人的事情、感受。谋篇布局要合理,语言要形象、细致、有文采,避免写陈旧俗套的老材料,避免语言的平淡拖沓。如写议论文,要由某个事情开门见山地引出论点,并通过一两个事实论据和道理论据来阐述论点,忌陷入事情的铺叙而淡化说理的成分,写成了文体特征不明显的作文。如果是作文水平较好的同学,也可写成记叙、议论、抒情相间的散文,但一定要扣住中心,写出自己的心态、情感。

题目示例五: 据报载,辽宁一位年仅17岁的中学生,仅仅因为没钱见到心中的明星偶像并"与她交朋友",就服毒走上不归路,匆匆告别了自己的花季。读罢这则"追星"惨剧的报道,一方面令我们心头十分沉重,一方面又再一次令我们深思:谁应该成为当代青少年的人生偶像?谁才有资格做青少年健康成长的引路人?请以"偶像"为话题写一篇不少于600字的作文,文体不限,题目自拟。

写作指导:

要想写好这篇作文,必须注意以下四点要求。一是认真审题,也就是要读懂材料,明确这是一篇话题作文,话题的内容是什么。二是要具有话题作文的一些基本常识和技巧,即明确话题作文该怎样去写。话题作文是这几年中考的热点考题,但有很多人把话题作文等同于一般的材料作文,因此常有离题、偏题现象,这是作文时务必注意的。三是要有文体意识,话题作文一般不限文体,但同学在作文时必须有文体意识,也就是说,写出来的文章必须是一种文体,切不可既不是记叙文,也不是议论文,更不是说明文,而是大杂烩,这样的作文肯定得不到高分。四是立意要新颖,构思要精巧。

题目示例六: 大自然是我们的家园,多少年来,它给我们提供了赖以生存的丰厚的资源。珍爱它,它将会对我们报以温馨的馈赠;践踏它,它将会对我们施以严酷的惩罚。请联系现实,以"自然"为话题,自拟题目,写一篇文章。

第十章 继续攀高峰——中考应试作文训练

写作指导：

自然是一个熟悉而又蕴涵丰富的话题,写好本文要注意打开思路,选准内容。走进自然后,跃入眼帘的是美不胜收的景观,雄伟壮观的山岳,波涛滚滚的江河,蜿蜒曲折的小溪,都可以成为让你感动、让你赞美的对象。当然,反面着笔,从自然界江河的干涸、树木的乱伐、绿色的消失写起,文章会多一份新意。

写作本文还要注意化大为小,选准角度。如:通过对泰山绮丽风光的描写,展示自然界无穷的魅力;通过对壶口瀑布的描绘,展示自然景观诱人的风采;通过一棵树、一朵花、一滴水来反映自然环境的变化,收到小中见大的效果,像《一滴水的幸福感受》《一朵花的诉说》等,就颇为引人。

写作本文更要注意巧选文体,形式创新。擅长描写的同学,可以用散文写作;对自然界变化情况比较熟悉的同学,可以写议论文;基础较好的同学,还可以用童话、寓言等形式写作,如《一棵古树的日记》就是不俗的立意。

第五节 全国各省市历年中考优秀作文简评

妈妈需要我

北京市一考生

妈妈,她有一双明亮的大眼睛,总是温柔地看着我。小时候,我常常躺在她温暖的怀抱里,触摸她那流露出希望的大眼睛。

开头就写出我和妈妈之间的骨肉亲情。

·295·

自能写作

  妈妈总是嘱咐我认真学习,她说家里的事情不需要我……光阴似箭,我已经长成了大小伙子,而妈妈却在岁月和病魔面前倒下了——她不幸染上了十万人中仅有一例的重病白血病。往日那双明亮的大眼睛失去了光芒。在不经意间,我看到妈妈眼角挂上了晶莹的泪珠,而刹那间,泪珠被她故意拭去,而后,她又重新微笑着看着我,但脸上依旧挂着道道泪痕……

> 对妈妈的外貌描写,特别是对眼睛的细节刻画,动人心弦。

  妈妈住院了。

  听医生说,花生仁的皮里含有补充"血小板"的物质。可是花生很多,花生仁的皮却极少,又极难剥。听说妈妈"血小板"下降,周身都是出血点的消息,我焦急地为妈妈剥着花生皮——一直剥到所有的花生仁都脱掉了粉红的外衣,直剥到自己的双手起了水泡,直剥到水泡都被磨破,直剥到足够补充妈妈所有的血小板。

> 我为妈妈做的第一件事:剥花生皮。有心理活动描写,也有细致的动作描写。

  妈妈从医院打来电话,说她天天都在喝用我剥的花生皮泡的水,身体好多了。

> "喝用我剥的花生皮泡的水,身体好多了。"说明妈妈确实需要我。

  而接下来的坏消息给妈妈带来了更大的影响——与她同一病房的几个病友相继去世。每晚都去陪妈妈守夜的爸爸告诉我,妈妈最近心理压力很大,精神不好,恢复得很差。

  "为何不给妈妈送去几盆花呢?妈妈是最喜欢菊花儿的。"

  "可是花粉对白血病人的病有影响。"爸爸无奈

> 我为妈妈做的第二件事:画花儿。通过对话

第十章 继续攀高峰——中考应试作文训练

地说。

"一定还有别的方法能让妈妈重新振作起来。"我暗暗下决心帮妈妈找回希望。于是我拿着蜡笔和白纸来到了阳台，不由自主地画了起来。——也许花儿早就知道我们母子的心，全都不约而同地开放了，它们在温暖的阳光下尽显自己美丽动人的身姿。——不知是因花儿的美好令我陶醉，还是因为自己对母亲那强烈的思念令我专注，我似乎忘了自己，只有画笔在纸上轻轻地滑动，留下一道道"爱"的印迹，画纸一张张地翻动着……一张，两张，三张……

不知何时爸爸把画儿都拿走了。我的心情既激动又紧张，不停地责怪自己为何不画得再好一些——这时，电话响起。

对面传来隐隐约约的喘息声，然后，声音好似跨过万重高山，回荡在我的心底：

"……儿……儿子……这花儿……真美……"

听着妈妈的声音，我流下了希望的泪水……

不要再说什么都不需要我……

不要再说只希望我能比你们幸福……

我要你们和我一样幸福……

爱，我们需要。

描写，表达了母子深情。

通过母亲对花儿的赞扬，写出了这些画对母亲心灵的抚慰作用，又一次说明了"母亲需要我"。

结尾的抒情语句，起到了画龙点睛的作用，是必不可少的。

[总评]

"_____需要我"，是一个半命题作文，题目由三部分组成：

"_____""需要"和"我"。横线上可以填写"个体",也可以填写"群体",可以是"祖国""人""动植物",也可以是"一个特定情境",本文填写的是"妈妈",符合题目的要求。"需要"应该是突出的内容,可以是精神上的需要,也可以是物质上的需要,但必须是真正意义上的"谁需要我"。作文时,一定围绕"怎么需要我""需要我怎样"展开来写,最终体现"我"的"作用""责任"和"价值"。

本文没有跌宕起伏的故事情节,甚至连语言都是那样的平实,没有一点雕琢。但是谁又能说它不是一篇好的考场作文呢?的确,本文开头就紧扣题意,接着写出了妈妈需要我的两个典型事例:第一个事例写出了妈妈天天都在喝用"我"剥的花生皮泡的水,治疗了身体的病痛;第二个事例写出了妈妈看到"我"精心制作的几幅画儿时,精神上感到了无比的快慰。这两个事例是有代表性的。这就自然地引出结尾的抒情和议论的内容,使本文头尾照应,中心突出,不能不说是作者的独具匠心所在。

我们是初升的太阳

上海市一考生

东方拂晓,红彤彤的太阳冉冉升起,发射出红色、橙色、金色的光芒。这正是我们风华正茂的青少年的本色。

红　色

"一、二、三,开始。"随着主持人的一个手势,我们六位同学开始了激烈而出色的时政演讲竞赛。音乐响起,我们的脸一下子变得红红的,正像初升的太阳。随着主持人一道道问题的提出,我们的心里有点惴惴不安。这时,我们拽着衣角,拼命让自己冷静下来。抬起头,我们看到了一双双眼神——我班同学热情的眼神。我们开始深呼吸,互相鼓励,举起"V"字的手,我们自信地笑了。我们终于定下神来,从容不迫地答题,将一群15岁的女孩的热情奔放展现给了全校师生。走下舞台,我们奔向好友,与台下的同学击掌。掌声久久回荡在空中。

我们将奔放、热情化作红色,画在人生的白纸上,很久很久。

橙　色

天空很蓝,蓝得没有杂质只有纯净。空中,飘着风筝,那是我们童年的记忆。

那次,一群少女来到农村空旷的土地上,带着自制的风筝准备放飞。见亲手制作的风筝在蓝天下自由地飞翔,我们的心很舒畅,很透明。我仰望着天空,一群鸟正巧飞过,它们很兴奋地追逐打闹,我的心突然一动。风筝并不自由,无论怎样,它都无法自由放飞。我们竟不约而同地提出将风筝放到无边无际的天空。"一!二!三!"我们一齐松开手,笑着向风筝道别。风轻轻吹了过来,携着风筝飞走了。顿时,我们豁然开朗,欢叫着,跳跃着,仰望着天空。

我们将个性、善良化作橙色,画在人生的白纸上,永远永远。

金　色

丁香花变成春天的琴,在心灵的键盘上弹奏着心曲,激励着我们金子般的心。

现在,越来越多的中小学同学积极加入了志愿者的行列中,用我们的朝气和生命力谱写着新时代的歌。在学校,我们积极参加各项活动;在社区,我们积极宣传公民道德教育。我们已融入了这个社会。我们将作好充分准备,送去温暖,送去金子般的心,迎接世博,迎接一个接一个的挑战。

我们将朝气、生机化作金色,画在人生的白纸上,直至永恒。

我们,这些初升的太阳,红色、橙色、金色,热力四射,正向全世界发

出灿烂夺目的光彩。

[简评]

这是一个主题性的命题作文。要读懂这一题目,关键在把握"初升的太阳"的比喻义。

本文开篇点题,以"红彤彤的太阳冉冉升起,发射出红色、橙色和金色的光芒,这正是我们风华正茂的青少年的本色"一句总领全文,然后以"本色"派生出的"红色""橙色""金色"为小标题,从不同的角度演绎了青少年风华正茂、生气勃勃的特点。文章从时政演讲竞赛时热情奔放的表现、放飞风筝追求个性自由、投身志愿者行列等事件的描写阐释着"我们是初升的太阳"的内涵。文章不仅条理清晰、构思巧妙、内容充实,而且富有时代特色。

别梦依依忆乡关

天津市一考生

三年前,为了到天津名校就读,我告别了远在河北省的父母。

三年时光转瞬即逝。而在这白驹过隙的三年中,我如雪的思乡情结轻轻飘落在我生命的田园中。对父母的思念与牵挂是我情感真实的呼吸。想家,便是我一直深埋于心底的最大心事。

家是什么?是难舍的亲情,是安宁的港湾,是温馨的思念,是永远牵挂的角落。家就是有人在默默地等你……

小时候,我好比是"盘依父母身躯之青藤",家就是我对亲情的依赖,家好比是一把父母用亲情撑起的大伞,融进无微不至的呵护与关爱,融进无限柔情与温馨。

少时的家,承载着我幼时的全部喜怒哀乐,镌刻着我蹒跚成长的足迹,记录着我全部的童稚与天真。少年的家,永远珍藏在我心里最柔软的角落,无论何时开启,都会带给我最美丽最温馨的回忆。

初次离家,才算尝到了想家的滋味。临别时分,我总想显得更潇洒、更坚强些,暗笑父母千万次的叮咛是啰唆。笑着站在缓缓开动的列车上,若无其事地挥手告别。像那些毫无牵挂的人开始无悔的远行。然而,当列车缓缓驶离站台,再回首,泪已成行。对家的思念与牵挂,从那时起开始在我的心头蔓延,渗入了我的每一滴血液,每一个细胞,缠缠绵绵,无尽无休。

有家可想,其实是一种幸福。在那温馨的小巢中,父母总有一种特殊的方式让人牵挂。乡情好比一根绵绵长长的情丝,一头系在家里,一头系在游子心间。千里万里挣不断抽不完,千次万次剪不断理还乱。

离家的人怕望明月,怕听春雨,怕见九秋蓬,怕看千里雁。其实,想家的情怀我不必掩饰,也无法掩饰。它无处不在,无时不在。即便仅仅是静静地凭窗而立,清风拂过,还是会撩起我无尽的乡愁。

外面的世界很大很精彩。可是再大也忘不了那个温馨的小家,再精彩也掩饰不尽缠绵的牵挂。家,是一生无法忘记的角落,想家是每个游子内心深处的共鸣。亲情正是在这种不断的思念与牵挂中逐渐浓稠深化。想家,这种看似好苦好累好揪心的事情,其实很美很甜很高尚。

三年之中,对家的思念一直珍藏在我内心最柔软的地方,是我一直挥之不去的心事。在这个纷繁复杂的世界面前,思乡情怀使我保留着对真情的敏感,抹去眼中的云翳,还心灵一份真正的纯洁与宁静。想家,是一种超越空间的心灵感应,想家的人也常被家中的人思念。

"一种相思,两处闲愁",千里万里诉说着一曲又一曲的人间衷肠。

[简评]

这是一篇以"心事"为话题的考场作文。"心事"这个词的词义内涵,指的是心里盘算、放不下的事,多用于为难的事。应该注意的是,这个词不同于"心情""心思""心绪""心态"等。

这是一篇感情真挚的文章。文章有对童年生活的追念,有离家的依恋,有想家的感受和哲理思考,思路比较清晰,体现了情感的发展。最难能可贵的是作者没有沉溺于"想家"的苦闷而不可自拔,"有家可想,其实是一种幸福",这种理解和感悟,是很有个性色彩的。

本文的另一个优点是,词汇丰富,语言通畅,富有感染力。如"而在这白驹过隙的三年中,我如雪的思乡情结轻轻飘落在我生命的田园中,对父母的思念与牵挂是我情感真实的呼吸",采用比喻的修辞手法,把"思乡情结"化作柔美的雪花;而称"思念与牵挂"为自己生命中"情感真实的呼吸",贴切、形象、生动,表达了自己对亲人日夜相思的深厚情感。

挺胸而立

江西省一考生

"挺胸"是什么?是昂首自立,洁身自好,不与世俗同流合污么?是铮铮铁骨,宁死不屈,舍身而取义么?是飘逸洒脱,张扬个性,不谄媚权贵么?历史上多少名人志士,用他们的行为乃至生命,向我们一次又一次地诠释了这个词的含义……

林 逋

"疏影横斜水清浅,暗香浮动月黄昏。"

他是爱梅的。茅屋陋舍,香梅白鹤隐身其间的,便是他——和靖先生。世人多赞叹陶渊明"采菊东篱下,悠然见南山"的隐逸情怀,但又有多少人记住了这位"梅妻鹤子"的和靖先生呢?或许,这就是他的成功吧。

官场的勾心斗角,世俗的混乱纷杂,是他所厌恶的。他又怎愿奴颜屈膝,为五斗米折腰?"前不见古人,后不见来者,念天地之幽幽,独怆然而涕下。"极目望去,也只有陶潜与他心自相通吧。

于是。他挺胸而立,飘然遁去。

文天祥

"人生自古谁无死,留取丹心照汗青。"

山河破碎,风雨飘摇。大宋的气数已尽了!即使是赤胆忠心,他也不得不如此叹息。多年的抗金救国,一次次的失败,更是让他万分凄凉。他一介书生,又怎能挽回大局?

"文丞相一片丹心,日月可鉴。您已经尽忠了,不如转投入元。我国定然不会亏待您的。"想到白天敌将的话,他心中怒火腾腾。即使明知必死,又怎能叛国投敌!

于是,他挺胸而立。从容就义。

李 白

"安能摧眉折腰事权贵,使我不得开心颜!"

身处蜀地,他的心却在长安。蜀道难,难于上青天。可是,又怎能比得上他的仕途波折。得入翰林,本以为可以大展才华,一施抱负,却只得日日为帝王粉饰太平,这又怎是他所愿?

他是不羁的。大醉面君,让高力士脱靴,即使弃官还乡,他又怎愿再作"借问汉官谁得似?可怜飞燕倚新妆"的诗呢?

于是,他挺胸而立,悠游山水,写就了半个盛唐。

挺胸是一种姿态,但更多的是精神,是气概,是我们对人生的信念!

[简评]

读罢全文,阅卷老师已深深地被作者清晰的写作思路、纵横的笔法、巧妙的布局所吸引。严谨的结构,整齐一致的段落给读者一种节律美。

可以说,作者是一位深得作文秘诀的考生。文章开头一目了然,告诉了读者"挺胸"的三层含义,同时也暗示了文章是从三个方面阐述"挺胸而立"的不同人生。选材有宋代林逋不愿同流合污的挺胸而立,飘然遁去;元代文天祥耿耿丹心的挺胸而立,从容就义;唐代李白不齿阿谀奉承的挺胸而立,悠游山水,写就了半个盛唐。纵横近千年,跨越几个朝代,三个有个性的人物给文章的中心强有力的支撑,让读者深受熏陶和感染。

作者还是一个富有理性思考的考生,用丰富的思想情感和精神对"挺胸"有独特的体验和感悟,展示了作者的思想个性和个性化的行文思路。

作者又是一位能娴熟运用文学语言的考生。中国是一个拥有浓郁文化的国度,多年唐诗宋词元曲浸染,作者在文中或直接引用,或灵活化用,给文章增色不少,反映出作者较为深厚的文化底蕴。

我找回了自信

河南省一考生

"岁月在无声地溜走,终于,采野花,数星星的日子纷纷飘散在发黄的挂历,离我们远去,那份快乐也将永远被锁在记忆的门槛里。随之而来的,是幻想破灭后的绝望和失落。但,我不甘失败,我不甘寂寞,我要点燃我的心烛,使它驱散弥漫在我周围的黑夜,使它融化覆盖在我心头的片片寒冰。"写完上面的话,她合上了自己那精美的日记本,小心翼翼地把它放入抽屉里,扣上锁,同时,也把那份自信埋入心底。

她,一个有极强好胜心的女孩,转入重点中学快半年了。她从一个很普通的学校转到这里。她知道家里托了很多关系,花了不少的钱。可是在这里还是没什么朋友,最让她心烦的是她的成绩。每次成绩表排出来,她的名字几乎都在长蛇阵的最下层,每当她看到这,她都有一种莫名的压抑感,似乎她前面的名字有千万吨重量压得她几乎窒息。

她要奋发,她要无愧于她所写过的话,要付之于行动。于是,她不再整天想那些无用的虚幻的东西,因为她知道要面对现实,不能做空想主义者。她上课精力集中,踊跃回答问题,认真完成作业……这一系列东西,她都尽力做得很好。果然,她的成绩有了起色,她的脸上也露出了久违的笑容。就这样,她一天天坚持下去,成绩竟到了中游。这些都太令她高兴了。又一次,她打开自己心爱的日记本写道:

"人,就像茶叶一样,只要投入沸腾的生活,点亮心烛,激活自己,就肯定能够显现出生命力的颜色。"

写完后,她又一次合上了日记本,把它锁在抽屉里,同时也把那份成功的喜悦锁进了心房。

渐渐地,她的成绩直线上升,她也更加自信了起来,也结交了好多朋友……

她再次翻开笔记本,郑重地写道:

"人生,一局落子无悔的棋,一场人喧鼓响的戏,一重波涛万顷的海,我只是一个平凡的过客,但我自信我能够化解心灵的困惑与迟疑,而今,我真的做到了……"

她就是我。

固然,你我只是一个平凡的过客,但当面对绝望、失意时,一定要点亮心烛,找回自信。它定能照射出生命力的本色。

[简评]

"我找回了_____"是一个半命题考场作文,毫无疑问侧重于记叙文体。所以考生若选择了这一题,就要按照记叙文的特点来写。命题点就是"立足自我,突出生活"。是典型的以"我"为中心的题目,要求考生写出自我实际生活。这个题目看似好写,实则较难。写出来容易,写好难。

本文写法独特,通过"她"写日记的方式揭示了文中的主人公由"不自信"到"找回自信"的过程。本文定题为"我找回了自信",也很好地揭示了人物的内心世界,从表达效果上说有独到之处。另外,小作者还巧妙地利用了人称的变化。本是"我找回了自信",却写"她"找回自信的过程。最后点明"我"就是"她",这就不仅增加了文章的趣味性,而且吸引了阅卷老师的眼球。所以本文被评为优秀,也就是顺理成章的了。

不屈的声音

广东省一考生

从远古的商朝,青铜器在壮汉们手中碰撞,就发出最原始的一种不是天籁、胜似天籁的声音。人类就是从这种振奋人心的劳动之音中开始了他们生生不息的历史。

每每听到这种声音,我都不禁感慨:劳动光荣!

我难忘这种震撼人心的声音。路过施工路段时,我总会听到耳边熟悉的凿石声。哐哐当当!哐哐当当!这个声音曾陪伴人类度过无数春秋,陪伴人类铸造了无数辉煌。万里长城、京杭大运河,乃至屹立于神州大地的三峡大坝,无一不是在这个声音伴奏下打出的劳动结晶。

有人掩捂着耳朵匆匆地走过施工路段,我却静静地立在那儿,用心去聆听这种天籁。咚咚咚咚,当啷当啷,铿锵有力,像一支豪迈的队伍,浩浩荡荡地渡过山河,俨然是正义和卫国使者的化身。我仿佛能听见汗水滴落在地的声音,夹杂着工人们相互鼓励的号子声,我感到一股力量传遍全身,渗进我的皮肤、血脉。我的听觉神经被调动,这绝不是噪音,而是一曲交响乐啊!即使贝多芬的《英雄》《命运》在此奏响,也绝不可能赛过他们劳作的声音。也许只有冼星海的《黄河大合唱》才能融合这种天籁,奏出世上最强、最动人的乐章!

正午的阳光火辣辣地照射大地,一股热气流笼罩着我,更笼罩着工人们。一个黝黑的工人带头喊起了口号:"开工啦——兄弟们!"又一次,耳边响起了凿石声。这是今天上午工人们第三次开工了,他们仅仅休息了十分钟,就再一次奔赴岗位。哐哐当当!哐哐当当!这种声音似乎成了我耳朵的一部分,我忘情,更强烈地想和他们一起凿石了,那块大石似乎总也凿不烂,但我愿做《愚公移山》中刚长牙的小孩,跳往助之……

火辣的太阳,请竖起耳朵倾听:哐哐当当——不屈服于烈日,不屈服于强势,不屈服于任何困难,这就是劳动的声音!

[简评]

这是以"声音"为话题的考场作文。作文的切入点(突破口)可以是听得见的生活声音,也可以是感受到的内心呼唤,可涉及的内容非常广泛。但最好把虚实两种声音相结合,紧扣住话题。考生一定要选自己最擅长、最熟悉的内容,才能得心应手。提示语中的三个"也许"可以提示你去挖掘声音中独特的内涵。

本文选材新颖,感悟真切。小作者善于抓住生活中独特的声音,并赋予它丰富的内涵。"哐哐当当——不屈服于烈日,不屈服于强势,不屈服于任何困难,这就是劳动的声音!"题眼把握准确,行文灵活自如,小作者不仅有很好地驾驭语言的能力,更有很好的写作功底。所以,本文才能写得这样好。

感受苦药的香甜

广西壮族自治区一考生

我眼睛有点小毛病,常被母亲勒令吃中药。药吃多了,不仅没有了埋怨,还领略到了不少美好的滋味呢!

端着碗猛地吹几下,汤药的蒸气柔柔地拂过我的脸,我竟闻到一丝淡淡的香味。再慢慢地品几口,这香味便会顺着喉咙浸入心田。

我不由得想起了《红楼梦》中晴雯生病的那一段,宝玉为她熬药,当药味弥散开来时,宝玉说:"我房里什么香都有,唯独少了药香。现在才好,什么香都有了。这药香比其他香好得上百倍呢……"当初看《红楼梦》时,对这段话没太在意,不知怎的,现在想起来,这宝玉与别人果真不一样。

细品这话,细闻这香,不觉颇有同感。刚闻时,会觉得是一苦香,只属于中药香味。不过,苦中又带甘甜。当然,这要靠自己的心去细细品尝。记得小时也吃过中药,不过那时总要在喝完药后猛吃糖,似乎中药是世界上最苦、最难吃的东西。

曲曲折折地走过了16个春秋,心境已变,对许多事或人有了更深一层的认识,但也多了几许困惑、忧虑。当我再一次端起药碗时,已不是在喝,而是品尝。品尝那苦中的甘甜,如同品尝佳肴一般。怀着如此心境,感觉药已不再苦。

有人说,人生如茶;而我认为,人生如药。生活便如品药,你无法逃避,也不能逃避。药虽苦,但你只有吃下去才能治病。生活的道路即使坎坷难行,你也只有一如既往地走下去,最终无悔而去。因为这样,你才能从苦中找出深藏的甘甜。也因为它的内涵,才让人觉得它有可以去追寻的美丽。不管怎样苦,怎样艰辛,只要你用心去品味,你一定能品出其中的甘甜!

朋友,人生如药,细品常香啊!

[简评]

"感受_____"是一道半命题的考场作文,填空的好坏是本文写作成败的关键。本文填的是"苦药的香甜",组成了"感受苦药的香甜"这个题目。这个题目定得好:简洁、醒目、吸引人。作者从苦入笔,以甜作结,一句"人生如药"的感慨,将生活的经历与生命的哲理融为一体,写出了自己对苦药、对生活的全新感受。尤其是文中引用的《红楼梦》故事,更给文章平添了几分文采,注入了几分厚重。特别是文章的结尾"人生如药,细品常香啊"这句话,既有韵味,又起到了画龙点睛的作用,是不可缺少的。

我美丽,因为我有甜美的"膳食"

长沙市一考生

书,好比皇帝吃的膳食,有滋有味;书,好比妈妈做的"小葱拌豆腐"——一清二白;书,好比滋润万物的甘露;书,好比养育自然的太阳!因为书,我的世界多了无限美丽的光芒。

有时候,书儿是你"膳食"中的佳酿,香醇而百喝不醉。喜悦时,读一本好书,会觉心境开阔,易生千杯不醉之感。落泪时,寄情于书本,纵有千愁万绪,也会愁云消尽。困惑时,读一篇佳作,似与挚友谈心,愁由书解,喜从心生。我把人生"五味"寄托于书本,心结无不迎刃而解,生活自然是多彩多姿!

书里的膳食品种繁多!最引人的品种是"宫廷大餐",它风味独特,颇合本人口味,《水浒传》《三国演义》《儒林外史》等都在其列。书中美丽的画面总能让我浮想联翩,书中动人的故事时常让我感动不已,书中的人物更是让我无法忘怀。第二个品种是"域外佳肴",这里的品种最丰富,《格林童话》《安徒生童话》等,常常成了我的盘中之物。第三种是"华夏小吃",这盘大餐可真让我过足了吃瘾,正因为有《朝花夕拾》《繁星》《呐喊》等作品的加盟,好几次我差点被它们撑得说不出话来。

生活中的大鱼大肉,可以吃得让你苗条的身材变成个"大肥佬",而书本中的膳食绝无脂肪。各种书本,营养各不相同,相互补充。遇上难得的佳作,更是"维生素 ABCD"样样俱全,保证你长得"白白嫩嫩",一天比一天漂亮,一天比一天年轻!

数学题吃不消吧?English 引起消化不良了吧?……这一切都没关系,书中自有书中趣,书中自有人生理。对待书本,我们只要像对待"膳食"一般细细品味,就能从中领悟到生命的真谛。

让我们为书而醉,为书而迷,为书而痴!让我们用书充实大脑,用书美化生活。在书的海洋中,自由地锻炼,自由地飞翔,我一定会变得越来越漂亮,越来越动人。

[简评]

"我美丽,因为我_____"是一篇半命题考场作文。本文填的是"有甜美的膳食",组成了"我美丽,因为我有甜美的'膳食'"这个题目,文章题目定得好,吸引读者的眼球。文章内容也有特色,一开篇,我们就被溢于字里行间的那种对书的挚爱深情感动了。古今中外的文学作品,作者信手拈来,不少作品作者还有精到的分类与评析。透过文章,我们已经看到了一位以书为伴、以读书为乐、聪明好学、活泼幽默的初中生形象。另外,比喻、拟人和排比修辞手法的恰到好处的运用也是本文的精彩之笔,为本文的表达效果增色不少。

第十章 继续攀高峰——中考应试作文训练

勒着青藤成长

武汉市一考生

漫步于幽静的院落里,夏日的清风徐徐从耳际拂过,碧绿的瓜叶也随之轻轻地跳跃着,隐约露出身下肥嫩水灵的黄瓜。突然间,我惊诧于如此肥硕的瓜果,何以悬于如此纤弱的藤蔓之上,还能如此茁壮地成长?走近了,我看到了盘结在瓜身上的坚韧的青藤,还有瓜身上一道道的被青藤勒出的伤痕。感叹瓜果如此亏待自己的同时,恻隐之心油然而生。我伸手一根根地拨开青藤,当最后一根青藤离开瓜身时,我听到的却是瓜坠入土中的一声闷响。我愣住了:原来以为青藤是瓜们成长的束缚,却不知它才是生命的支柱;原本以为那是无知的自虐,却不料那才是对自己的善待。

常常会反感于生活中的种种规矩、原则,以为它们是追求自由的桎梏,是扼杀创造力的元凶。然而,离开它们,生活真是那么美好吗?恐怕不尽然。果真如此,我们很容易从放松滑向放纵,最初的欣喜将会被随岁月而渐次累积的茫然所取代。徘徊于人生的岔路口时,我们仍然会希望找回曾经的那些规矩和原则。如此扭曲自己的人生,难道是对自己的善待吗?

瓜果尚且知道为了成长宁愿被青藤勒住,那我们这些自命有超群智慧的人类又该如何呢?我想善待自己不是简单地抛却原则,而应适当地坚持原则,寻找一些能有助于自身成长的"青藤"。这些"青藤"能让我们在面临种种不良诱惑时,及时地悬崖勒马;能让我们在风雨飘摇中,坚定自己的理想信念;能让我们在茫然无措时,仍然拥有强大的精神后盾……这些"青藤",可以是你的处世原则,可以是你生活中的道德准则,可以是你不懈追求的理想……

当然，被"青藤"勒住，难免会感到伤痛，有时甚至会留下永不磨灭的伤痕。但为了成长，付出这些代价又有何妨呢？毕竟善待自己不是追求一时的轻松，而是为了得到永远的快乐。

我走向瓜藤边，从松软的泥土中拾起那依旧水灵却失去生命光泽的黄瓜，不觉间竟有些为自己的顿悟而欣喜。

善待自己，就让自己勒着青藤成长。那道道被勒出的伤痕绝不是你晦暗的痛苦记录，而是你光辉的青春舞步。

[简评]

这是一道以动宾短语"善待自己"为话题的作文试题。题目如下：

前不久，武汉市一名初中学生上书市长，坦言自己对当前学习、生活现状感到的困惑，并请市长关心中学生的成长。市长被这封朴实的来信深深感动，当即作出批示：这是中学生心声的真实表露，希望全社会都来关心孩子们的成长。

中学生上书市长表露心声并寻求帮助的行为，是对自己成长和自我生命的一种善待之举。善待自己，其实就是好好对待自己。它是一种自我释放、自我调节、自我塑造……的行为方式，也是一种积极健康的生活态度。

请以"善待自己"为话题，写出你自身的经历、体验或者认识、思考。要求：题目自拟，主题自定，文体自选，不少于600字。

拟题者在提示语中陈述了市长对中学生来信作出批示这一时事新闻，并直接解说了"善待自己"的含义，这对于降低写作难度、设置写作情景起到重要作用。

本文的立意给人耳目一新的感觉。它抛开正面性的立意角度，不直接谈"善待自己"，而就"亏待自己""虐待自己"的问题发表见解，间接切入话题，能给人新的启示；抛开"是什么"的话题，思维直奔"为什么要善待自己""怎么样善待自己"的问题,立意能以深见新;抛开单方面、直线型切入,找出"善待别人与善待自己""善待自己与分寸把握"等关系发表高见,也能别具一格。再则,本文语言通畅,条理清晰,逻辑严谨,表现了小作者确实是有一定的文字功底的,对问题的见解也是有一定的深度的。

 梦里花落知多少

太原市一考生

那天天气很冷,秋风呼呼地刮来,预示着冬天的来临。

午饭还没吃完,就有同学跑进来对我说,你父亲来了。我的心突然一沉,头脑发胀,痛声在心里说:"不是不让你来的吗?"

我放下碗筷,迅速跑了出去。

这是我进校的第二年。自从进入中学以后,我那虚荣心时时刻刻纠缠着我。这些城里的孩子,大都有个美好的背景,或是官家公子,或是城里千金。他们常对着我自诩自傲,聊天时还常常选些农民的愚昧状作为谈资。我真怕让同学们看到我那体形枯槁的父亲,看到他灼人的眼光。

转过屋角,便看到了父亲,穿的,还是那件破灰袄,上面落满了尘土!戴的,还是那顶洗得发白的帽子。也许是身边那头黄牛饿了,直往冬青丛上走,父亲频频地拉着缰绳,嘴里骂出那耕地时对牛的浊语,同学们看到了都抿着嘴笑。

因为这儿就是我们女生寝室,时不时地有同学进出。我只好硬着头皮走了过去,叫父亲将牛车赶到面粉厂院里。

"大(父亲),不是说我自己带粮吗?"边卸粮,我嘴里边嘟囔。

"天冷了,你来回百多里怕耽误功课,我一下拉来得了。"

卸完粮,父亲将牛套子摘下来,开始喂料,看来他是不会马上赶回去了,虽然食堂里还在卖饭,可我却说:"大,食堂的饭卖完了。"

"哦,没关系,待会儿我在路边买点。"在我的记忆里,父亲从不乱花一分钱,即便夏日炎炎也要忍饥挨饿回去的。

"儿啊!你娘老眼昏花,不能再为你做衣服了,你拿上这钱,像城里人一样也买一件吧。"说着,父亲拿出那个破钱包,掏出带着体温的30元钱。我用手指摸了摸钱包,顺眼看之,里面已空无一文了。我想:"他又要……"不由地,一种沉重的负罪感袭上我的心头……

"大,你等会儿……"我努力往食堂跑去,泪水如泉水般,扑簌扑簌,落在脚下,树上的枫叶飘落下来,飘在我的身上……

[简评]

太原市的这道命题作文试题具有一定的新意。而"梦里花落知多少"富有抒情意味,为那些文学功底比较突出的考生展示自己的才情提供了便利。这是一篇当代中学生版的《背影》。通篇以朴实的叙述与描写为主,对人物外貌和心理的刻画准确、细腻而精当。文中以白描为主,并没有太多的渲染,只凭内容吸引人。尤其是最后两段看似平静实则充满深情的叙述,反映出小作者真实的生活体验和感受,也强烈地撞击着每个读者的心弦。

从"头"说起

南京市一考生

我的语文老师是一个十分注重形象的人,且不说他得体的衣衫,文雅的举止,单看他的头部你就会有这种直观的感觉:他的头发总是修饰得有款有型,油光可鉴,用我们同学间流传的说法可以形容为蚂蚁挂着拐杖都爬不上去。有一次,我们调皮地问:你的头发为什么总是这么亮这么顺啊?他答得精彩:头等大事嘛,当然不能马虎了。

第十章 继续攀高峰——中考应试作文训练

确实是头等大事!我们打量一个人总是遵循着"从头到脚"的准则,古代野蛮的酷刑中"砍头"最让人怵目惊心,可知头比身体的其他部位更重要。少了腿和胳膊的残疾人照样生存生活,你见过无头的身子在走在跑吗?绝不可能,头之不存,头以下也就无从说起了!

一件事物,乃至人的一生,"头"也是同样重要。好的开头是成功的一半,所谓万事开头难是也。事情开了个头,接下来就顺理成章了:好的开头为造就好的过程、好的结果打下了好的基础;坏的开头则可能酿成苦酒,让人难以下咽。如果青年时期算作是人的一生真正的开头的话,那这个头一定要开得精彩,开得无悔,开得一气呵成。这样,青年、壮年、中年、老年,一路走过,一生无悔。怎样开个好头呢?要用知识去填充,要以智慧去铺路,要以理性去打磨,要以毅力去攻坚。倘若如此,这个头等大事才算解决得出色,让人艳羡,一如我们艳羡语文老师的亮晶晶的头发。如若在人生的开头充斥了懒惰、虚荣、伪善,那将是难以扭转的人生悲剧。

注重"头"吧,无论是生活中你的个人形象,还是你一生的历程,有了它的精彩存在,你会赢得赞许的目光,你会拥有美好的心情。

[简评]

这是一道内涵比较丰富的命题作文。本篇佳作入题恰切自然,由生活中司空见惯的形象说开去,极易贴近阅卷老师的感觉。可贵的是,作者并没有停留在表象的"头"上,而是进一步引申生发,联想到人一生的开头,这就使文章上升到一定的理性高度,体现出为文的精巧和布局的严谨。文章中比喻、排比等修辞手法的运用,不仅达到了语言形象生动的目的,而且在句式上也显得铿锵有力。紧张的考场上能写出如此文意俱佳的文章,实属难得。

学会索取

常州市一考生

在接受与付出、索取与给予之间,有这样一个定理:给予总比索取快乐,付出总比接受幸福。在此,我却想谈一谈学会索取的问题。

我说学会索取,是要家长在子女身上学会索取。索取什么?用您的付出,索取孩子的体贴懂事;用您的培育,索取孩子的刻苦努力;用您的谆谆教导,索取孩子的光明磊落;用您的含辛茹苦,索取孩子的一片孝心……古人云"可怜天下父母心""谁言寸草心,报得三春晖",虽然,索取不是目的,却是孩子成才的动力和压力。否则,您一味地付出,换回的有可能却是孩子的嫌弃。

我说学会索取,是要农民在劳动过后学会索取。索取什么?用您的播种,索取豆子的发芽;用您的施肥,索取果树的开花;用您的辛勤,索取稻子的成熟;用您的汗水,索取一个大丰收。您勤劳地付出了,就不能使辛苦功亏一篑,您要学会向您的作物,索取成果与回报。否则,施肥洒药,洒药施肥后的一无所获,会让您对生活失去信心。

我说学会索取,是要国家和人民在干部们身上学会索取。索取什么?用您的正确方针,索取他们的吃苦上进;用您的公正无私,索取他们的秉公守法;用您的信任,索取他们的为国奉献。国家需要的是坚强的战士,而不是吃"皇粮"、图私利的庸官甚至贪官。国家、人民要向他们索取成绩、贡献、实绩,这样才会有一个灿烂的新中国,屹立于世界民族之林!

在付出的基础上学会索取,在劳动的基础上取得收藏,于己于人,都是很有必要的啊!

[简评]

第十章 继续攀高峰——中考应试作文训练

这是一篇以"接受与付出"为话题的自拟题中考作文。"接受与付出"谈不上是一个新题,而且话题材料——懂得付出的,活着;只知接受的,死了。自然界如此,人类社会又何尝不是如此呢——又大体限定了作文的立意。所以本题要想写得出彩,重点应在材料、文体的选择和语言表达上多下工夫。

这篇作文反弹琵琶,闪烁着可贵的创新思维的火花,具有独特鲜明的个性。作者在肯定应该"付出"的前提下,大胆地逆向思考,呼吁要"在付出的基础上学会索取,在劳动的基础上取得收藏",指出这样做"于己于人,都很有必要"。文中三个层次的论述十分精彩,紧密联系现实生活,发他人所未发而又言之成理,令人不得不服。三个层次的论述都使用了一组铿锵有力的排比句,又起到了增强文章气势的作用。

 写诗——我生命的天堂

淮安市一考生

如游鱼热爱碧水,如白云依恋蓝天,我爱诗,尤爱写诗。我想,那便是我生命的天堂——一种享受,一种超脱,一种回味……

然而我认识这一特长,却经历了很多。

畅 游 诗 海

很小的时候,我便爱读诗。

"山重水复疑无路,柳暗花明又一村。"我读出了被困逆境的迷茫与重获光明的喜悦。

"剪不断,理还乱,别有一番滋味在心头。"我读出了亡国之君的绵绵愁绪。

"俱往矣,数风流人物,还看今朝。"我体会到了毛泽东的气魄。

初 露 锋 芒

一次活动课上,老师让每个同学表演一个节目,其他同学有的跳舞,有的唱歌,不亦乐乎!而我,什么也不会!终于轮到我了。我的脸如烈火一样红,一般烫,心跳得厉害。我走上讲台,头脑一片混乱……"老师,他会写诗!"不知谁喊了一句。老师便温和地让我朗诵一首,我听后像得到了解脱,便毫不费力地朗诵出一首我写的诗,老师同学都不停地鼓掌。我第一次尝到了写诗的乐趣与甜蜜。

后来老师告诉我,我的诗写得很好,她还鼓励我多读,多写,我的信心就更大了。

我生平第一次感到,写诗居然会是我的特长!我终于有了自己的闪光点了。

"诗"绪万千

我爱上了写诗,我决定永远将这一特长保留。我决心为"她"而痴狂。

看到流动的溪水,我会说:"溪水潺潺,如幼时的玩伴。"
看到辽阔的绿地,我会道:"碧野千里,登高远望,一切尽收眼底。"
看到鸣叫的鸟儿,我便哼:"秀顾的树梢,鸟儿在吹哨。"
我喜欢这些诗,虽不精美,却也表现出了我的个性。
在诗中畅游,我很快乐。
了解自己的特长,我很自豪。
如绿叶依附树木,如阳光眷恋湖面,我爱诗,尤爱写诗。写诗,便是我生命的天堂……

[简评]

这是一道短语式话题作文,话题是"认识自己的特长",首先要审清话题中心语"特长"。何谓特长?《现代汉语词典》中解释是:特别擅长的技能或特有的工作经验。"特长"在一个人身上的表现常常是单一的,仅仅是某一个方面的,具有专项性。它包括"自己"和别人比具有长处或优势的,可以是思想、道德、情感、意志、品格、性格、思维方式(包括思考、认识事物的角度方式)等方面。因此,写作时不能把"特长"写成"爱好"。特长因人而异,朗读写作,唱歌跳舞,书法绘画,各有千秋。向别人展示特长,说长处,谈感受,必须真实、具体、生动。

本文以诗一样的语言,写出了自己超众的特长——爱读诗、会写诗、好朗诵诗,总之,"我"的特长就是诗。这是符合题意要求的。文章通篇语言流畅,比喻、排比等多种修辞手法的运用,给文章语言增色不少。"畅游诗海""初露锋芒""'诗'绪万千"这三个小标题的运用,也起到了分清层次的作用。这就足见小作者厚实的语文功底。

走在历史的画廊里

富阳市一考生

朦胧中,我被带到了一条长廊里,两边挂满了一幅幅活动着的图画。我迈开步子,观赏起这些多彩的图画来。

第 一 幕

人声鼎沸的罗马广场上,教徒们举着火把声嘶力竭地喊着:"烧死他!烧死他!"广场中心竖着一个十字架,一位青年被绑在上面,脚下是成堆的柴火,眼睛里跳动着火苗。

"说!地球才是中心!"一个黑长衫教徒朝他威胁道。

"不!太阳才是中心!"青年没有丝毫畏惧。

"点火!"那黑衫教徒气急败坏,一声令下。

火焰顿时在青年脚下燃起,广场上一片欢呼。烈火中青年的目光始终是坚定的,他在烈火中永生。他,就是布鲁诺,一个坚守真理的人,为历史添上了一道火红的风景。

第 二 幕

白色的病床上,一个小女孩艰难地用小木棒翻着书。由于高位截瘫,她只能通过镜子吃力地看着,字是反的,她会因此不停地流着眼泪。但她并没有抱怨,她坚持住了,她为此露出了多少次发自内心的微笑。当她坐在轮椅上,拉着手风琴低唱着"我眼前有一片红花绿草"时,她已经懂得了生命的真谛。张海迪,一张苍白的脸,却为历史添上了一道五彩的生命之景。

第 三 幕

烈日当空,一位农民打扮的老伯正在田间忙碌着。低头,弯腰,又站起。他一遍又一遍地重复着这一连串动作,观察着那一株株水稻。突然,他眼睛一亮,笑容顿时开满在他的脸上:"找到啦!可找到你啦!我找了你十年啊,今天终于让我找到了!"说着,他弯下身去,小心翼翼地将那株水稻连根挖起,欣喜若狂地带着它往远处的房子跑去。他就是袁隆平,养活了几亿中国人民的伟大农业科学家。坚持了十年,他终于在中国的历史上画上了一道金黄的风景。

尾 声

睁开眼,天已大亮,枕头旁放着的书仍翻在第一页,上面赫然写着:只有坚持到底,才能欣赏到最美丽的风景,才能创造出最美好的风景。

[简评]

这是一篇巧妙运用"蒙太奇"手法的考场佳作。本文选取了古今中外三位著名人物的故事(布鲁诺被焚、张海迪苦读、袁隆平潜心科研),组成了三幕感人至深的独特风景。这三个故事材料虽然有些"陈旧",可是作者却用细腻的笔触,展示了不同人物在不同境遇中表现出来的可贵的坚守精神。在叙述三个故事时,表现手法上也是各有侧重:布鲁诺的故事重在背景的烘托,张海迪的故事重在内心情感的铺设,袁隆平的故事重在人物言行的描写。这就使三个人物都显现出了鲜明的个性特征。由此可见,本文不仅首尾呼应,构思巧妙,结构新颖,而且格调高雅,立意高远。

一次不平常的经历

青岛市一考生

打工,对于一个初中生来说,可能是一个还很遥远的话题。因为首先自己的年龄不够;其次,自己掌握的知识太少。而老师偏偏给我们出了一道难题,让我们在寒假期间去打工。到哪儿去"工作"呢?我想了很长时间,询问了许多亲朋好友,也未能找到一份适合自己的工作。终于在姑父的引荐下,我来到一家餐厅当起了"收银员"。

我称这家餐厅里的老板为叔叔。

叔叔告诉我一些工作要领后,我便独自工作了。

中午时分,餐厅里的顾客渐渐多了起来,你来我往,络绎不绝。收钱、找钱、记账,我忙得手忙脚乱。偶尔,还有的顾客说我找错钱了,我只觉得脸一直烧到了耳根,而且还不时有顾客催促、埋怨:

"快点,太慢了。"

"怎么搞的?"

"这老板竟敢用童工?"

种种猜测的话直贯入我的耳朵里。我低着头,只顾干我的工作,感觉到脸烧、心跳、手心直冒汗,想给顾客解释我来这儿的原因都顾不上。唉,真狼狈!

高峰期已过,一位顾客在结账时亲切地对我笑了笑,轻声问道:

"你多大了?"

"我快14岁了,"我说。

"你为什么这么小就来这里打工呢?"她用疑惑的目光看着我,口气充满了关心。

终于有机会解释自己来这里打工的原因了。我压抑的心情忽而轻松了许多。

"老师让我们进行一次社会实践,来丰富我们的假期生活。"我激动得声音都有些颤抖。

她赞许地对我点了点头,离开了。

过了午后三点钟,来吃饭的人少了。我趁此机会整理账目。可加来加去,所收的现金总是比收据上记录的少20元。这可怎么向老板交待呀,我急得额头直冒冷汗,想回家向家人要20元钱来弥补我的过失,但又怕家人责备我;想把这件事告诉给叔叔,又怕叔叔批评我。我一时不知所措,最终还是走到叔叔面前,低声对他说:

"叔叔,我少收了20块钱。"

"哦,少收了20块钱?"他惊异地问道。

"我明天赔你吧。"

"嗨,这没关系,以后注意就行了。"他和蔼地对我说。

"什么?"我抬起头来,诧异地望着他。我看着他那慈祥的面容,那充满了宽容的眼神,感激地点了点头。

晚饭时间,人又多了起来,因为有前半天的工作经验,所以做起来觉得得心应手多了。时间一分一秒过去,终于到我"下班"的时间了,劳累了一天的我,体会到了打工的不易,劳动的艰辛,懂得了每一分钱都要经过辛苦的劳动来换取。我第一次打工的经历,使我长了不少见识,这将是我终生难忘的。

[简评]

这是一篇考场命题作文。小作者以"打工"为线索,记叙了自己一段不平凡的人生经历。为了完成老师布置的寒假作业，不辞辛苦到饭馆打工，其中的酸甜苦辣真的让人难以说得清楚。小作者最后能从打工的经历中感悟出深刻的人生哲理，尤为难能可贵。文中精彩的语言描写、心理描写、神态和动作描写，不仅丰富了人物形象，而且给阅卷老师留下了深刻的印象。

责　　任

泰安市一考生

英国王子查尔斯曾经说过："这个世界上有许多你不得不去做的事，这就是责任。"

责任不是一个甜美的字眼，它仅有的是岩石般的冷峻。当一个人真正地成为社会一分子的时候，责任作为一份成年的礼物已不知不觉地卸落在他的背上。它是一个你时时不得不付出一切去呵护的孩子，而它给予你的，往往只是灵魂与肉体上感到的痛苦，这样的一个十字架，我们为什么要背负呢？因它最终带给你的是人类的珍宝——人格的伟大。

20世纪初的一位美国意大利移民曾为人类精神历史写下灿烂光辉的一笔。他叫弗兰克，经过艰苦的积蓄开办了一家小银行。但一次银行遭抢劫导致了他不平凡的经历。他破了产，储户失去了存款。当他带着妻子和四个儿女从头开始的时候，他决定偿还那笔天文数字般的存款。所有的人都劝他："你为什么要这样做呢？这件事你是没有责任的。"但他回答："是的，在法律上也许没有责任；但是，我在良心上是说不过去的。"他偿还的代价是三十年的艰苦生活，寄出最后一笔"债务"时，他轻叹："现在我终于无债一身轻了。"他用一生的辛酸和汗水完成了他的责任，给世界留下了一笔真正的财富。

责任的存在,是上天留给世人的一种考验,许多人通不过这场考验,逃匿了。许多人承受了,自己戴上了荆冠。逃匿的人随着时间消逝了,没有在世界上留下一点痕迹。承受的人也会消逝,但他们仍然活在人们的心里,死了也仍然活着,精神使他们不朽。

我们都知道那个天黑了还不肯回家,站在路边哭泣的孩子。因为他要站岗,别的孩子早散了,可他为了坚守岗位宁愿站着哭泣,因为这是他的责任。

愿我们所有的孩子都有这样的心灵,责任从小就在那里成长。

愿我们所有的人都把责任之心携带在人生的道路上,让人生散发出淡淡的,金子般的光辉。

[简评]

这是一篇以"责任"为话题的考场作文。责任,是指分内应做的事。我们每个人都应对自己,对家庭,对亲友,对社会,对民族,对人类承担一份应尽的责任。叔本华说:"上帝给我们一具肩膀,就是教你来挑担子的。"一个不负责任的人很难说是一个真正的人。

本文先引英国王子查尔斯的话,对"责任"一词作了解释,再用喻证法、例证法和正反对比论证法,揭示出承担责任带来的收获——显示人格精神,深入地阐明了恪守自己应尽的责任的意义。文中不少语句富于意蕴,耐人咀嚼,发人深思。

上帝的败笔

温州市一考生

曾经听到一位老师语重心长地对学生说:"上帝时时刻刻都会有败笔。问题在于你在面对它时是高昂着头颅还是垂头丧气。如果你高高地抬起头,以快乐的心情面对,那么不吉就会变成大吉,你也会逢凶化吉。"

简·爱抛弃了自卑，选择了快乐，赢得了理想的爱情；喀秋莎抛弃了怨恨，选择了快乐，最终过上幸福的生活。每个人都希望隐痛的心能得到快乐，受伤的头颅能高高昂起。检点我们与生俱来的人生行囊，或多或少都会有上帝的败笔：或容颜黯淡，或智力平庸，或出身贫寒……这不是你的错。如果你没有高昂头颅，那么你又错在哪儿呢？你错就错在一味沮丧与逃避，而不是微笑着面对困难，你认输了。

当代伟大的科学家史蒂芬·霍金，虽然身患重疾，只有两个手指可以动，连话都不能说，但人们看到的却是他灿烂温暖的笑脸。霍金了解自己的疾病，但他却从不埋怨上帝为何与他开了这么大的一个玩笑，他深信自己能战胜一切。身体有痼疾，他的思想却没有被禁锢。他努力地投入工作，依靠自己的才智与毅力，终于开创了属于自己的宇宙空间论。再看看他，仍旧是平和开心地笑着。霍金就这样快乐地做着与人思想的沟通，快乐地做着自己的努力奋斗，快乐地做着身边的一切美好，他没有认输。

相反，生活中有些人却总不相信自己，遇到别人的批评、遇事不顺利就愁眉苦脸。其实如果我们换一个角度看问题，努力去克服、去攀登，在奋斗的过程中，我们会品尝到胜利的快乐，为一件事情竭尽全力奋斗的快乐。上帝的败笔不再是阻挡我们前进的"拦路虎"，反而是上帝馈赠给我们的奠基石，让我们踏着它愈战愈勇，攀上更高的山峰。

上帝的败笔是一道考题。我们应该像文章开头提到的那位老师说的那样高昂着头颅，像霍金一样保持快乐的心情，活出自己的风采与自信。上帝的败笔是一道高分考题，渴望成功的我们不应乐在其中吗？

[简评]

这是一篇以"乐在其中"为话题的考场作文。文章思路开阔，事例典

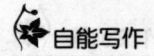

型,立意深刻。作者扣住文题"上帝的败笔",由话题"乐在其中"联想到简·爱摒弃自卑赢得爱情、喀秋莎抛弃怨恨争取幸福、霍金战胜病魔收获奋斗成功的快乐等内容,展示了作者较为广阔的文化视野。文章表现了作者坚韧昂扬的人生态度,对现实中一些人遇事不顺就愁眉苦脸进行了积极的反思。结尾段是充满勇气和理性拷问的:"上帝的败笔是一道考题。我们应该像文章开头提到的那位老师说的那样高昂着头颅,像霍金一样保持快乐的心情,活出自己的风采与自信。上帝的败笔是一道高分考题,渴望成功的我们不应乐在其中吗?"这就旗帜鲜明地阐述了作者对"乐在其中"这个话题的清醒认识。

乌江水,霸王情

厦门市一考生

乌江水的澎湃涛声依旧清晰可辨,它不停地翻滚着,不停地向人们诉说着那无尽的霸王情……

项君之力拔山兮,孤水无奈草萋萋,垓下虽败威尤在,何故弃骓哭虞姬?

……

他终于突出重围,满身伤痕,身边的弟兄又少了。夕阳静静地挂在天边,很沉,很沉。

夜悄悄地来了。他和他的马儿孤寂地站在冰冷的乌江岸边。秋风撩起了他散乱的头发,也吹皱了一池乌江水。他那刚毅的脸上写满了疲惫,忆起年少时叔父说过的一句话:"为一个人牺牲千千万万个人,同为千千万万个人牺牲一个人一样是不对的,但你必须作出选择。"是啊,就在今晚。他回看不远处的营帐,那里有他曾经的辉煌和如今的颓败。他不忍再想,只是用手轻抚着身边马儿的鬃毛,望着这依旧清澈的乌江

第十章 继续攀高峰——中考应试作文训练

水,自己的虎目竟有些发胀的感觉,连忙把头扭向一边……

流星能划亮漆黑的夜空,小水滴也同样能折射出太阳的光芒。听到了天下百姓无尽的哀鸣,他立下豪情壮语。用血腥的十指抚万峰之峦为琴,援千河之水为音,引领八千江东雄兵,走上反秦之路,打破王军。他有巨鹿破釜沉舟的英雄气概,又有鸿门宴不杀刘邦的大仁大义,当他发现自己的辉煌竟是以百姓的痛苦为代价时,向刘邦建议:"天下匈匈数岁者,徒以吾两人耳。愿与汉王挑战,决雄雌,毋徒苦天下之民父子为也。"可怜如此忠义,换来的却是小人的十面埋伏……

乌江上漂来了一叶小舟,那是乌江亭长。霸王犹豫了,他听到了乌江潺潺的流水声,他摇摇头,他无颜面对江东父老,更无法放弃身边的弟兄。

"大王意气尽,贱妾何聊生。"她对他说,"生是你的人,死是你的鬼。"他便看着她举剑抹向自己雪白的粉颈,眼睁睁地,酒力发作,他无能为力,第一次觉得眼前的颜色竟是如此的刺目,它曾经从敌人的脖颈中喷涌而出,如今却染红了自己心爱女人的翠玉黄衫。浑浊的流水寂无声息地滑落……

敌人如潮水般压了过来,他将乌骓马推上木筏,静静地说道:"来世,仍是兄弟。"便起身冲向敌人。通过层层血海。他看到自己的乌骓马竟驶过了无底的乌江,看着身边的兄弟一个个倒下。他明白了,巨鹿和垓下,于身前身后又有何区别,楚河汉界,原本不过一盘棋。

"生当做人杰,死亦为鬼雄。"他做到了,他无悔于自己,流着眼泪,含笑举起了手中的剑……

乌江的流水还是那么澄澈,或许也只有它才能读懂这一切,它似乎不停地在喊:霸王,你拔剑挥动的姿影,依然是气盖山河的铿锵姿影;霸王,你头颅运行的曲线,依旧是气贯长虹的优美曲线……

[简评]

这是一篇以"流水"为话题的自拟题作文。命题者的意图在于引导考生从寻常的题材中挖掘出不同寻常的深刻内涵，同时由"流水"的多样性诱发考生的发散性思维，全方位、立体地看待事物、思考问题。从贴近生活的角度来看，流水是大自然的灵魂，正是有了水，大自然才充满了神韵和灵气；从文化积淀的角度来看，流水浸润了古今诗文，寄寓了文人骚客的情思，荡涤着人类的喜怒哀乐。

本文作者充分调动思维，以"乌江水，霸王情"为题，通过对巨鹿之战、鸿门宴、霸王别姬、乌江自刎等一个个历史事件的描写，抒写了对楚霸王项羽的崇敬和歌颂之情，显示了作者深厚的历史知识和古汉语功底。读着这篇文章，我们仿佛也和作者一起跨越历史的时空，回到夕阳如血、金戈铁马的楚汉古战场，亲历霸王项羽人生最后时刻的心路历程，感受他的痛苦与无奈，久久无法走出作者所营造的史诗般的氛围。本文叙议结合，辅以抒情描写，有真情实感，语言也是清新、活泼、流畅的，因此使本文在众多的考场作文中脱颖而出。

☆自学能力强化训练

一、要求写记叙文的命题作文

1. 珍贵的礼物
2. 一次不同寻常的考试
3. 心愿
4. 尝试
5. 友谊
6. 交往

7. 我二十年后某一天的日记

二、要求写议论文的命题作文

1. 小议"追星"

2. 追求

三、填充在前的半命题作文

1. ＿＿＿＿＿＿的泪水

2. ＿＿＿＿＿＿的心

四、填充在后的半命题作文

1. 我终于解决了这个＿＿＿＿＿＿

2. 感受＿＿＿＿＿＿

3. 使我最感兴趣的＿＿＿＿＿＿

4. 做人要＿＿＿＿＿＿

五、填充在中间的半命题作文

1. 妈妈(爸爸、老师)＿＿＿＿＿＿了我

2. 当我面对＿＿＿＿＿＿的时候

3. 我的＿＿＿＿＿＿梦

4. 我为＿＿＿＿＿＿(家里、集体、社会)做了一件实事

5. 我成了＿＿＿＿＿＿迷

六、两处填充的半命题作文

题目:我想让＿＿＿＿＿＿更＿＿＿＿＿＿

七、给文字材料的自拟题作文

1. 阅读下文,写一篇文章。

机会的定义

一位教营销学的老师问他的学生:"什么叫机会?"学生的回答

五花八门,有的说"机会就是你碰到了,别人碰不到的那种特别的运气",有的说"机会就是别人对自己的关照",还有的说"机会就是你平时经营的种种关系"。这位老师未置可否,只是给同学讲了他出国考察时了解到的一件事情。

泰国许多地方盛产椰子,而椰树高达十几米,且树干光滑没有枝丫,采摘椰子难度非常大,每年摘椰子都要出一些安全事故。一位高中毕业的椰农设立了一所驯猴学校,主要是训练猴子采摘椰子的技术。然后把这些训练有素的猴子卖给那些园主或者是想以出租猴子为业的农民。因为猴子摘椰子的工效比人高了三四倍,结果,他训练的猴子供不应求。短短几年,这位农民就成了当地首屈一指的富翁。

老师接着阐述了自己的见解,他说:"那个泰国农民如果不了解椰农摘椰子的艰辛,没有一双善于寻找的眼睛,机会永远也不会来到他的面前。"

2. 阅读下面一则材料后,你有怎样的感触?请以"尊老敬老"为内容范围,写一篇400字左右的短文。除诗歌外,文体不限。

老一辈无产阶级革命家、杰出的军事家、外交家陈毅同志1962年出访归国,途经成都,抽空看望患病的老母亲,亲手为母亲洗衣裤。母亲不让他洗,他说:"娘,小时候你不知为我洗过多少衣裤,今天就是洗上十条,也报答不了你的养育之恩!"他把母亲的衣裤和其他脏物洗得干干净净。

3. 阅读下面的材料,根据这则材料,确立一个观点,写一篇议论短文。

某国一位女士来到中国一所小学,找了五位小朋友,要求他们配合做一件事情。这位女士拿出一只瓶子,里面有五个小球,每个小球有一根线牵着。女士对五位小朋友说:"你们每人拽住一只小球,在七秒钟内必须全部从瓶中拽出,否则就会被瓶中的水淹死。记住,瓶口只容得下一只小球,谁的小球出得慢,谁就有被淹死的危险。"五个小朋友中最大的一位想了想,然后和其他四个小朋友耳语了几句,之后示意女士可以下令了。女士说:"开始!"只见年龄最小的小朋友最先将小球拽出,第二、三、四个小球随后出来,最后拽出来的是那位年龄最大的小朋友。七秒钟内五只小球全部拽出。这位女士被眼前中国小朋友的举动惊呆了,接着便流出感动的泪水。她说:"这个试验我在其他国家做过好几次了,那些小朋友都争着往外拽,结果挤在瓶口谁也出不来,全淹死在里面了。中国的小朋友了不起!"

八、给画面材料的自拟题作文

根据漫画《看啥学啥》一组画的画意,写一篇600字左右的简单记叙文或者议论文。

九、给话题的自拟题作文

1. 人们可以改变环境,环境也可以改变人。人们的习惯可以改变,人们的观念也可以改变。学习方式可以改变,生活态度可以改变,人与人之间的关系也可以改变。请以"改变"为话题,写一篇600字以上的文章。可以写你的经历、体验,可以谈你的感受、想法,也可编述故事。文

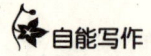

体不限,题目自拟。

2. 学会合作是现代社会中人的必备素质,合作能给你力量,合作能助你成功,合作能带给你喜悦。当然,合作也可能给你带来烦恼……请你以"学会合作"为话题,写一篇700字左右的文章,文体不限。

3. 大自然的色彩是绚丽的,红的花,绿的叶,蓝色的天空与海洋……生活的色彩是丰富的。红的热血,绿的生命,蓝色的梦幻与安宁……不同的人对色彩有不同的理解。请你以"色彩"为话题写一篇600字以上的作文。题目自拟,文体不限。

4. 三年的初中生活,你肯定有着许多新起点:也许是学习上的点滴进步,也许是思想上的一次变化,也许是生活中的一点感受。有些人在起点面前奋起拼搏,享受着人生的乐趣;有些人在起点面前犹豫、徘徊,咀嚼着生活的苦涩……请以"起点"为话题,按要求写一篇文章。

5. 有生活就有需要。在特定情况下,人们会有某种迫切的欲望和要求。如:遇到困难时最需要帮助,产生误解时最需要沟通,学会学习最需要掌握方法,建设现代化最需要创新人才……我们对某种"最需要"可能有体验和见闻,可能有见解和认识。请你围绕"最需要"这个话题,自选角度,写一篇文章。可以大胆选择你最能驾驭的文体,写你最熟悉的内容,表达你的真情实感。不要忘了拟一个题目。考虑到内容的充实,文章最好不要少于600字。

6. 以"读"为话题写一篇作文,不少于600字。自己命题,但题目中要有"读"这个字。这里的"读"既是"读书"的"读"的意思,也有"欣赏""观察""研究"等意思,比如"我读懂了父亲的心""我读大自然""我读懂了一段生活经历",等等。

7. 以"两代之间"为话题,写一篇作文,文体不限,题目自拟。

8. 以"音乐"为话题,写一篇文章。

9. 以"我和体育"或"我和艺术"为话题,写一篇作文。文体不限,题目自拟。

附：自学能力强化训练思路点拨和参考答案

第 一 章

一、略。

二、写作例文如下：

秋 叶

　　我爱春风和朝霞，也爱小草和鲜花，但我更爱秋天的落叶，它就像彩色的风筝，常常飞到我的梦里来。

　　炎热的夏天过去了，秋天忙着给树木披上了金色的盛装。登高远望，犹如一片茫茫的金海。树叶虽然枯黄了，但是松柏依然那样苍翠、繁茂，充满了生机。满山的枫叶红了，红得像晚霞，像红云，像燃烧的烈火，更像在和未来的寒冬发起挑战，真是"霜叶红于二月花"。

　　一阵秋风扫过，树叶纷纷落下，有的像蝴蝶翩翩起舞，有的像黄雀展翅飞翔，还有的像舞蹈家那样轻盈地旋转。地上到处是落叶：粉红的、金黄的、青绿的、淡紫的，汇成了五彩缤纷的世界，就像给大地铺上了一层华丽的地毯，真是美丽极了。

附：自学能力强化训练思路点拨和参考答案

　　落叶的形状各式各样：有的像金色的小船，有的像手掌，还有的像一个大桃子……真是千姿百态啊。

　　秋叶虽然没有秋菊、冬梅那样艳丽、耐寒，但它却在默默地装点着金秋的北京，使北京变得更加绚丽多彩。它春天在树枝上发芽长大，用毕生精力给大树一点点地吸收阳光和雨露。它从不与大树争夺养分，也从不为了享受安稳的生活而给大树母亲增添烦恼。当它的任务完成后，就断然从树上落下来，飘向土壤里，把自己的一切回献给祖国的大地。

　　看到这些秋叶，不由得就想到了2003年战斗在抗击"非典"第一线这些舍己救人的白衣战士们，它们和他们都是很值得我尊敬和学习的啊。

三、略。

四、这类作文题，写作天地非常广阔，并且是有趣味的和有意义的。因为它写作对象和写作目的明确，所以有话说，不难做；因为确确实实地触及同学的生活和思想，所以有趣味；因为能使同学感觉到周围的事物样样都值得观察，值得思考，久而久之，会培养成良好的观察和思考的习惯，使思路趋向于活泼而缜密，所以有好处；因为这是在确实地训练同学把语言文字和写作当作生活、学习和工作的工具来掌握、运用，所以有意义。适当地采用这种方式练习写作，可以破除怕作文的心理和为作文而作文，硬"做"文章的习惯。

五、略。

第 二 章

一、通过记事写出两个人或几个人的关系，从中表现一种好的品质

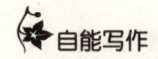

和进步思想,这比写一人一事要求高一些。写作时要注意:写的事要包含着矛盾和对矛盾的解决。在叙事中写好人物的行动和语言。不要忽略次要人物。

二、

1. (2)√　　(4)√

2. 写作选材示例如下:(1)暑假下乡,与勤俭的祖父相处,对自己的乱用胡花深感内疚,并以勤俭的祖父为榜样,时刻鞭策自己,力戒奢侈浪费。(2)考试失利后忘情观察大风雨中蜘蛛反复织网的镜头,感触颇深。(3)校运动会1500米赛跑中因体力不支而落伍,是班上的拉拉队热烈的擂鼓,整齐的呐喊使我干劲倍增,最后夺得亚军。(4)同桌新来乍到,虽印象鲜明,但交往较少,可从旁观察描述。(5)与同桌交往频繁,磕磕碰碰,时有冲突,可展开矛盾冲突中的人物形象。(6)对同桌印象很好,十分敬佩,可融入强烈的情感。

三、本文的构思要点如下:这篇文章要求我们用自己所经历的事反映"我"在成长中。"成长"一词是题眼,"一件"是关键。

这篇文章的选材范围是比较广泛的。学校、社会、家庭中可供选择的事例很多,但是能否找到最能反映自己是如何成长的材料,是写好这篇文章的关键,也是构思这篇文章的难点。因而,要认真地回想一下自己成长的方方面面:思想品质上、学习上、生活中,等等。联系自己的切身经历,选择一件最能反映自己是如何成长的事情来记叙。

写这个题目,最容易犯的错误是把握不好重点,写着写着就节外生枝,带出许多有关自己成长的事,把文章写成了"我在成长中"。或者没有重点地泛写集体,把文章写成"我们在成长中的一件事"。因此,应加以注意。

四、要求写亲身经历的事,不要虚构,要写得清楚、具体。下笔之前

附：自学能力强化训练思路点拨和参考答案

要好好地想一想,有哪些事富有教育意义并且给自己留下最深的印象,从中选一两件很想告诉同学和朋友的,写下来。要避免以下两种倾向:一是什么都想写,写起来过于琐细;二是认为人家都知道,不必写了,写起来过于简略,干巴巴的,不具体。

1. 写"童年趣事"这个题目,要在"趣"字上面做文章。童年的事很多,选择其中有趣的事来写。不光自己觉得有趣,别人读起来也觉得有趣才好。

2. 写"记一两件新鲜事"这个题目,可考虑你来到新学校,同新老师、新同学生活在一起,有哪些新的见闻?从中选写一两件事告诉别人。

3. 写"我第一次_____"这个题目,可考虑:"我"第一次经历的事给人的印象总是很深的,比如第一次戴上红领巾,第一次被老师表扬,第一次学会做饭等情景。不妨选择一件有意义的事来写。

4. 写"我又一次"这个题目,应考虑:文中既要提到"前一次"的事,又要把写作重点放在"又一次"的事情的记叙和描写上面。

五、作者原来在构思上存在的问题是:开头略显单薄,可把倒数第二段的前三句置于修改稿的开头。倒数第二段的后半部分重复啰唆,可全部删去。结尾段的最后一句属于画蛇添足,应该删去。

本文经修改后是这样的:

小 议 司 机

大桥上,一辆飞快行驶的卡车猛地撞断栏杆,坠入滚滚东去的江水之中。是自杀行为吗?不,是司机酒后开车造成的恶果。

两辆公共汽车同向行驶,快到一个岔口的时候,都加大油门准备抢道。结果呢?两车相撞,顷刻间燃起熊熊大火,一个司机被烧死,另一个受了重伤,乘客中受伤的也大有人在。

这类悲剧难道还少见吗?

个别青年司机,好胜心强,爱开快车,"赛车"习以为常,性子上来了,什么"安全行车",全都不管不顾,你开得快,我比你还要快,非拼个你输我赢不可。有些乘客也欣赏这种作风,车开得快,坐在上面多舒服呀!殊不知开快车随时都可能出现意外情况。俗话说:"不怕一万,只怕万一。"碰到"万一",不仅危及个人,人民的生命、财产也跟着受损,其过大矣!有责任心者不当如是。

有的司机性子又太慢,你急着上班也好,赶火车也好,他全不在意,往往是三步一停,你要请他稍稍加快一些,他又搬出"节油"的理由,依然是慢悠悠地开着。这样的司机对现在人们的生活节奏似乎毫无感觉,"时间观念"在他的脑子里也不存在。他们不会"闯大祸",却常常使人耽误事情。

人们利用现代交通工具有一个基本的要求,就是在保证安全的前提下节约时间。安全和节约时间二者并不相互矛盾,能否把它们统一起来,关键在于司机要有责任心。

第 三 章

一、训练意图:这样的续写题目,可以锻炼同学们依据诗歌或小说提供的特定的故事情节培养合理的联想和想象的能力。

二、训练指导:此题要求写的是一个 250 字左右的对话片段,既是片段,文字就不要求结构完整。写对话时,要把材料中那位女同学所说的这些话的核心意思组织进去,因为这是她从小到现在理想和立志的思考过程。在进行对话描写时还要写出对话双方的神态和表情。要注意对话描写必须符合材料所设置的情境,情节推想要符合此时此刻对话双方的特定身份,不要写成熟人之间的日常谈心。此外,还要注意到面试一般有时间的限定,因此,对话写得不能冗长,也不要平均使用力量,说话人的侧重点应落在应试方的女同学身上。

三、写作示例如下:

"哈!这几天车间内外像锅炉房一样闷热。""大脸胡"撩起满是油腻的工作服衣角抹了一下脸上的汗水。(写出了老工人鲜明的职业特征。)

"可不!前几天我租一个冰棍摊位才四百,现在你给两千元我都不卖!"老大妈兴冲冲地边说边从冰箱里拿出一个又一个冰棍递给要买的人。(写出了老大妈天热能挣大钱的欣喜心理。)

"奶奶,要是您卖给我的冰棍有房子那么大就好啦!我就可以挖个洞躲在里面。""连衣裙"用她的一双小手大大的比划着,脸上一副向往的神色。(写出了"连衣裙"满脸天真的欢笑。)

"要作好防暑的准备啊!我这儿还有上级下达的文件呢!说这天还要热下去。"戴眼镜的边用手帕擦掉脸上的汗水,边从自行车货架的棕色公文包里掏出红头文件在大家眼前晃动着。(写出了戴眼镜的带机关官气的腔调。)

四、写作示例如下:

望着他那焦急的面容,我心中不由得一阵紧张,似乎有一种强大的力量揪住我的心,让它不能正常跳动。答应他吗?卷子马上发下来了,他还在看着我,等我答复。只要我把卷子向他那边拉一拉……"作弊!"一个声音强烈地回响在我心中,"你在害他,也在害自己!"我,我更加无措。我的确珍视友情,但诚实对我来说,不是更加重要么?我心中默默地说:"我那样做并不是真心帮他,也不是真的友情……我不能!"

接过卷子,我只悄悄地对他说了一声:"加油!"

五、略。

第 四 章

一、

1. 要写出他的事迹是怎样鼓舞我的。
2. 要写出我是怎样珍惜这友情的。
3. 要写出来这位老师的高明之处。

二、

1. "我与老师撞了个满怀",是学校中并不少见的事情,为何特别要向老师道歉?原来这一撞把老师的眼镜打破了,妈妈要孩子道歉,还有赔眼镜的事。这是很重要的事情,作者却没有交代。

2. 写景句"皓月当空,繁星点点"这两个短语自相矛盾。要知道,"月明星则稀"啊。

3. 所写之景和"轻快的步伐"都与当时"我"忐忑的心情相矛盾。

4. 文章说老师在窗前批改作业非常认真、专注,这样很抽象。怎么认真?那是副什么样子呢?应作具体细致的描写。

5. 用"我很感动"四个字写当时的心情也很抽象。为什么感动?怎么感动的呢?也应写具体。

6. 我在窗前徘徊了一会儿,没有立即进去,为什么?应当交代当时的想法,描写当时的心理活动。

7. "我"轻轻叩门,老师难道不问问是谁?"我"难道不应该喊一声老师?老师见了我难道一点表情都没有?这些问题也应当交代。

三、

1. 提示:从你的班主任老师的工作和生活中选取几个片断,把他

(她)的性格、神态、风度,在特定情境下的言谈举止等写出来,想方设法让读者读你的文章时能产生如见其人、如闻其声的感觉。

2. 提示:抓住"雨"和"夜"两个要点,突出"夜景"的特点。人物活动要符合生活实际。

3. 提示:"一件家务事"指的是烧饭、做菜、洗衣、擦地板之类的家务活。"学会"指从"不会"到"会",这个"学会"的具体过程要写得详细一些。本文的写作重点应放在记叙上,切忌以议论、以谈体会代替具体的记叙。

四、略。

五、指导:在一篇文章里记叙、说明、议论往往有主有次,也不一定几种表达方式全用上。用什么表达方式,用多少,主要根据内容的需要。

六、写作例文如下:

我的自画像

我叫柯凡,祖籍浙江,于1986年出生在北京。一岁会拍球,两岁会持笔,三岁叹星空之渺小。六岁学习小提琴,但学不得法,只得半路放弃,还未谋个级别便已将小提琴作为压箱底之物。如今已拉不出几句了,若能拉出半句来也是声似电锯不堪入耳。幼年生活快乐,生性活泼,常以三寸不烂之舌胡搅蛮缠,引得大人们哈哈大笑不止。

幼年结束后就读于四根柏小学。由于甚爱搞笑,不分场合地点,所以令老师深恶痛绝,被看作常扰乱课堂纪律者。一、二年级常考双百,以后便常受0.5分难倒英雄汉之苦,未再有过如此殊荣。喜做数学难题,却十分马虎,所以口算常常出错,闹得老师和家长哭笑不得。爱写作文，但错字连篇，且常提笔忘字，心有华丽之辞笔下却难生花，假如由我口述别人记录可能效果会更佳吧。

三年级时身高不足五尺，体重却已过百，因此选篮球为强身健体之物，终日奔波于球场之中，以各球星为榜样，终日睁眼做梦，为进入NBA而努力。怎奈球技进展不大，学习却一落千丈。熟人均视我为玩物丧志之徒，浪费光阴之辈。

此情况自五年级起始有改变。此时班中来一插班生名为董楷，智力与我不相上下，对学习却废寝忘食，深得老师喜爱。见此人在班中独占鳌头，我当然心有不甘，于是一心苦读，只为毕业时与其一争高下。

就在我即将踏入人生又一段旅程之时，不幸在我的身边发生了。毕业考试后的次日，由于家中煤气爆炸我被烧成重伤。受尽火燎之苦的我在病床上忍受着，把痛苦深深地压制在心底，在治疗时咬紧牙关一声不吭，病友们笑称我为不知痛苦死活之人。由于治疗得当，一个月后我就痊愈了。经过这次大难，我更深切地理解到了一个人一生的命运会有诸多磨难，但是只要自己有毅力，克服困难就像过一道门槛儿那么容易。

上中学以后，我的性格没有多大改变，仍是嘻嘻哈哈，不知天高地厚。虽然教训多得数不胜数，自己却仍然长不大。这就是我，一个聪明、乐观而又多灾多难的初二同学。

点评：

这篇介绍"我"的文字，读来让人忍俊不禁，又为小作者的心地坦诚、敢于解剖自己而深深地感动着。写介绍自己的文章，如何看待、认识和分析自己，是十分重要的。既不能把自己说得十全十美，也不能把自己贬得一无是处。本文就是实事求是，一分为二，很好地把握了认识自

附：自学能力强化训练思路点拨和参考答案

己的这个度。

全篇文章语言精练生动，读来轻松，也可见小作者的文言功底。

李艳小传

我姐姐李艳，如果能活到今天，就该是27岁了。但她却过早地离开了家，离开了亲人，离开了培养她的学校和老师。

1982年的夏天，姐姐22岁，在随学校的"开发大西北，把知识献给祖国"讲师团去青海的途中因意外车祸去世。

接到姐姐去世的消息，妈妈和我非常难过。学校要求用几张她的照片，妈妈就拿出了她全部的照片挑选出五张，送给学校。

第一张照片，姐姐12岁，上小学五年级。开朗、活泼，爱说爱笑，更爱学雷锋、做好事的她拿着脸盆，笑盈盈地望着我们，那是她给学校擦玻璃时，校长特意为她拍的。

第二张照片，姐姐18岁。那一年是她春风得意的时候，她考上了大学。她正在北大校门前，努力站直身子，学出一副大人样。考大学，她为此付出了多少个辛勤的日日夜夜。我记得她那时候，不说、不笑，用功到了极点。她那时总是在不停地翻阅着爸爸的天文、水文书，我还常嘲笑过她"不知天高地厚"。姐姐还特别乐于帮助人。就在高考前夕，妈妈给她买的营养品，被她送给了同学。妈妈知道后很生气，可她却蛮有理由地说："王虹的妈妈住院，她一夜没睡去陪床，也没吃饭，帮她一下还不应该吗？"妈妈只好叹口气，不再说什么了。

她上大学后又增添了新"毛病"——管"闲事"。这第三张照片就是她制止男同学打架，被学校评为"精神文明标兵"照的。照片上的她羞怯地捏着发梢，谁能想到她曾制止了两名同学的棍棒"战

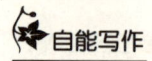

争"。

　　第四张照片，姐姐20岁，背景是党旗，她右手握拳，眼泪流在脸上。这是她加入党组织时的照片，被她视为珍宝。

　　22岁时的姐姐漂亮、能干，被同学选作"女王"。她非但乐于接受，还成立了一个什么"诗社"，为此领导批评了她。这张穿连衣裙，留披肩发的"女王"照片就被冷在家里了。这张照片，是她大学毕业前的最后一张，妈妈也送给了学校。

　　姐姐作为北京大学水文系的毕业生，共产党员，参加去西北讲师团时没有留下照片，甚至在牺牲前也没有来得及留下一句"豪言壮语"。22岁的姐姐是一个平凡的人，她没有什么壮烈的事迹，但她却成了学校大力宣传的英雄人物。当然，这是她死后的事了。愿姐姐安息。

点评：

　　这是一名初中生在1987年写的一篇课堂作文。在这篇习作中，小作者满含对早逝姐姐的姊妹深情，用朴实无华的语言，以精心挑选出来的5张照片为写作线索，把一位助人为乐、勤奋学习、敢于斗争、思想进步，并且有独立见解的新时代的青年大学生的形象清晰地展示在我们面前，记事是具体清楚的。

　　本文用倒叙笔法，一开头就吸引了读者的阅读兴趣。在描写"姐姐"的成长过程时，从小学开始写起，把重点放在大学生活阶段，不仅层次分明，而且中心突出、首尾照应，确实是一篇符合传记写作要求的好作文。

第 五 章

一、略。

附:自学能力强化训练思路点拨和参考答案

二、写作示例如下:

错 题 卡 片

大凡同学复习时会有这样一种情况:书本太多不知复习哪一本,而且浪费了学习时间。我有一个不错的学习方法——制作错题卡。错题卡顾名思义就是将平时考试、做作业时做错的题目写在一张卡片上,并将正确的答案写在上面,装订成册。这样做不但提高了复习效率,而且节约了时间。不信的话,你们做做试试吧。

点评:

本文先谈复习时面临的问题,再指出解决问题的方法,两者互为因果,可谓珠联璧合。"大凡"表明问题存在的普遍性,即这一方法具有实用性;"不错",用语准确,突出方法的有效,具有指导作用。开篇明旨,言简意赅。接着紧承上文用诠释法界定错题卡片的内涵,告诉人们错题卡片的做法,突出其操作简单。作说明时,语言简明、通俗易懂。结尾先强调这种方法的实用性,再用一个祈使句让人们"试试",又一次突出这种方法的指导作用。

三、这道独字命题,点明了说明对象,可以从这样几个方面用墨:既可以写成介绍式说明文,客观如实地介绍手的形态、结构、特点,给人以明晰的印象;也可以写成事理性说明文,多方面、多角度地阐释手的功能、作用,如工人的手怎样造出机器,农民的手怎样种出庄稼,解放军的手怎样紧握武器,知识分子的手怎样探求知识的奥秘;又可以写成文艺性说明文,以左手与右手对话的形式出现,或各夸各的优点,或各揭各的短处,或彼此补充印证,如吃饭时,习惯于左手端碗、右手拿筷子的人,互换一下则不能得心应手,以此来达到左右手在生活中必须互相配合、互相依靠、缺一不可的说明目的;还可以写成描述式说明文,把它当作"手的自述"之题来写,运用拟人化的说明结合描写的方法,比喻、抒情等方法是常常见到的。

四、写作时注意以下四点:

把握说明对象及说明重点:具体说明什么是比喻、比喻的一般构成、比喻的基本类型、比喻的作用四个方面。其中比喻的一般构成和基本类型是说明的重点方面。

理清说明的顺序:什么是比喻、比喻的一般构成(本体、喻体、喻词)、比喻的基本类型(明喻、暗喻、借喻)、比喻的作用。

运用恰当的说明方法:下定义、举例子、分类别、作比较。

抓住事物的特征:比喻的特征就是"比",每个方面的说明都应当紧扣"比"的这一特征。

五、修改内容如下:

第1段选择了跟中心无关的材料,应全部删去。

第2段与中心有关但并非关键内容,可略写为:"青蛙小时候叫蝌蚪,是生活在水里的;长大了才叫青蛙,主要生活在陆地上。"

第3段能深刻说明中心的内容没有详写。青蛙之所以"是有名的捕虫能手,是农作物的好朋友",主要靠眼、肢腿,特别是舌头的作用,应具体写明其特征与功能。比如,青蛙的舌头长得怎样"奇特"呢?应写出青蛙"舌面有胶水般的黏液,舌根靠外,舌尖分开,像个钩子似的朝里弯,非常灵活"这类语句。青蛙背部颜色也应简单交代一下,因它是"保护色",起隐蔽保护的作用。

六、略。

第 六 章

一、以《说说我的作文》为例,写作时需要注意以下几个问题:

1. 从体裁上看,本文应写成议论文。

2. 从题材上看,本文可写下面一些内容:可以是作文发表或作文获奖之后,谈谈"我"的写作经过,说说"我"为什么能写出这篇好作文;也可以就自己作文练习的情况,谈谈体会和教训,或者今后的打算。

3. 文章的主旨应该是:通过介绍自己作文的情况,说明如何写好作文的道理,或者是揭示练习作文的规律。应当注意的是,题目只限定了议论的范围,没有揭示论点,而每个同学都有写作文的经历,所以,议论应当较为灵活。只要紧扣"我的作文"去谈,就符合题目的要求。它不同于《如何写好作文》一类的题目。《如何写好作文》必须围绕"写好作文"去写,而且重点是谈"如何"去写。

再以《话说友谊》为例,谈谈如何进行思考。

审清题目:题目中的"友谊",明确规定了文章议论的范围。

确定中心:这篇作文可从两个方面来确定议论的中心:一是什么才算真正的友谊,二是如何保持真正的友谊。

写作方法:不少同学写议论文,只是简单地列举一些事例,缺少必要的分析议论,使人有浅尝辄止的感觉。因此,我们可以先列举一些具体事例,然后结合事例作一点分析,讲一些道理,以此来突出论点。

二、略。

三、略。

第 七 章

一、C

二、

1. ①称谓没有顶格，应顶格写。②落款缺写信日期，应补上。③第一句啰唆，应删去"整整"或"多"。④第三句是病句，应改为："您的音容笑貌，常常浮现在我的面前"，或"您的谆谆教导，常常在我的耳边回响。"⑤第二段第一句的"讨论"和"听取"应颠倒过来。⑥第二段第二句的"代表"一词应改为"表现"。

2. 此文的格式不规范：一是缺称呼。应在贺信的首行顶格写"中国女子排球队"后加冒号。二是署名应在贺信结尾的右下角，不应顶头空两格。同时，在贺信结尾的右下角，署名和日期应分行写，各占一行。

在语言内容方面，正文开头"欣闻中国女排"中的"中国女排"应改为"你们"。正文第二段中"团结奋斗、不懈进取、刻苦训练"的语序应改为"刻苦训练、不懈进取、团结奋斗"，因为按照事理逻辑，先有"刻苦训练"之后，依次才是"不懈进取"的精神和"团结奋斗"的结果。

修改后的贺信是这样的。

中国女子排球队：

  欣闻你们在雅典奥运会上，顽强拼搏，取得了令世界瞩目的骄人胜利，在此，向你们表示最热烈的祝贺！

  你们的胜利，是全体运动员刻苦训练、不懈进取、团结奋斗的结果。你们的胜利极大地鼓舞了正在进行四个现代化建设的祖国人民，同时也极大地振奋了我们广大中学生年轻而火热的心！

  我们决心向你们学习，祝你们再接再厉，为祖国和人民争取更

附：自学能力强化训练思路点拨和参考答案

大的荣誉！

北京市 222 中全体同学
2004 年 9 月 1 日

3. 第一处："阅览室规则"位置不对,应放在本行的中间。第二处："阅览室规则"后的冒号去掉。第三处："咱们"用词不得体,应当改为"大家"。第四处："赔尝"一词有错别字,应改为"赔偿"。第五处："阅览室"三字应放在日期的上一行。

三、这道题主要是考查同学灵活运用各类知识的迁移能力。题目要求首先判定应用文的种类。同学根据题目的具体语言环境,可以认为这是一份申请书。它的格式包括五个部分：一是第一行正中写上申请书的名称；二是在第二行顶格写接受申请书的单位名称和领导姓名；三是第三行空两格写正文,即所申请的事情和理由；四是在正文之后,一般写上"请批准"等字样；五是在右下角分两行写申请单位名称和个人姓名及申请日期。

按照写作要求,此题的正确答案应是：在第一行正中横线上填写"申请书"三个字,第二行顶格处写上接收申请单位"学校课外科技活动小组",在提出申请后应写上"希(请)批准"等字,右下角上行写申请人"北京中学初一(1)班王艺",末行横线上写"2006 年 9 月 3 日"。至此,这份语言简明扼要,格式正确的申请书就符合要求了。

填好的申请书如下：

<u>申 请 书</u>

<u>学校课外科技活动小组</u>：

  为了丰富学校的课外生活,锻炼自己动手动脑的能力,开拓自己的知识视野,我申请参加学校课外科技活动小组,<u>请批准</u>。

<u>北京中学初一(1)班王艺</u>

2006年9月3日

四、略。

第八章

一、训练目的：阅读与写作结合，变抽象为具体，变空洞为充实，让同学们在读与写的过程中逐步提高记叙文的写作能力。

二、略。

三、了解原文的中心意思，是续写的前提条件；能够进行合理的想象和推理，是完成好续写的关键。所以，续写时要注意在人物的描写、故事的安排和周围环境的烘托方面多下工夫。

四、对于这样的话题，同学们一定有话可说，因为大家几乎都有网上冲浪的经历。凡事有利有弊，你可以对网络大加颂扬，也可以对网络持保留意见；你可以写网络带给你的便捷与快乐，也可以写网络带给人们的烦恼与无奈；可以写网络情缘，也可以写网络祸害。总之，选材可以广泛，但是一定要有自己对网络的独特感悟：或感受，或教训，或启迪。

第九章

一、

1.(1)病因：动宾不搭配。改正：把动词"受到"改为"得到"，或把宾语"收获"改为"教育"就合习惯用法了。(2)病因：动宾不搭配。改正：把动词"点燃"改为"播下"，或把宾语"种子"改为"烈火"就合习惯用法了。(3)病因：主谓不搭配。改正：删去"的手"二字，使"他们"成为这句话的主语，或把谓语中心词"欢呼"改为"挥动"。(4)病因：主谓不搭配。改正:删去"队伍"二字。(5)病因:句中缺少必要的关联词语,因而意思表达不够确切。改正:第一分句前加"如果",第二分句前加"尽管"。

2. (1)"大动干戈"改为"打起架来",就更切合实际情况了。

(2)"堆"改为"出现",就符合原句的感情色彩了。

二、

1. 为了母亲的微笑,电子游戏、武侠小说已不再是我的朋友;违反纪律、出口成"脏"已不再是我的专长。

2. 为了母亲的微笑,我戒掉了"电子鸦片",冲破了武侠小说的迷雾,骂人、不守纪律已成为我的过去。

3. 为了母亲的微笑,在我眼里电子游戏不再迷人,武侠小说不再诱人,课堂上兴风作浪、恶语中伤他人也与我绝缘。

4. 为了母亲的微笑,我让玩电子游戏、迷武侠小说、出口骂人等坏习惯都见鬼去了。

5. 为了母亲的微笑,我挣脱了电子游戏的魔窟,跳出了武侠小说的阴影,干扰课堂、出语伤人也和我道了声 good bye。

三、

1. 第一句"养分大"主谓搭配不当,"养分"是不能以大小来形容的,只能以多少来形容,所以作者把"养分大"改为"养分多"。第二句"滋养精神"动宾搭配不当,"滋养"是供给养分的意思,它的对象应是有机体,"精神"不是有机体,不能和"滋养"搭配,作者把"滋养精神"改为"滋养身体"就能搭配了。

2. 修改稿把"牡丹"句提前了。这样,"才吐新芽""刚刚生出一寸多长的芽子""开满枝头",在程度上渐进,不仅读来顺口,也更合乎逻辑了。由于"牡丹"句的提前,一些关联词语也随之作了适当的改动,使句子更加通畅。

3. 原稿的开头虽然比较明确,但干巴生硬,而且重复。第一次修改稿从"青春"一词入手,稍加比拟再引出中心,就显得比原稿生动、活泼、自然了。但仔细推敲一下,仍有不妥之处,如首句提到"春"和"晨",第二句却只照应了"春"。而且"人类"一词也欠准确。所以又写了第二次修改稿。

4. 生活常识告诉我们,有明月,星星一定不会多,所以说"月明星稀",既然是"明月高悬",就不可能"繁星满天"。造成这一错误的原因是小作者对自然景物的特点观察不细致、不准确。自然景物都是有自己的特征,并且随着时间的变化而变化的。所以,同学们在写自然界的景物时一定要做生活的有心人,这样才不会出现自相矛盾的笑话。

另外,例文中的拖拉机的"轰响"、抽水机的"哗哗"声和"静谧"也是相互矛盾的。造成这种矛盾的原因,一是用词不注意瞻前顾后,二是缺乏对周围环境的准确观察和理解。

改正如下:

初夏之夜,明月高悬。晚饭后,我们几个小伙伴先是在村边学着电视里的武打动作,玩腻了,又到老槐树下听李爷爷讲故事。为了取得今年夏天的大丰收,乡亲们有的还乘月加班。远处,拖拉机在轰响;近处,抽水机在"哗哗"地抽水,这一切组成了农村特有的交响曲。啊,家乡的夜晚多么迷人。

四、

1. 参考题目:《他帮助了我》《温暖》(只要符合简洁、贴切的要求,拟其他标题也算对)。

2. "我以精疲力尽"中的"以"应改为"已"。"我累急了"中的"急"应改为"极"。"就敢快下了车"中的"敢"应改为"赶"。"咱俩在换回来"中的"在"应改为"再"。"学校的名子"中的"子"应改为"字"。"他确抢先说"中的"确"应改为"却"。

3. "骑车大约需要差不多半个小时左右的样子。"一句改为"骑车大约需要半个小时。""只见他一抬腿就骑上了车,就骑着车飞快的箭一般的就骑远去了。"一句改为"只见他一抬腿骑上车,飞快地走了。"

4. 要求:简明地写出时间、地点及起因。

5. 要求:能写出真实的内心感受。语言通顺,比较简洁。

第 十 章

一、

1. 珍贵的礼物各式各样,有的有形,有的无形,但不管是哪一种,必是自己所珍爱的。在收到的礼物中,请你精心选取一份,以此为写作的材料,写一篇记叙文。

2. 同学们在学习期间经历过课堂上的各类考试,也经历过课堂外的种种"考试",其中有的对于你来说具有不同寻常的意义。无论是课内的还是课外的都可以写。

3. 通过一件有意义的事例或者一段深受教益的经历侧重表现自己或者他人的理想、信念和追求。事例要具体,必须有完整的过程,要健康向上,突出题意。

4—7. 略。

二、

1. 当今社会,流行着一种"追星"现象,对此众说不一。请针对"追星"现象谈一谈自己的见解。要求联系实际,发表看法,观点明确,能作些分析。

2. 结合生活的实际,写一篇议论文,谈谈"追求"在人生中的作用和意义。要有观点、有分析,并且言之有理。

三、

1. 先根据写作意向将题目填写完整(如:在横线上填写"高兴""激动""幸福""骄傲""伤心""后悔""思念"等),然后结合自己的经历和实际情况,写一篇记叙文。

2. 先要理解"心"的含义,再将题目补全,如:《爸爸的心》《真诚的心》等。然后用两三件事,有详有略地将"心"的含义表达出来。以记叙、描写为主,兼有恰当的议论、抒情。

四、

1. 在你的日常生活中,一定遇到过不少困难,也一定靠自己的双手解决了这些困难。比如:通过维修家用电器,科学养殖花草虫鱼,铺平家门前的路,……提高了自理能力,学会了某些生活经验,……你可从这类事例中,选出一件事情,将题目补充完整,横线上可以填"困难""难题""麻烦""矛盾""疑问"等。在描述解决困难的过程中,要有适当的心理描写。

2. 可在下列选项中任选一个,将题目补充完整,如:大自然、土地、网上生活、艺术(或是一首名曲、一幅名画、一部名著的题目)、体育生活(或是足球、围棋、滑冰等体育活动的名称)、孤独、幸福等,然后作文。

3. 我们的生活丰富多彩,我们的兴趣各式各样。也许某件事使你感兴趣,也许某个人使你感兴趣,也许某篇文章使你感兴趣,也许某堂课使你感兴趣……都可以成为写作素材,选好后即可作文。

4. 在生活中,人与人之间的交往常使我们悟出一些做人的道理。你一定会有这样的经历和见闻,对这些道理也会有自己的认识。你可从以下十个词语中选择一个词语,与上面题干中"做人要"组成一句话(如"做人要诚实")作为文章的中心或论点。这十个词语是:诚实、真诚、守信、宽容、正直、尊重他人、有责任感、有孝心、有主见、有合作精神。如果写记叙文，必须写一件具体的事情来表现中心，要有真情实感；如果写议论文，要通过摆事实、讲道理来阐明一个论点。

五、

1. 先在题目的横线上填入一个词语（如："原谅""理解""安慰""鼓励"……），然后从学校或家庭生活中选取具体事例，写作时注意突出题意。

2. 先在题目的横线上填上恰当的词语（如"挫折""荣誉""失败""成功"……），使之完整。写作时注意内容健康，有真情实感。除诗歌以外，文体不限。

3. 初中生是花季少年，正处于多梦的年华。你可以写萦回脑际的亲历梦境，也可以写涌动心中的美好梦想。在文题横线处填上恰当的词语，使文题完整。记叙要内容具体，中心明确，语言要通顺、简洁、得体。

4. 因为本题限制了填写的词语，所以要先从括号内选一个词语填在横线上。把题目写完整。此题可从做"实事"时的状态、形式、办法等方面去选取材料。如，用"汗水"去做；用"双手"去做；用"学过的知识"去做；用"自己的聪明和智慧"去做等。

5. 在我们的学习和日常生活中，不同的同学，有不同的爱好。你的爱好是什么？你为什么爱好它？可结合你自己感受最深的一两件事，先将题目补充完整，然后写一篇记叙文。注意在记叙的基础上，要恰当运用议论、抒情等表达方式。

六、作为一个初中三年级的同学，你已经有了不少的生活经历。这些经历启发着你思考过去，认识现在，唤起了你心中许许多多善良而美好的愿望：你想让自己更成熟；你想让家庭更和睦；你想让人与人之间更真诚；你想让江河更洁净……你可以写一篇以记叙为主的文章，描述你自己的某一经历,并以议论、抒情的方式写出你的感悟。要注意的是:前一个空白填充的应是名词或名词性短语,后一个空白填充的应是动词或形容词。

七、

1. 本文没有文体的要求,就可以理解为除诗歌外,文体不限。最好是写成一篇读后感式的文章,写作时要有真情实感,要努力做到有新意、有创见。

2—3. 略。

八、要能把画面的环境,以及人物的神态和动作描述出来。内容应具体完整,切合画意,描述要生动形象,语言简洁顺畅,条理清晰。

九、

1. 这篇话题作文,题目、文体皆自定。从提示语看,"改变"这个话题范围宽泛,可以是人们改变外界事物,也可以是外界事物促使人们的改变,还可以是人们自身观念、行为的改变。事实上,世界每天都在变化之中,人们也每天都在改变着自己。

2. 我们的孩子,由于家庭、环境的影响,自我意识太强的弱点相对突出,而当今社会的发展,要求学会人与人的沟通、交往、合作。生活中处处需要合作。提高学习成绩需要师生之间、同学之间的合作,夺取足球比赛的胜利需要队员们之间的合作,促进世界经济文化的发展需要各国之间的合作。你在这篇文章中,可以阐述有关合作的道理,可以记述有关合作的亲身经历,也可以编述一个有关合作的故事。

3. 话题不等于文题。话题作文大多有一个提示语来提示考生的写作范围,这个写作范围的名称限定就是人们所说的话题,但话题并不是命题作文中的作文题目。如果把话题当作文题,那就可能会出现审题错误,就很难写出好的文章来。

附：自学能力强化训练思路点拨和参考答案

这个话题作文,我们就不能简单地把"色彩"作为作文题目,而只能在"色彩"这个大的范围内选取某一点或某一个方面来作为自己的写作内容,然后根据这个内容来拟定一个恰当的题目。换句话说,对于话题作文,我们要从话题这个大处着眼,再从其中某一小处落笔。其实,绝大多数话题作文在其写作要求上往往会加上题目自拟四个字,它就是在告诉我们不要简单地把话题当作文题。

4. 一些提示语常将话题置于一定的背景和范围之中,以此达到指明选材方向的目的。写作者如果对其中明确的提示视而不见,就会在选材上出现偏差。这段话之所以由初中生活说起,旨在从大范围内给予选材以明确的定向。至于具体内容,你从"学习上的点滴进步""思想上的一次变化""生活中的一点感受"三个方面选择一个即可。如果忽视这些信息,擅作主张任意选材,则极有可能步入"盲人骑瞎马"的写作误区。

5. 本题中的"最需要"是一种抽象的心理感觉,提示语出示了"遇到困难时最需要帮助,产生误解时最需要沟通,学会学习最需要掌握方法,建设现代化最需要创新人才"这四种范例,极有利于同学打开思路。愿意运用现有的构思,你只需将内容具体化就行;不愿意用现有的构思也行,提示语中的省略号就表明给予你充分的选材构思权利。

6. 这道题由三部分组成,一是"话题范围",二是"写作要求",三是"话题提示"。这三部分就是目前通行的话题作文命题的一般模式。三点内容都是十分重要的,了解"范围",你就知道应该写哪一方面内容;了解"要求",你就知道这是考试规矩,必须照办;了解"提示",你就知道如何引发延伸,写出涉及面广、立意稍深的内容。

写作时要选定某一角度。"话题"的范围都是很宽的。你看"读",按题目中的提示,几乎是无所不包。范围宽,怎么办呢?你必须拿定主张,选定某一角度来写。一种拟题是"我的读书生活",一种拟题是"我爱读的一本书"。你比较一下看,前者比较宽,比较大;后者比较窄,比较小。究竟是哪一种拟题好,不好绝对地说。不过,就我们初三同学的写作能力而言,一般地说,还是选取后一种拟题为好。因为这有利于我们集中话题,便于选材、表达一个明确的中心,在结构上也比较好控制、比较好安排。

7. "两代之间"的话题作文,可以实写父子之间、祖孙之间,宏伟事业中前赴后继的两代人之间;还可以虚写个性风格、思想观念等不同的两种类型的人之间。可以写两代之间的继承和发展,也可以写两代之间的对立统一;可以写两代之间的相互促进与提高,也可以写两代之间的矛盾与否定;可以写两代之间的亲情人伦,也可以写两代之间的生物性规律;等等。这样,经过多角度的全面观照,对话题所包含的信息进行一次分析整理,然后选取其中一两个方面来写,就可以避免面面俱到,或东拉西扯。

8. 可用"哆来咪"为题目。也可以依据自己文章的内容,自拟题目;如能拟出新颖、独到的题目,则更好。写作时要注意贴近自己的生活实际,选取某一角度,就"音乐"这一话题写下自己想讲的故事,想表达的感受,或想陈述的见解。

9. 写作例文如下:

学习书法　乐趣无穷

从四岁起,我就开始学习书法,和这门古老的艺术结了缘。在学习过程中,我越来越深刻地感觉到:学习书法,乐趣无穷。

欣赏书法作品,乐趣无穷。我专攻柳体七年,现在改临颜体。在我眼中,"颜筋柳骨"是这两种字体最大的特点。柳体字刚劲,笔画虽细但挺拔有力;颜体字笔画圆润,字体娟秀又不缺乏力量。当我

附:自学能力强化训练思路点拨和参考答案

欣赏《多宝塔碑》《玄秘塔碑》《灵飞经》时,看到那一个个或秀美,或挺拔的汉字时,我心里不由得赞叹书法艺术的魅力,觉得乐趣多多。

习字之乐,乐在其中。试想一下,在酷热难耐的七月,右手是砚,左手是帖,在运笔挥毫中,一切喧嚣都离你远去了,是多么惬意的事啊!学书法要求练习者心静如水,沉静的人不冒失,不马虎,这也是习字的好处。记得那个夏天,我临习"天朗气清"这四个字。别看这几个字笔画不多,它们把颜体字的难点都容进去了。我执起笔,吸足墨汁,快速下笔,中速行笔,用力回笔,一个饱满的短横在宣纸上出现了!我屏住呼吸,一鼓作气地写好了"天"字的二、三笔。该写最后一画了。我修好笔锋,从撇画的中上部起笔,向纸的右下方斜拉过来,顿笔出锋。我右手轻捻笔杆,让它旋转横拉出一个"燕尾",像剪刀一样。一个完美的"天"字跃然纸上。我高兴极了。

习字的过程并不是那么顺利,我写"气"字时就遇到了麻烦。望着纸上那一个个不尽如人意的字,我真不想写了。但我抵不住书法艺术对我的吸引,拿起字帖,认真地揣摩。等我觉得成竹在胸时,便拿起笔在报纸上认真练习。我站在桌前,左手按住纸,右臂悬空,右手悬腕,握着粗大的狼毫笔在纸上驰骋。不多时,我的右臂又酸又痛,手腕也似乎转不动了,汗水一滴一滴地滴到报纸上。我想起了米芾、王献之刻苦练字的故事,想起了《麻姑仙塔记》中那一个个欲飞欲舞的字,我找到了前进的方向,又有了动力。我擦干了汗水,直写到满意为止。看着纸上那漂亮的字,我心里甜甜的。

学习书法的乐趣还远远不止这些。当我拿到"七段"证书时,当我拿到"四赛"奖状时,当我将书法义卖的钱交给希望工程时,我都感到了无比的快乐。

·359·

我爱书法,爱它带给我的乐趣。今后,我将继续钻研书法,认真习字,为书法艺术这颗我国艺术长河中的明珠增光添彩。

[点评]

　　本文最大的特点是:事例具体,描写细致,抒发了真情实感,语言也通顺畅达。

　　你看,小作者以"从四岁起""就开始学习书法""和这门古老的艺术结了缘"开头,不仅紧扣了"我和艺术"这个话题,而且点出了本文的写作重点——"我"和书法艺术结缘带来的乐趣。下面两段就分别从"欣赏书法作品"和"习字"这两个方面来具体描写学习书法之乐,描写具体细致,没有身临其境的人不可能描写得如此出神入化。接着又写了习字之苦,苦中有乐的心理感受,不仅令人信服,而且深深地被作者的刻苦精神所感动。特别是文章的最后用了一组排比句来写学习书法的收获时,我们也和作者一起感到了无限的快乐。所以,当作者发出"将继续钻研书法,认真习字,为书法艺术这颗我国艺术长河中的明珠增光添彩"的感慨时,我们也在为作者默默地祝福,祝福他在这条道路上一直走下去,取得更大的成绩。